윤덕경 춤을 기록하다

기쁨도 슬픔도 넘치지 않고

윤 덕 경 지음

풀빛

나의 춤과 춤살이를 기록하며

춤꾼의 길은 은밀한 영원의 길이다. 훤히 드러나는 것도 전혀 깜깜한 길도 아닌 안개 길을, 논리가 아닌 찰나의 감성과 심미안으로 걷는다. 그 길을 54년째 걸었다. 길 위에서 느낌과 생각과 의식을 사람들에게 몸짓으로 나누어 왔다. 춤을 추었고, 춤을 만들었다. 춤을 추고 만드는 일은 세상을 사는 일, 예술적 주체인 나의 삶을 사는 일이었다. 어느새 춤이 나를 만들었다. 감지덕지한 춤살이었다.

교수직 정년퇴임이라는 세상사 한 매듭을 앞두고 의미 있는 정리를 하자는 생각이 이 책 출간에 결정적 계기가 되었다. 몇 년 전에도 지난 춤살이 여정과 작품들을 모아 춤 화보집을 준비했었다. 여러 사정으로 마무리되지 못했지만, 그 작업들이 이 책의 기반이 되었다. 따라서 이 책은 여러 해 산고의 결과라 할 수 있다. 이 작업이 그때보다 한걸음 더 나아간 것이 있다면, 화보집을 넘어 사진과 글로써 '춤을 기록한다'라는 컨셉을 강화한 것이다.

책을 준비하면서 '춤을 기록한다'는 말을 오래도록 붙들고 매만졌다. 춤을 추는 것, 구상하고 만드는 것, 춤을 느끼는 것, 춤을 보는 것, 그것을 또한 회상하고 기억하는 것까지. 그 과정과 요소들을 온전히 더듬어 챙기고 갈무리하고 싶었다. 하지만 온전한 기록이란 애초에 불가능한 일임을 알고 있다. 첫 무대의 두근거림, 함께 한 이들의 땀의 무게, 영감이 떠오르던 그 순간들의 황홀감, 춤과 교감하고 하나 되었던 관객들의 예술적 감흥을 어떻게 다 담을 수 있단 말인가? 그것은 결국 시간과 역사와 여러 삶들을 관통하는 예술 체험의 순간과 연속에 맡겨야 하는 일이다. 삶과 예술은 온전히 기록될 수 없지만 그래도 이어지고 깊이 남는다. 그 결론 앞에서 '기록'에 대한 욕심은 겸손해지기 마련이었다. 따라서 이 책이 의도한 '춤의 기록'은 나의 춤과 춤살이를 책의 형식으로 재구성하여 또 다른 가능성을 마련하는 지극한 시도라 할 수 있다.

그것은 개인적인 측면에서는 나의 춤과 삶에 대한 수습과 정돈일 것이다. 춤을 통한 도전과 세상과의 교감, 그 과정에서 주고받은 영광과 희열, 상처들의 모음이기도 할 것이다. 아직 남아있는 춤살이의 도약을 위한 성찰의 자료도 될 터이다. 나아가 세상 사람들에게는 어떤 춤꾼의 이야기가 한 시대의 춤의 흐름을 울퉁불퉁 보여주는 일이기도 할 것이다. 한국 창작춤의 소박한 증언이기도 할 것이다. 후학들의 매서운 비평에 타산지석으로 삼을 수도 있을 것이다. 그런 쓰임에 대한 기대로 이 겸연쩍은 기록을 마련하였다.

　기록하는 일은 즐거움이었고 또한 겸손과 절제를 배우는 시간이었다. 지난 춤들이 마치 꿈같아서 꿈속에서 상상하고 다시 꿈을 꾸는 환상적인 여행이었다. 아울러 수많은 사연들을 가만히 들여다보는 일은 새삼 고마움을 배우는 일이었고, 기록의 과잉을 범하지 않기 위해 스스로를 다독이는 시간이었다.

　이 책은 4부로 구성되었다. 먼저 1부 '44 Dances and Worlds: 기쁨도 슬픔도 넘치지 않고'에서는 44개의 춤 레파토리 초연 작품을 사진과 함께 설명하였다. 2부 'Autography: 시간으로 몸짓을 깁다'는 춤꾼으로 살아온 춤살이의 여러 마디와 대목들을 간단하게 자서했다. 글이 미치지 못하는 점을 보완하려 여러 사진들도 곁들였다. 3부에서는 평론가들의 글과 리뷰, 몇몇 인터뷰를 간추려 실었다. 많은 격려를 주신 평론과 리뷰들을 다 옮겨 싣지 못해 송구할 따름이다. 4부는 작품 관련 포스터 자료와 춤 공연 활동을 시간 순으로 정리해 나의 여정을 참조하도록 하였다.

　봄꽃도 가을꽃도 그 어느 것조차 스스로 피는 꽃은 없다. 햇빛과 물과 산들바람은 물론이요, 벌과 나비의 날개짓 소리, 꽃으로 다가오는 사람들의 환한 발걸음과 미소가 있어야 비로소 꽃은 아름다움을 피어 올린다. 나의 춤살이는 세상 도처의 인연과 도움으로 마련되었다. 신관철, 김매자, 고 강선영, 고 한영숙 선생님의 한없는 가르침은 물론이고, 동료들 제자들 함께 한 협력자 모두의 사랑이 있었기에 가능한 일이었다. 꽃의 눈이 강인함을 잃지 않고 한겨울을 견디며 준비하듯 남편과 아들은 나의 열정과 강인함의 근거가 되어주었다.

　마음을 모아 모든 도움을 주신 인연에, 온전히 고맙다는 인사를 드린다.

2017년 가을과 겨울의 경계에서
윤덕경

한 시대의 획을 긋는 기록의 증언

이상일 공연평론/문화예술멘토원로회의 대표

1980년대 초 김매자 당시 이대 교수와 그의 제자들로 구성되었던 한국창작무용연구회 멤버들 가운데 지금까지 나와 가까이 지내는 무용가들 면면은 다들 자기들대로의 열정과 미학과 창의력으로 심신이 곧곧하다. 그들의 고집은 어려운 고비마다 그들의 주장이 더 목소리를 높인다는 사실에서 실증된다. 이미 한 시대의 획을 긋는 기록의 증언을 확보하고 있는 〈창작무용〉의 제1세대 가운데 한 사람이 윤덕경 교수이다.

그의 개인적 경력을 훑어보면서 그의 춤화보집 출간에 붙여 할 말이 없어지는 것은 그의 삶 자체가 이미 한 시대의 획을 긋는 기록의 증언이라는 사실과 마주하게 되기 때문이다.

그러므로 말없이 무언의 박수만 쳐 주는 것으로 나는 나의 소임을 다하면 된다. 말이 많으면 시끄러울 뿐이다. 화보를 통해 그 시대의 획을 긋는 기록의 증언으로 말하게 해야 옳다.

그런 뜻에서 한 시대의 획을 긋는 기록의 증언인 무용가 윤덕경의 공연사진들 가운데 가장 뇌리에 남을만한 영상과 함께 그 작품을 기억해 낼 수 있는 실마리들을 춤화보집에서 건져 올렸으면 한다. 그러면 글로써 경위를 풀어써야 할 까닭도 없어지고 화보집 자체가 그 동안의 내력에 대해 톡톡히 말문을 열어 줄 것이다.

춤화보집은 영상을 통해 기억과 추억을 연결시켜 준다. 그런 기능은 말의 논리화보다 훨씬 복잡하다. 그러나 시처럼 직관처럼 가슴 속 가장 깊은 바닥으로 내려와 서로의 정서에 공감의 파고를 높인다.

한국무용연구회 초창기를 지나 윤덕경은 창무회 회장직을 거쳐 윤덕경무용단을 이끌고 한국 창작무용 발흥기를 주도하면서 서원대학 무용과 교수로 춤의 창작과 교육 현장에 섰고 한국무용의 현대화를 위해 미국 수학과 연구를 거듭하는 한편 가장 중요한 자기 변신의 계기로 장애인문화예술진흥개발원 이철용 이사장과 인연을 맺는다.

이 인연은 창작무용 일변도의 편협한 90년대 한국무용의 흐름에 새 길을 연다. 처음으로 장애인문화예술의 정착(定着)에 눈을 돌린 그의 노고에 의해 타 예술과의 교류, 타 장르와의 월경(越境), 인접(隣接) 학문 간의 문을 열어 제친 윤덕경 교수는 마침내 윤덕경무용단까지 이끌고 합세하여 장애인·비장애인을 가리지 않는 문화예술인들의 〈저너머Beyond예술단〉을 통해 최첨단 예술사조인 융·복합예술 창조의 시발을 시작했다. 그리하여 장애인문화예술진흥원의 〈장애〉를 넘어 금년부터 장문원의 차기 이사장으로 취임했다. 그의 대학교수 정년은 퇴임으로 마무리되지만 장애와 비장애를 넘어선 저너머예술단의 빛나는 취지는 또 다시 한권의 윤덕경 춤화보집이 될지도 모른다.

무용이나 연극 등 공연예술을 좋아하는 원로로서 나는 모든 국민들이 문화예술의 기품과 긍도와 정서적 순화를 배웠으면 한다. 거기에는 부귀도 없고 계급도 없고 노소도 남녀도 없다. 그만큼 총화(總和)가 있을 뿐이다. 문화예술에는 장애도 비장애도 없다. 오직 예술이 있을 뿐이다. 그 예술을 향해 총화가 있고 정서적 순화가 이루어지기를 바랄 뿐이다.

자랑스러운 춤꾼, 윤덕경

김매자 창무예술원 이사장

오랫동안 지켜본 제자 윤덕경은 춤을 추는 무용가이기 이전에 한 사람의 인간임을 더욱 강하게 느끼게 하는 무용가다.

윤덕경은 창무회 활성화의 주역이다. 1985년 창무춤터가 만들어지고 이후 창무회 회장을 맡으면서 화합을 이루며 항상 낮은 자세로 최선을 다해 오늘날의 창무회가 있기까지 공을 드린 사람이다.

88올림픽 당시 내가 총괄안무를 할 때 공동안무로 함께 했고 이후 윤덕경이 창무회에서 처음으로 상임안무를 맡았다. 당시 창무회가 르네상스라고 할 정도로 바빴음에도 불구하고 창무회 활동을 빠짐없이 하면서 창무회원으로는 처음으로 개인발표를 서슴없이 추진한 것도 놀라운 일이었다. 그때부터 창작춤의 어떤 경지에 오르지 않았나 하는 생각이었다. 1986년 그의 발표작 '가리마'는 여름 휴가철이라 공연장에 발길이 뜸할 때였지만 2일간 관객이 초만원이라 무용계와 많은 문화계 사람들에게 놀라움을 선사했던 기억이 선하게 남아 있다.

그의 작품 '빈산'은 내가 외국공연 갔을 때도 하나의 레파토리로 꼭 공연한 아끼는 작품이었다. 빈산을 보고 많은 이들이 "도대체 윤덕경이란 사람이 누구냐? 창무회에서 저런 작품을 만들 수 있냐"고 할 정도로 정말 획기적인 작품이었다.

지금 생각해 보면 그의 오늘의 성공은 우연이 아니라 소신을 가지고 꾸준히 한국창작춤을 고집하면서 연마한 결실이라 생각된다. 이후 공부를 계속 한다기에 그러려니 했더니 1990년 창무회에서 보기 드물게 박사과정에 들어 창작춤을 더 연구하기도 했다. 끊임없이 정진하고 연구하는 자세는 오늘의 윤덕경을 만들었다. 성실히 무던하게 춤을 추진하는 장본인이다.

이제 연륜이 있어 같이 나이 들면서 지금은 이화여대무용과의 동창회장 일도 맡고 있다. 어려운 사람을 위해 안무와 창작의 힘을 장애인문화예술진흥개발원에 열정을 쏟아 내는 일은 윤덕경 아니면 가능하지 않으리라 생각한다. 무용계에 드문 사람이고 자부심을 느끼게 하는 제자 윤덕경이다. 모두 그의 인품과 재능 그리고 쉼 없는 정진의 덕이다.

춤과 더불어 살아온 휴머니스트

신관철 전라북도 무형문화재 제59호 수건춤 보유자

꽃과 같은 소중한 한 사람의 이야기를 하게 됨을 기쁘게 생각합니다.

사람은 누구나 정해진 인연의 시간이 있다고 합니다. 심성이 단아하고 정직, 성실, 약속준수, 배려 등 인생을 살아가는데 갖추어야 할 기본적인 자세가 본받을 만한 제자입니다.

윤덕경과의 인연은 그가 중학교 1학년 때로 기억합니다. 전통춤 맛을 온몸으로 느끼며 그 깊이를 늘 탐구하는 진지한 열린 자세는 그녀의 밝은 미래를 가늠하기에 충분하였습니다. 애제자 윤덕경의 인생은 언제나 맑음이었습니다.

그녀의 무용인생은 인간으로서의 나, 여성으로서의 나, 공동체에서의 나, 다른 예술 장르와 연관 속에서 나를 생각하며 진정한 자아를 무용을 표현해 내는 탐구와 인고의 시간이라고 생각합니다. 무용계에서 보기 드문 사람임에 틀림 없습니다.

국내 최고학부인 이화여대 무용과를 졸업하고, 1989년 '윤덕경무용단'를 창단한 윤덕경은 국내 활동뿐 아니라 해외공연에 초청되어 우리춤을 세계에 알리는데도 탁월했습니다. 이제 더 나아가 소외된 장애인들과 더불어 살아가는 문화사회를 꿈꾸는 휴머니스트이며, 너나 경계 없이 춤을 나누고 함께 만드는 문화운동에 최선을 다하는 점 또한 자랑스럽습니다.

전통과 창작 두 분야를 종횡무진하며 우리 춤을 늘 평생의 사랑으로 간직하며 살아온 제자 윤덕경을 생각하면 절로 미소가 지어집니다. 계절에는 그에 어울리는 향이 있지만 윤덕경은 사계절의 향기를 고루 갖춘 보기 드문 애제자입니다. 지금도 나에게서 무형문화제 수건춤을 사사받고 있는 제자 윤덕경의 무대를 보는 것은 큰 즐거움이고 보람이기도 합니다.

그의 예술을 만나고 느끼는 일은 인생에서 가장 행복한 인연의 한 가닥을 움켜쥐는 일입니다.

윤덕경을 말하다

그녀는 희망이다

이철용 (전)장애인문화예술진흥개발원 이사장

그녀의 작은 몸짓은,
거대한 변화의 바람을 일으켰다.
삭막한 장애판에
그녀는 사랑의 몸짓으로 다가왔다.
그녀가 소매를 걷어붙였고,
그의 제자들이 모여들었고,
춤을 잃어버린 장애인들이
하나둘씩 모여들어 '더불어 무대'를 꾸몄다.
지칠 줄 모르는 그녀의 희생과 노력의 산물로,
장애인들의 몸짓이 이어지고 이어져
곳곳에서 장애인들의 춤 축제가 벌어지고,
장애인의 춤 역사가 새롭게 기록돼 가고 있다.
그녀가 '우리함께 춤을 추어요.'를
첫무대로 열었기에 가능했다.
그녀가 갈망했던 '더불어 춤'이
여울지듯 멀리 멀리 퍼져,
장애인 비장애인 가리지 않고,
손에 손을 잡고,
'강강수월래' 몸짓이 여울지고 있다.
그녀가 몸을 던진 변화의 작은 몸짓은,
우리 모두의 꿈을 키웠고,
'더불어함께' 살아가는
희망세상을 열어나가는 문을 열어젖혔다.
그녀의 몸짓은
사랑이 충만하다.

1.

44 Dances and Worlds :
기쁨도 슬픔도 넘치지 않고

연(緣)에 불타올라

창무회 활동을 하는 동안 첫 안무 작품으로 송광사의 아침예불에 참여하던 중 불교사물인 범종, 법고, 운판, 목어 소리에 영감을 얻어 만들어진 작품. 시간과 공간의 인연이라는 불교의 윤회(輪回)사상을 통해 삶의 영원한 주제인 사랑을 표현한 작품이다.

"실험을 넘어선 자유로운 비상" '연에 불타올라'는 안으로 파동 치는 심상의 명암을 초연한 힘과의 대화에서 승화시켰으며 감상적 의지를 초로중생의 고뇌와 소망에 투영하면서 엮어낸 밀도 높은 작품이다. 표현 언어의 절제로 유연한 분위기를 살렸고 생명력 깃든 침묵적인 표출로 다스린 마지막 장면이 인상적이다. – 강이문 〈춤〉 1983.7.

30m 19830705 문예회관대극장
안무_윤덕경 작곡_황병기 무대미술_조영래
조명_이상봉 의상_정선 사진_최영모 출연_
윤덕경 임학선 김명숙 임현선 손경순 이노
연 이혜순 한명옥 한금란

Surging from Relationship

'Surging from Relationship' is Duck Kyung Youn's first work as a choreographer after joining the Chang Mu Dance Company. The performance is about relationship. She expresses love, as an eternal subject, is in one bound by relationship of time and space, giving reference to Samsara in Buddhism.

가리마

'가리마'는 첫 개인 발표회에서 선보인 작품이다. 머리 모양은 한 시대의 문화를 가장 잘 표현해 준다. 한 여성의 출생과 성장을 통하여 인간 존재의 인식과 확인, 문화적 전통의 거부와 창조라는 복합적 요소를 여성의 전통적 머리모양인 가리마를 통하여 상징적으로 표현하였다.

"신 전통무용을 향한 가다듬어진 무대" '가리마'는 집단적 인습과 개인의 자율이 서로 대결하는 가운데 변증법적으로 지양되어 미래지향적인 화합을 도출하는 고뇌스러운 삶의 역경을 그렸다. 삶의 이런 변모를 형상화시킴에 있어 윤덕경은 집단의 강제력을 작품전체에 부각시키고 신무용 이래 이 땅의 춤들이 빠지기 쉬운 함정인 유미적 경향을 극복하는 데 성공했다. – 김채현 〈월간 객석〉 1986.9.

60m 19860811−0812 문예회관대극장
안무 · 대본_윤덕경 작곡_채치성 무대미술_양정현 의상_정선 조명_이상봉 기획_이성호 사진_최영모 음향_조갑중 무대감독_강경렬 포스터 · 프로그램 사진_최병돈 출연_윤덕경 이노연 김영희 김선미 마복일 김효분 이애현 최현실 이미아 정혜란 옥용준 박상규 박덕상 김영덕

'Gha Ri Ma' is a particular shape of women's hairstyle and women's hair styles reflect a culture of the era. In 'Gha Ri Ma,' Youn describes the hairstyle that symbolizes cultural rejection and creation by showing birth and growth of one woman.

03

사라진 울타리

'강강수월래'를 재조명한 '사라진 울타리'는 전통춤의 실체를 재인식하고 새롭게 해석하고자 하였다. 공동체 해체와 산업사회로 들어서면서 생겨나는 울타리 외부와 내부가 갖게 되는 갈등을 여러 관점에서 바라보고 풀어가는 노력을 입체적인 춤으로 보여주고자 하였다.

"교향곡같은 입체감" '사라진 울타리'는 우선 춤사위기 시원스러우며 이 춤은 잔가지들을 과감하게 제거하고 민속춤 놀이의 나약함을 오늘의 춤 정신의 당당기백으로 밀고 나갔으며 교향곡 같은 입체감이 하모니를 이룬다. - 김영태 〈춤〉 1987.6.

30m 19870531-0601 문예회관 대극장

안무 · 대본_윤덕경 작곡_채치성 무대미술_양정현 의상_정선 조명_이상봉 사진_조대형 출연_윤덕경 정혜란 김경화 강미경 김미경 김소현 선미경 신수연 이상온 이화열 유경희 유미희 진경윤 최미애 최수정 김영덕 김태형

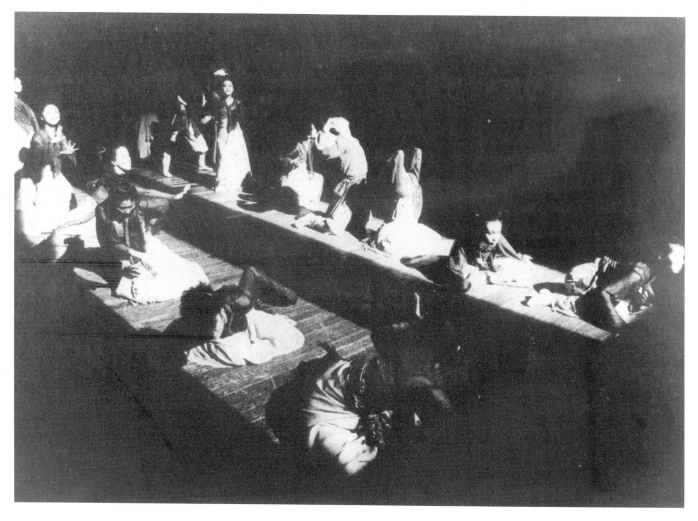

A Disappeared Fence

'A Disappearing Fence' sheds new light on the story of 'Gang Gang Su Wol Rae', which is one of the most well known Korean traditions. By showing the contrast between the inside and outside of the fence, it serves as a metaphor to represent a conflict between community and industrialization.

04
무혼(撫魂)

창무춤터 연중 기획공연으로 '시와 무용과의 만남'을 주제로 한 작품이다. 시인 조정권의 '무혼'을 주제로 작곡가 황병기, 무대미술가 양정현과 공동 작업을 하였다. 하늘과 땅과 바다로 상징되는 우주의 넋을 어루만진다는 의미를 표현하였다.

하늘은 어마어마한 소리입니다. 가없는 소리입니다.
너무나 드높아서 귀 막고 있어도 멍멍해지는 소리입니다. 울림입니다.
땅에 사는 나는 땅덩어리만한 소리를 주워 귀를 막아야 들리는 음악을 만듭니다.
그러나 내 소리로는 그것을 이끌어 담을 수 없습니다.
그래서 나는 바다만한 소리를 주워 사면이 바다와 같은 鍾을 만듭니다.
한참을 울리고 나서도 얼얼 떠는 鍾身을 가진 사면이 바다와 같은 鍾을.
- 조정권의 시 '무혼' 중에서

"윤덕경 춤의 부드러움과 역동성" '무혼'은 소극장적 공연 형태 속에서 이미지, 음악, 공간이용, 의상의 제공연적 측면에서 어떤 밀도성을 높이려는 시도를 보여주고 있다. 특히 윤덕경은 한국 춤사위를 상당히 부드럽고 여유 있게 풀어 춤 어휘를 잘 용해시키고 있는데 이것은 그녀의 춤을 현대적으로 보이게 하는 요인이다.
- 김태원 〈공간〉 1987.7.

60m 19870612-14 창무춤터

안무_윤덕경 시_조정권 작곡_황병기 무대
미술_양정현 의상_아라베스크 조명_이성호
사진_최형모 출연_윤덕경 박덕상 강미경
김경화 김미경 신수연 유경희 최수정

Comfort of the Soul

'Comfort of The Soul' had been played for one year in an event, 'Chang Mu Kun Choom Pan.' Its concept was collaborating dance with poetry. Youn made this work based on a poet 'Comfort of The Soul' written by Jung Kwon Choi, and also collaborated with music, Byung Ki Hwang, and stage art, Jung Hyun Yang. 'Comfort of The Soul' appeases the soul of the universe including sky, earth, and ocean.

떠나가는 배-88서울올림픽 폐막식

88서울올림픽의 폐막식 '떠나가는 배'는 김매자, 임학선, 윤덕경의 공동안무 작품이다. 88서울올림픽에 참가한 선수단과 이별의 아쉬움을 한국적 정서로 표현했다. '떠나가는 배'의 무대를 메인스타디움에서 한강까지 연결하여 떠나가는 배를 영상으로 처리하여 공간개념의 확장을 시도하였다. 음악은 김소희를 비롯한 명창들이 맡아 석별의 순간을 애절하게 살려 냈다. 잠실 주경기장의 동북쪽에서 남서쪽으로 에스(S)자의 태극선으로 이어지는 오작교를 설치하여 운동장을 무대 형태로 변형시켜 다리 위에서 배가 떠나가는 장면이 연출되도록 하였다. 569명의 출연자들이 트랙을 돌아 S자의 다리 위로 올라가는 구성이다. 폐회식 공연은 모두가 하나임을 느끼면서 이별의 아쉬움을 넘어 다시 만난 날을 기약하는 감동을 불러일으켰다.

19881024 잠실올림픽스타디움
총괄안무_김매자 협동안무_임학선 윤덕경
무용지도_임현선 김영희 강미리 이노연 한윤희 출연_창무회 이화여대 수원대 유도대 선봉무용단 등 총 569명 의상_정선

Leaving Ship-88 Seoul Olympic Games

'Leaving Ship' was performed at the closing ceremony of the 1988 Seoul Olympic Games. It was co-choreographed by Mae Ja Kim, Hak Sun Im, and Duck Kyung Youn. It has a sad feeling about farewell with the people who came from all around the world for the Olympic.

빈산

산은 늘 항상 변함없이 그 자리에 그렇게 움직이지 않고 있다. 아무리 새로워지고 세상이 변한다 하여도 진리처럼 그 자리를 지키고 있는 산, 오늘의 산은 어디에 있는가? 창무회의 상임안무가로서의 첫 안무 작품이다. 국내 34회, 해외 15개국 22회에 걸쳐 가장 많은 공연을 한 레퍼토리이다.

"페스티벌의 백미−산의 이미지" 윤덕경무용단은 우리에게 높은 수준의 한국현대무용을 보여줌으로 해서 훌륭한 인상을 남겨 주었다. 작품은 사상과 음악과 관련해서 잘 구성되어 있다. 작품은 한국전통무용의 배경으로 근대무용으로의 종합이라는 매우 좋은 실례를 제시했다. '산'이라는 메시지가 잘 표현되어 독일 관중에게 강한 인상을 주었다.
− Fred Traguth 독일 유네스코 예술 총감독 〈Bonn Express Steiniger〉 1991.7.

30m 19891111 문예회관대극장
시_김지하 작곡_오용록 무대미술_오경숙 조명_사와 레이꼬 의상_선미수 사진_최영모 조대형 안무 연출_윤덕경 출연_이애현 김효분 강미리 김선미 김용복 이명진 이미아 정혜란

Empty Mountain

When Chang Mu Dance Company first adopted the Head Choreographer system; they employed Duck Kyung Youn to be the Head Choreographer of "Empty Mountain". It was performed 34 times domestically and 22 times internationally throughout 15 countries.

1990. 자화상 "날씨, 때때로 맑음"

'윤덕경무용단' 창단 후 첫 작품이다. 춤에 대한 새로운 도전과 작품에 대한 열정이
충만하던 시기에 개인적 감성을 관찰하고 음미하며 표현한 자화상적인 작품이다.
인간성 회복의 가능성에 대한 낙관과 기대를 날씨에 비유하여 전하고자 하였다.

윤덕경의 작품 '날씨, 때때로 맑음'은 인간 상호간의 폭압을 매개로 인간들의 무반성적
으로 그리고 묵시적으로 용납하는 거대한 재앙을 시사하고 있다. 이번 작품은 새로운
움직임의 메소드를 시안으로 하고 있으며 정갈한 맛을 발산하여 주목을 끈다. – 평론가
김채현 〈예술마당〉 1990.5.

30m 19900414 문예회관대극장
안무 · 대본_윤덕경 작곡_김철호 무대미술_
양정현 의상_정연이 조명_최형오 사진_이
시로 스미즈 출연_윤덕경 김일환 박덕상 김
영덕 진현실 한정선 전경선 최종숙 김운태
김경옥 박선영 송미혜 이상희

The Weather, Clear Sometimes

After Duck Kyung Youn started teaching at Seowon University, she also founded the Youn Duck Kyung Dance Company. 'Weather, Sometimes Clear' is sort of her self-portrait. In new environment with new people, she inaugurated new career as a choreographer, a dancer, and an educator. It also employs weather as a metaphor to express people's emotions and sometimes even lift people beyond their isolated perspectives.

날씨, 때때로 맑음 Ⅱ

한국 현대 춤 작가전 출품작으로 '90, 자화상 날씨, 때때로 맑음 Ⅰ '을 3인무로 재구성하였다. 안락한 느낌을 주는 날들에 대한 새로운 인식과 자각은 상업주의에 물든 우리들의 인간성 회복에 긍정적으로 작동할 수 있다는 메시지를 전하고자 하였다.

13m 19900425-28 문예회관대극장
안무_윤덕경 작곡_김철호 무대미술_양정현
의상_두줄 뷰티끄 사진_이시 스미즈 출연_
윤덕경 김일환 박덕상

The Weather, Clear Sometimes II
This sequel was selected to perform at the Korean Contemporary Dance Festival.

매혹(魅惑)

'미술과 음악, 시 그리고 춤의 만남'을 시도하며 조선일보미술관에서 공연된 작품
이다. '매혹'은 김영태 시의 이천년 동안 잠들어 있는 공주라는 캐릭터에, 재미음
악가 박상원의 현대적 음악에 한국적 정서를 담고, 신현중이 작업한 폴리우레탄의
색채변형과 기둥의 네온사인을 통해 판타지적인 무대미술과 함께 윤덕경의 시에
대한 매혹적인 해석과 연출 그리고 춤이 더해졌다.

"현대적 감각의 소재, 절제된 춤사위" '매혹'은 인간을 꽃으로 표현하며 사랑을 주제로
한 작품으로 한 인간이 한 대상에서 기울고 있는 풍경을 그리움, 조바심, 2천년의 잠으
로 나누어 섬세하게 묘사하고 있다. 무대에서 현대적 감각의 소재가 색과 형태로 꽃과
매혹, 그리움 등을 상징하고 시낭송이 사용된 신비한 음악이 절제된 춤사위를 더욱 돋
보이게 한다. – 유인경 〈경향신문〉 1990.9.

60m 19900923 조선일보미술관

안무_윤덕경 시_김영태 작곡_박상원 무대
미술_신현중 의상_선미수 조명_김영호 사
진_조대형 출연_윤덕경 양진례 이승민 전
혜정 진현실 한정선

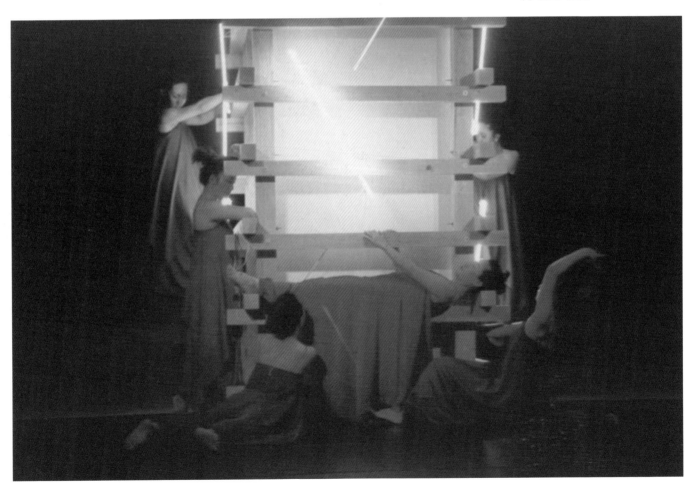

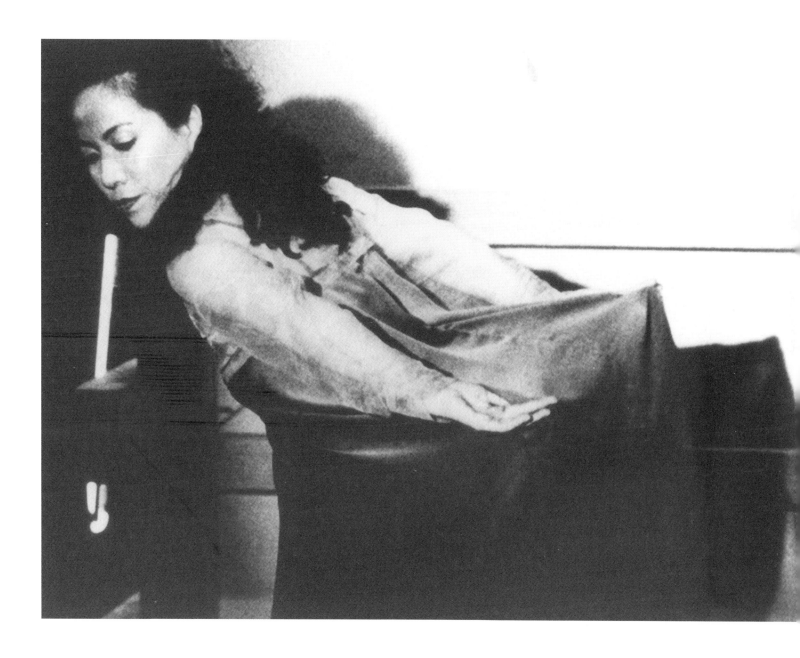

Fascination

'Fascination' merged installation Art, Music, Poetry, and Dance and was performed in a uniquely atmospheric art gallery. The performance was based on poetry, written by Young Tae Kim. The music is a unique Korean fusion by the Korean-American composer SangWonPark. The color changing polyurethane and neon background was designed by Hyun Joong Shin. In addition, Youn's choreograph, direct, and dance are added.

밤의 소리

'한국 현대춤 작가 12인전' 참가공연 작품이다. 작곡가 황병기의 미발표 가야금곡 '밤의 소리'를 안무하여 무대에 올렸다. 이 음악은 이후 CD작업으로 제작되고 대중에게 널리 알려지게 되었다. 한 공간에서 음악과 춤이 분리되는 독특한 양식을 선보인다. 이후 윤덕경의 솔로 레퍼토리 중에서 중요한 작품으로 널리 공연된다.

나는 사이를 가고 있다.
한쪽은 환하고 한쪽은 어둡다.
밤의 미소는 어둡고 얼굴과 가면의 층계를 내려가면 거기 문이 있다.
문은 열리지 않는다.
그런데도 빛이 샌다. 사이에...

　　　　　　　　　　　　　　　　　　　　　　　　- 김영태 글

"춤 정원에서 만나는 소요" '밤의 소리'는 소요정신을 춤으로 극대화한 작품이다. 황병기 음악에 의한 밤의 정원에서 윤덕경의 솔로는 소리의 흩어짐, 정적, 정적을 감도는 백색의상의 산보, 울렁임이 마치 손을 뻗히면 닿을 것 같은 삼라만상의 빛깔과 음조를 천진하게 드러낸다. - 김영태 〈무용평론집, 연두색 신의 가구들〉 1991.5.

12m 19910427 문예회관대극장

안무 · 출연_윤덕경 작곡 · 가야금 연주_황병기 글_김영태 무대미술_오경숙 의상_변창순 조명_최형오 사진_이시로 스미즈

The Sound of Night

'The Sound of Night' was performed with a combination of live music and dance. The Musician played Ga Ya Geum on the right of the stage, while the Dancers perform on the left. Byung Ki Hwang, the foremost Ga Ya Geum player, composed the music for this performance. It is one of the her most popular solo dance performances.

11
내일은 어디에 있지?

국제무용연맹이 제정하고 유네스코 산하의 ITI가 인정하는 국제무용주간을 맞아 '내일의 흐름을 찾아'라는 주제로 열린 한국무용제전 출품작이다. '내일은 어디에 있지?'를 통하여 내일이란 오늘 그리고 어제 속에 있다는, 현재와 과거와 미래의 연결성을 표현하였다. 무대 위에서의 원근감을 강조하고 시공간을 무대에 배치시키는 연출을 시도하였다.

윤덕경이 한국무용의 다음 세대의 지도자가 될 가능성을 부인하는 사람은 아무도 없으며 전통무용가로서 잘 절제된 참으로 크고 웅장한 춤 스케일 가졌다고 말하여지고 강한 안무를 통하여 한국무용의 정적이고 소극적인 표현을 극복하고 활기차며 생동력 넘치는 기개를 재탄생하고 있다고 평가되어진다. 그녀는 한국무용계를 이끌어 나갈 책임을 질 때를 위하여 독창적인 춤 세계를 연출할 수 있을 만큼 충분히 성장하였으며 현대적인 감각으로 한국 무용을 발전시켜주는 주도적인 역할을 하고 있다. - 〈더 코리아타임스〉 1991.5.

25m 19910504-09 국립극장대극장
안무_윤덕경 작곡_김철호 무대미술_오경숙 의상_이호준 사진_이은정 진행_윤영실 출연_윤덕경 진현실 한정선 최종숙 김경옥 문미향 박선영 이상희 노정화 송미옥 김정하 송미혜 신호임 황해연 정사영 서미애 홍지선 김경희 연숙경

Where Is Tomorrow?

'Where is Tomorrow' was featured at 'the 7th Korean Dance Festival.' Founded by International Dance Association, this festival celebrates 'International Dance Week (certified by ITI under UNESCO).' It is a philosophical inquiry about gauging the flow of life and discovering your path for tomorrow. Youn asks, "Where is tomorrow going to take me?"

12

들숨과 날숨

무용의 근원인 호흡법에 관한 관심으로 생명과 생태적 삶에 대한 주제를 갖는다. 숨 쉰다는 것은 살아 있음이며 생명을 확인하는 것, 들여 쉬고 내쉬는 숨은 자연스러운 삶의 박자이고, 자연의 규칙 일부이며, 들여 쉬는 숨은 자연의 정기, 내쉬는 숨은 에너지의 배설이다. 인간과 자연의 공존을 위해 자연에 순응하고 교감하고 조화하려는 노력을 강조하고자 하였다.

"인체로 지은 춤의 집" '들숨과 날숨'은 우리 춤의 정물화, 적요, 안에서 느끼던 내재율을 숨쉬기를 통해 밖으로 발산하고 있으며 자연속의 춤의 동태, 또는 정적을 허물고 다시 인체로 집을 짓는 해체와 모듬의 관계를 우리는 체험하고 생명의 조화를 맛볼 수 있다. 전통을 수렴한 이후의 현대적 표현의 한계는 추상적 공간을 살리는 어려움이 뒤따른다. 하지만 '들숨과 날숨'에서 그 포용력은 대담하며 솔직하다. – 이현숙 〈충청일보〉 1992.4

30m 19920326-0403 호암아트홀

작곡_정안민 무대_윤병진 의상_선미수 조명_김지성 사진_최영모 안무_윤덕경 출연_진현실 김운태 한정선 연숙경 안혜임 김희영 이혜자 박소현 박덕상 신혜진 강윤희 최화정 윤호식 김영덕

Inspiration, Expiration

Featured at the 8th Korean Dance Festival, "Inspiration, Expiration" expresses that breathing is both vital for life, and a metaphor about existence. Inspiration represents receiving the breath of life, Expiration represents how we exert or express that vital force we are given. Because the force of life surrounds us in nature, we must learn to live with nature in harmony.

13
보이지 않는 문

제14회 서울국제무용제에 참가한 작품으로 시대의 단절과 이를 극복하는 삶의 통과의례를 조명한 작품이다. 죽음과 삶을 동질적으로 보는 한국인의 심성, 그 연장선에서 끝없는 시련을 하나의 과정으로 보며 이를 극복하고 승화시키는 노력들을 표현하고자 하였다.

윤덕경의 '보이지 않는 문'은 황병기의 음악을 이용. 이 안무자로서는 오랜만에 기개를 펼 수 있는 작품의 수준을 보였다. 특히 남성무, 여성무에 있어 동작의 활달함과 대담함은 그녀의 성공적 안무작인 '빈산'을 연상시켰고, 무대공간을 전후좌우로 비교적 크게, 또 구조적으로 이용한 것은 이미 그녀가 '사라진 울타리'등에서 견고하고 대담하게 사용했던 공간의 구조와 맞물려 있기도 했다. 또한 동시에 박덕상, 김영덕 등 4,5명의 남성춤꾼들 참가와 창무회 중견 이애현 등의 참여는 작품을 활기차게 한 요인이기도 했다. - 김영태, 1992.11.

40m 19921024-25 문예회관대극장
작곡_황병기 무대미술_양정현 의상_정현희 조명_최형오 음향_조갑중 무대감독_장경렬 사진_최영모 조대형 안무 · 대본_윤덕경 출연_윤덕경 홍미영 진현실 한정선 김현아 이상희 안혜임 이혜자 박소현 이애현 박덕상 김영덕 이상희 송한봉 김재승

Invisible Door

Performed at The 14th Seoul International Dance Festival, "Invisible Door" shows how our rite of passage is an invisible door that exists between the different stages of our life, and between one generation and the next. Part of Korean philosophy states that we understand life and death as an Invisible door (rite of passage) between the material existence and the spiritual afterlife.

14 어느 개인 날

도산 안창호 선생 탄신 114주년 기념 '도산의 밤'에서 "겨레의 스승, 도산 안창호"
를 주제로 한 추모공연이다. 그는 현실에 안주할 수 없는 한 청춘의 몸부림과 갈등
으로부터 시작하여 나라 잃은 민중의 아픔에 자신의 전부를 던져 싸워야 했다. '진
리는 반드시 따르는 자가 있고, 정의는 반드시 이루는 날이 있다.' 도산 철학의 고
취를 위해 도산의 민족에 대한 끝없는 사랑과 용기를 몸짓으로 표현하였다.

20m 19921109 서울힐튼호텔 컨벤션센터
안무 · 구성_윤덕경 대본_황윤숙 작곡_황병
기 무대미술_양정현 의상_정현희 조명_최
형오 무대감독_양동주 출연_박덕상 김영덕
이상희 이애현 홍미영 진현실 한정선 김현
아 안혜임 이혜자

One Clear Day

"One Clear Day" is a commemorative performance for Dosan Ahn Chang Ho's birthday. It was performed at 'Dosan's Night, 114th Anniversary.'

15 신기본-몸 풀기, 몸만들기

창작무용의 한국적 표현을 위한 몸짓 표현의 극대화를 위하여 체계적인 몸풀기와
몸만들기의 신체적 정서적 훈련이 필요하다. 한국춤의 특징인 호흡을 중심으로 맺
고, 어르고 푸는 몸동작의 요소를 분석하고 통합하였다. 아울러 감정표현의 변화
에 따른 동작을 정중동의 요소를 조화롭게 반영하여 춤의 개별 단어에서 구와 절
로 문장으로 확대해서 구체화하였다.

"신기본, 춤 대입에 거는 기대" 우리 춤과 창작품에 나타나는 움직임, 표현을 대입시켰
으며, 춤(전통무와 창작을 겸해온 그의 체험적 고찰)을 대입하고 정형화 했을 때 나타
나는 움직임의 요소를 분석해 창작 춤이 시사하는 상징적 표현 감정 시각적 틀 속에 우
리 춤의 기본을 제시해 온 작품으로 춤의 대입관계가 연작형식으로 발전할 것이 주목
된다. – 김영태, 1995.9.

20m 19950913 청주 예술의 전당

안무 · 구성_윤덕경 작곡_김철호 의상_이남
복 사진_이은정 출연_진현실 김운태 양진
례 안혜임 이상희 이혜진 박소현 김윤희 전
희숙 김수자 신미영 류은정 조현정 유상희
정요심 오명희 채희경 김지선 김양언 최경
미 이은주 김수자 조현남 박선미 음미수 최
서림 최모정 김지연 백선애 손애순 김한덕
강민호 김정수

58

New Basic

Flexing and body building exercises are crucial for one's advancement as a dancer. This performance embodies the Korean dance movement as and organized and standardized cohesiveness, just as fundamental as the basic preparation of 'Flexing and Building Body.' It's not only approaching from practical standpoint but also from theoretical standpoint. Youn makes an effort to establish new fundamental system of Korean dance.

16
땅

제17회 서울국제무용제 참가 작품이다. 생태적 삶에 대한 예술적 해석이자 접근을 시도하였다. 땅과 얽히고설킨 사연을 매개로 한 여인의 삶을 조명한다. 땅을 탐욕의 도구로 생각하는 사람들과 자연 그대로 소중하게 여기면서 더불어 살아가고자 하는 이들의 소망을 나누고 싶었다.

40m 초연 19951024-1108 문예회관대극장

원작_이철용 작곡_오용록 무대미술_박병욱 의상_두줄 뷰띠끄 조명_박종찬 무대감독_임영빈 음향_조갑중 사진_조대형 안무·대본_윤덕경 출연_윤덕경 이애현 김일환 김한덕 강민호 최정수 진현실 김운태 양진례 안혜임 이상희 김희영 정혜경 이혜진 박소현 김윤희 전희숙 진미영

Land

"Land" was performed at the 17th Seoul International Dance Festival sponsored by the Dance Association of Korea. The cycle within individual's life and the cycle of nature are just different expressions of the all-encompassing source of creation. The performance tells the story of one woman, her trials, and tribulations, the coming and going. It contrasts with the story of the land and the cycle of seasons, birth and death. Human and nature should coexist in harmony, as we are all part of one whole. People should not work against nature to selfishly profit from it. People should work "with" improving together.

17

기찻길 옆 오막살이

잊혀져가는 어릴 적 아름다운 추억은 누구에게나 있다. 추억으로 다가가며 정서, 향기, 소리, 느낌을 다시금 만나는 소박한 여정을 담고자 하였다. 이미 멀리 지나가 버린 순간들, 소박한 꿈, 넉넉했던 마음들을 춤의 언어로 오늘에 소환하고자 하였다. 1996년 한국무용제전 참가작품이다.

20m 19960430 문예회관대극장
작곡_김철호 무대미술_박병욱 의상_아나시스 안무 · 대본_윤덕경 조안무_이애현 출연_이상희 박주영 이혜진 김윤희 이지은 정재은 오명희 노한별 김지선 김양언 구소영 이민희 채의경 김수진 강진영 이영란 최정수 신용구

Hover Life by Railroad

Everybody has memories of their childhood. It is a small trip to laook for emotion scent, sound, and feeling of back in the days. We may come too far from the time. 'Hover Life By Railroad' is a wish that peaple are awsre of small happiness and lenient mind that they have forgotten.

18

우리 함께 춤을 추어요

1996년 12월 장애인문화예술진흥개발원 개원 기념공연이다. 장애인에 대한 왜곡
된 사회의 편견을 고발하고 인식 개선의 의지가 담긴 작품이다. 춤이 특정인들의
전유물이 아니라 누구나 함께 공유할 수 있다는 점을 강조하며 우리 사회의 소외
되고 아픈 삶의 모습을 수화와 춤으로 표현하였다.

윤덕경의 이번 작품 '우리 함께 춤을 추어요'는 무대에서 작품을 보여주는 미학과 동참
을 요구하며 기여하는 춤의 미학, 춤의 지평을 넓혔다는데 의의를 들 수 있다. 아울러
더 깊은 작업(해설적인 의미에서)에 들어 설 수 있는 그만의 주제를 또 하나 첨가하였
다. - 김경애 〈춤〉 12월호

65m 19961222-24 문예회관대극장

안무 · 연출_윤덕경 원작_이철용 작곡_백
대응 무대미술_양정현 수화지도_이정섭 의
상_심실 조명_김태학 음향_조갑중 사진_조
대형 이경렬 출연_윤덕경 이애현 홍미영 김
운태 이상희 박주영 김희영 이혜자 김윤희
정주연 오명희 채희경 김지선 이영란 손정
민 강진영 최선림 박선미 김수진 김수진 강
만보 최정수 이종호 김일환

Let's Dance Together

"Let's Dance Together" was first performed at the founding ceremony of Culture & Art Promotion Center for the Disabled. Duck Kyung stresses, dance is not only for non-disabled but also for everybody. She uses sign language as a part of dance to express everyone should enjoy dancing.

19
어-엄마 우으섯다

윤덕경 춤살이 30주년을 기념하는 공연이다. 장애를 가진 아이를 둔 엄마의 한없는 사랑을 스토리텔링 기법으로 구성하였다. 춤이 사회에 기여할 수 있는 것이 무엇인지에 대하여 하나의 대답을 찾아보고자 하였다. 장애인, 비장애인 모두 손잡고 함께 살아가는 세상에 대한 꿈을 담았다.

윤덕경은 작년 장애인을 위한 무대를 올려 주목을 끌었다. 그는 장애인을 위한 예술이라는 특수목적의 작업을 하면서 춤살이로 승화, 말하자면 고급한 이미지예술로서의 춤과 설명적으로 이해하는 대중관객들 사이의 거리감을 어떻게 좁힐 수 있는 가를 고민하고 그 상황을 말한 바 있다. 이번 '어-엄마 우으섯다.'라는 작품은 지난 '우리 함께 춤을 추어요'보다 밀도 있는 작품으로 안무의 초점을 맞추었다. 이제 장애인을 위한 춤이라는 전제를 달지 않아도 격조 있는 작품으로서의 순수 가치를 인정해야 할 만큼 무용적으로 의미 있고 성숙한 무대였다. - 김경애 〈댄스포럼〉 1997.4.

58m 19970418~19 예술의 전당 토월극장

원작_이철용 작곡_백대웅 노래_장사익 음악보_계성원 녹음_홍동기 무대미술감독_양정현 무대디자인_곽미경 의상_두줄 뷰띠끄 총기획_김원봉 공연기획_김영선 정재우 수화지도_이정섭 사진_최석인 안무 · 연출_윤덕경 출연_윤덕경 이애현 선미경 홍미영 양진례 진현실 이상희 박주영 김희영 이혜진 오명희 김지선 채희경 김수진 유현수 박선미 안명식 김수진 이종호 강만보 최정수

I-saw you smile, Mommy

"I... I... Saw You Smile Mommy" was performed as a celebration of Duck Kyung Youn's dance career. It tells the story of a mother with a disabled son and how through dance, different types of people can live together in peacefully and in harmony.

20

달궁 달궁

'한국 현대춤 작가 12인전' 공연작품이다. '어-엄마 우으섯다'의 일부를 재구성하였다. 자식을 잃은 어머니의 아픔을 전통무속 '씻김굿'을 현대화하여 독무로 표현하였다.

서정인의 소설에서 힌트를 얻은 '달궁달궁'에는 그녀가 즐겨 쓰는 대각선 구도를 축으로, 어떤 모성의 길을 보여준다. 짙은 청색의 저고리를 입고, 엎드린 듯 먼 길을 가는 시작에서부터 작품 속에서는 연두 빛 저고리를 갈아입고 어떤 젊음을 뿌리는 시간이 있었고 또 지전을 입에 물고 슬픔과 주검을 보내는 시간도 그 속에 있었다. 그런가 하면, 힘겹게 삶의 주위를 맴도는 가운데 스스로 끝없이 내면에 감추어진 불의 신화를 보는 시간도 그 춤 속에 있었다. 따라서 쉽사리 변하지 않는 것-힘든 삶의 길-에 대한 천착이야말로 오늘의 우리의 삶을 그 근처에서 지탱해주고 있는 힘일지도 모른다. 모성이 그렇고, 밋밋한 듯 힘겹게 하나의 동작과 구비를 만드는 우리의 춤이 또한 그렇다. - 김태원 〈춤〉 1997.6.

12m 19970507-09 문예회관대극장

안무 · 출연_윤덕경 원작_이철용 작곡_백대웅 무대미술_곽미경 의상_정덕희 사진_이경렬

Dal Gung Dal Gung

'Dal Goong Dal Goong' was a part of 'I… I… Saw You Smile Mommy,' that expressed a sadness of a mother who lost her son.

21

빈자리

'현대 춤 작가전' 참가 작품이다.

빈자리는 왜, 어떻게 왔고, 그곳에 무엇을 채울 수 있을까?
사람은 모여서 어울려 살아간다.
가족이 그렇고 이웃이 사회가 그렇다.
서로가 기댈 때 행복하다.
하지만 빈자리엔
떠나고 남은 추억만 쓸쓸하다.
빈자리에
의지할 곳 없는 상념과
가버린 마음만이
어수선한 풍경만이 남아...

25m 초연 19981122~23 호암아트홀
작곡_문정일 무대미술_이성호 의상_장충열
사진_최석인 안무_윤덕경 출연_홍미영 양
진례 김희영 박주영 이혜자 김윤희 채희경
오명희 박선미 최선림

Empty Space

All in society must live together
But how?
I'd be happy to settle down and learn more
There are memories in that empty space of our history
That empty space in the memories of our youth
Those memories are only a changing of our heart
And we are left to reflect on the unsettled scenery

22

더불어 숲

윤덕경무용단 창단 10주년 기념작품으로 신영복 교수의 세계여행 기행문을 바탕으로 구성한 작품이다. 새로운 세기는 선량함과 진실이 더 이상 좌절하지 않기를, 나무와 나무가 어우러져 더불어 숲이 되듯 우리도 인간의 숲을 만들어야 한다는 메시지를 전하고자 하였다.

'나무야 나무야'
처음으로 쇠가 만들어졌을 때, 세상의 모든 나무는 두려움에 떨었다.
그러자 어느 깨어있는 나무가 이렇게 말했다.
'두려워할 것 없다. 우리들이 자루가 되어주지 않는 한 쇠는 결코 우리를 해칠 수 없다오.' - 신영복, 〈더불어 숲〉 중에서

신영복이 쓴 이 대본은 마감되는 20세기를 되돌아보고 21세기의 비전을 상징하는 제목이다. '숲'의 이미지는 유토피아인데 밀레니엄 시대에는 울창한 숲으로 지구를 가꾸자는 메시지가 곧 춤이었다. 영상으로 처리된 20세기의 크고 작은 사건들은 인간 생존의 반성의 자리를 마련한다. 춤 서두 단 위에 돌아앉아 있던 윤덕경은 역사의 현장을 지켜보는 대모역이다. '더불어 숲'에서 들리는 민요는 상처뿐인 척박한 땅을 일군 조상들의 '한의 입김'이다. 그리고 구음은 과거 현재의 시공을 넘나든다. 더불어 그것은 혼자가 아닌 집단의 뭉침이다. 커튼콜을 아리랑으로 장식한 의미도 거기에 있다. - 김영태 〈댄스포럼〉 2000.4.

30m 19991115 국립국악원예악당

안무 · 구성_윤덕경 원작_신영복 작곡_김철호 노래_강권순 무대미술_양정현 의상_장충렬 조명_이성호 C.G_이경렬 사진_최석인 이경렬 출연_윤덕경 홍미영 양진례 김희영 이혜진 김윤희 최윤정 오명희 채희경 이영란 김수진 문재희 박현주 신은선 김선영 한미영 양대승 전진수 강만보 최정수

Forest, Together

"Forest, Together" is written by Young Bok Shi during his travel of the world, and Duck Kyung adopts it to dance. It was performed for the 10th anniversary of founding Youn Duck Kyung Dance Company. It shows her willing that people lie together with harmony like woods in the forest.

23

2천, 탈

2000년 한국무용연구회가 주최한 무용제전 참가작품이다. 새천년에는 허상과 허구를 벗은 진실한 시간이 되길 바라는 희망의 메시지를 전하고 싶었다.

탈을 쓰면 옷을 걸치지 않아도 부끄럼 없어라.
탈을 쓰면 왕도 되고 귀신도 되니,
보이는 것은 허상, 말하는 것은 허구,
탈을 쓰면 못할 것 없지만
탈을 쓰면 진실을 전할 수 없다
탈을 벗어 허상을 벗고 허구를 벗어
진실을 전하라

20m 20000311 문예회관대극장
안무_윤덕경 작곡_김철호 Mustapa Trttey
Addy 의상_장충렬 분장_오세금 무대소품
제작_박세진 김재원 출연_양진례 김희영
최윤정 김윤희 오명희 김수진 한미영 김선
영 신은선 문재희 김지영 임영미 이해선 한
지연 최은진 정영미 오정희 최정수 배광렬
김호림

2000, Mask

If you wear a mask, there is no shame although you don't wear any cloth. If you wear a mask, you can be a king and a ghost. What you see is an illusion, what we say is a fake. If you wear a mask, although you can do anything, you cannot convey truth. Take off the mask. Take off an illusion and tell the truth.

24

영목(靈木)

청주 MBC 창사 31주년 초청 공연작품이다.

동네 한가운데 신령이 깃든 나무가 있었다. 아이들은 나무 아래서 놀았고, 동네 아낙은 아들 점지를 빌었다. 어머니는 집안의 행복을 빌었고 마을 어른들은 마을의 안녕을 기원했다. 영목은 비가 오나 눈이 오나 마을을 지켰다. 천지조화를 이루어내고 상극(相剋)이 아닌 생명을 살리는 상생(相生)의 정신을 춤으로 전하고 싶었다. 유미주의 경향이 짙은 이미지 위주로 구성하였고, 무대 위에서 가야금을 라이브로 연주한다.

13m 20011024 청주예술의전당 대극장
작곡_황병기 가야금_박현숙 장고_김준모
의상_장충렬 사진_최석인 박희동 안무_윤
덕경 출연_윤덕경 박덕상 최정수

Spiritual Tree

In the middle of small town, there is a tree that has divine spirit. Children play around the tree. Mothers pray for their family's happiness. The tree, named 'Young Mok', is the existence of protecting the town.

25

불교의식무용 팔상전 "탑돌이"

탑돌이는 불교사원의 탑을 돌며 염원과 공양을 올리는 불교 의식이다. 2002년부터 윤덕경이 무용수들을 구성하여 승무, 바라춤, 나비춤, 법고춤, 목탁춤 등 불교의식 무용을 탑돌이의 원형에 가까운 형태로 구성하여 속리산 법주사에서 연례행사로 펼쳐졌다. 2012년까지 계속되었다.

20020521-현재 속리산 법주사 팔상전
안무 · 재구성_윤덕경 조안무_박덕상 지도_
박주영 오명희 반호정 출연_윤덕경무용단
서원대 무용과 극동대 연극과 사진_정경재

Tab Dol I

'Tab Dol I' is ceremony of Buddhism. Since 2002, Youn has performed it in Beop Ju Sa, a temple in Songni Mountain in every year.

26

고요한 시간, 그 깨달음

불교 수행의 하나인 '위파사나'를 춤 언어로 표현하고자 하였다. 우리의 일상적인
활동과 마음을 관찰하고, 이를 통해 깨달음을 얻는 '위파사나'의 명상 수행법으로,
비현실적 속도에 대한 거부와 느림의 가치를 부각하고자 하였다.

"빠름이 빠름이 아니고, 느림은 느림이 아니다." 춤을 통해 세상의 빠름과 부처의 정신
이 농축되어 있는 느림을 서로 대비시켜 춤사위로 승화, "빠름이 빠름이 아니고, 느림
은 느림이 아니다."라는 절실한 메시지를 던진다. — 이현숙 기자 〈충청일보〉 2002.5.

25m 20020516 보은문화예술회관

안무 · 대본_윤덕경 작곡_이병욱 무대미술_
양정현 의상 차혜영 조명_김철희 C.G_이
경렬 분장_최주희 출연_윤덕경 박덕상 오
명희 김수진 문재희 김선영 신은선 김지영
이해선 최은진 한지연 전혜윤 김민경 정은
정 신선미 최태양 김호림 신윤정 김경희 강
주리 김희경 임미경 김하림

Tranquil Time, The Enlightenment

'Tranquil Time, The Enlightenment' was selected for the Chung Buk Performance of 2002. It expresses beauty of slow through metaphor of the acetic exercises 'Wi Pa Sa Na' in Buddhism.

27

가리개 뒤에 나

'한국 현대춤 작가12전' 참가 작품이다. 사람들은 삶을 가리개로 가린 채, 보이고 싶은 것만 보이려 한다. 삶의 강은 한순간도 멈추지 않고 흘러간다. 가려서 보이지 않는다고 그 흐름이 멈춘 것은 아니다. 가리개로 감추지 않아도 아름다울 수 있는 세상. 가리개를 뛰어넘고 또 벗어던지는 참다운 소통을 기대하며 기획하였다.

12m 20030330 문예회관대공연장
안무_윤덕경 작곡_금경도 무대미술_차기율
의상_김지원 조명_정진덕 사진_송인호 출
연_윤덕경 김수진 문재희 최태양

Me, Behind of a Cover

   "Me, Behind of a Cover" is a solo performance for 'Hyun Dae Choom Jak Ga Jun.' In this performance, Duck Kyung wishes a world that can be beautiful without hiding or deceiving anything.

28

생명의 꿈, 그 희망의 시작

제25회 청주전국장애인체전 개·폐회식

무대인 운동장을 과감히 비워 여백을 만들고, 음악과 춤은 슬픔을 최대한 절제하였다. 속도감과 활기참이 느림과 아름다움과 교차되면서 장애인이 참여하는 부분을 정점으로 어울림이 극대화 된다. 식전행사는 도약과 비상, 수화, 어울림을, 식후행사는 깃발이 갖는 박진감과 곡선을 강조한 여성무용의 부드러움이 어우러지게 하였다. 마지막 장면에서 장애인과 장애인 어머니와 무용수들이 혼연일체가 되도록 구성하였다.

20050510-13 청주종합운동장

총감독_정상용 총괄안무_윤덕경 총괄음악_김수철 안무지도_박덕상 조진국 홍미영 박주영 원유선 김재옥 안무보조_최모정 한미영 박혜경 전혜윤 김현애 이수연 이승희 행사출연_서원대학교무용과 청주대학교한국음악과 충북예술고등학교 충남예술고등학교 일신여자중학교 덕성초등학교 청주혜화학교 신명풍물예술단 37사단 윤덕경무용단 김수철

Dream of Life, The Beginning of Hope

The 25th national sports games for the disabled

29

기쁨도 슬픔도 넘치지 않고

'낙이불류(樂而不流) 애이불비(哀而不悲).' 옛 조상들이 음악과 춤으로서 전하던 '기쁜 일에 기뻐하되 기쁨에 흐르지 말고 슬픈 일에 슬퍼하되 슬픔에 빠지지 말라'는 가르침이다. 삶에서 느끼는 기쁨과 슬픔을 승화시켜 마음을 정화하려는 의지를 표현하고자 하였다. 대립되는 두 양면성을 조화의 길로 성찰하자는 메시지를 전하고 있다.

25m 20051004 충주문화회관 대공연장
안무·대본_윤덕경 작곡_임희선 의상_김지원 조명_김태섭 출연_홍미영 박주영 한미영 박혜경 김현애 이승희 이수연 김호림 김남화 유은정 박경화 유소영 반호정 김은아 신나리 이금진

Neither Delight and Sorrow Are Overwhelmed

"Lak I Bool Lyoo E I Bool Bi" means, be happy when you are happy but don't go beyond yourself with joy, and be sad when you are sad but don't fall into the sorrow. This teaching from the ancestors has passed down, as joy is temporary as is sorrow; both can be transcended if people experience the higher state of consciousness – a new dimension of divine sublimity. 'Neither Delight No Sorrow Are Overflowed' interprets these concepts through the expression of dance.

30

물의 정거장

창무회 30주년을 맞이하여 김매자 선생님 제자(윤덕경, 최은희, 한명옥, 강미리, 김선미 등)들이 옴니버스 형식으로 안무한 작품이다. 정거장을 의미한 '역(驛)'의 컨셉을 '물의 정거장'이라는 시각으로 접근하였다. 기다림과 다가옴의 의미를 물 흐르듯 지나온 물길로 해석하여 창무회 30년의 의미를 되새겨 보고자 하였다.

15m 20070128-29 아르코 예술대극장
안무·구성_윤덕경 연출_이재환 음악_양용준 조명_최형오 사진_최시내 이현준 출연_ 김현아 박주영 오명희 채희경 최정수 반호정

Station of Water

For the 30th anniversary of the founding of Chang Mu, the pupils of Mae Ja Kim collaborate on a choreography in the omnibus style with a subject of 'station.' Duck Kyung express meaning of Chang Mu's 30 years by showing meaning of station that represents await.

31

부는 바람에 귀 기울이며

나이가 들면서 자연이 더욱 아름다워지는 것을 느낀다. 자연은 그때나 지금이나 거기 그대로 있었을 터인데, 그 가치를 뒤늦게야 알아가는 우리들의 기쁨과 행복을 표현하고자 하였다. 부는 바람에 귀 기울이는 소박하고 자유스러운 몸짓으로, 아름다운 자연과 세상, 사람들을 새롭게 인식하는 여정을 보여주고자 하였다.

"세월이 멈춰졌음 하지 가끔은
멈춰진 세월 속에 풍경처럼 머물렀음 하지 문득
세상이 생각보다 아름답다는 것을 느꼈을 때일 꺼야
세상에는 생각보다 아름다운 사람이 많다는 것을 느꼈을 때일 꺼야"

– 신동호 "봄날, 강변" 중

12m 20070531 정심화국제문화회관
안무 · 출연_윤덕경 작곡_금경도 의상_두줄
김지원 조명_김태섭 분장_최주희 무대소
품_고용대 사진_김명호

Give Ear to Wind

The nature has always been there, and I just appreciate the beauty. To perform "Give Ear to Wind," Duck Kyung tries to show the beauty of the world and beauty of people with pleasure.

32

물러섬이 없거느니

김유신 장군의 화랑도 정신을 구현하고자 한 작품이다. 지역사회와 함께 하는 문
화예술 활동의 일환으로 충북 진천 화랑축제에서 공연되었다. 김유신 장군의 강
인한 기상과 화랑도의 임전무퇴 정신과 이미지를 춤으로 구성하였다.

25m 20071006 진천군화랑관
안무 대본_윤덕경 작곡_금경도 무대미술_
고용대 의상_이수동 조명_김태섭 사진_김
명호 출연_박덕상 박주영 박지혜 오명희 채
희경 박혜경 정은정 강우미 송준민 임재창
반호정 김은아

Do Not Stepping Back

　　"Do Not Stepping Back" was first performed in Jin Chun city where general Yu Shin Kim was born. It honors the general's spirit and celebrating 'Hwa Rang Festival.'

33

간지(間紙) 사이로…

'한국 현대춤 작가 12인전' 참가작품으로 미국에서 교환교수로 있을 때 구상하였다. 원장현의 대금독주와 현악 3중주를 라이브 협연으로 국악과 현대음악이 어울리며 입체감 있는 무대를 꾸민다. '존재'와 시간과 공간의 이중적 의미를 가진 '사이'의 관계를 남녀 2인무로 역동적으로 표현하고자 하였다.

공간 속의 존재, 존재 사이의 공간
그 사이 공간에서 있는 듯 없는 듯
멈춰 서서 세월을 바라보는 사이
나는 시간과 공간 사이(間)의 존재가 되어버린다.

윤덕경 안무의 작품은 그의 독백이다. 존재에 대한 독백. 첫 장면 다리를 들고 누운 윤덕경이 연꽃이다. 만나지 않고 따로 있는 어쩔 수 없는 사이, 여인을 찾아 나선 남자, 그 남자가 그에겐 꽃이었다. 꽃을 찾아 나서는 구도의 전개가 인상적이었다. 피아노, 첼로, 바이올린 그리고 대금 주자가 내는 음악이 가슴을 적신다. – 고석림 〈춤과 사람들〉 2009.5.

12m 20090411–12 아르코 예술대극장

안무 · 출연 · 글 _윤덕경 음악 _Mystery Dance 중 편곡 · 작곡 _심훈 대금연주 _원장현 피아노 _심훈 바이올린 _안수현 첼로 _송문희 무대감독 _강경렬 조명 _정진덕 무대효과 _고베드로 무대설치 _고용대 조명 _정진덕 의상 _미호 분장 _문희 사진 _김명호 송인호

Between

"Between" is performed with string trio and Dae Gum solo on the stage. 'If two dots are connected, it becomes line, and if two lines are connected, it becomes plane. If two planes are connected, it becomes solid. Existence between spaces. Space between existences. I am becoming existence between space and time.'

34

화려한 백야

캘리포니아주립대(CSULA)에서 교환교수로 있으며 무용 등 다양한 분야에서 작곡가로 활동하는 Michael Reola와 교류하며 구상한 작품이다. 윤덕경무용단 창단 20년을 기념하여 발표했던 작품 중에서 대표적인 7개 작품과 함께 공연했다. 백야는 일출, 백주, 석양, 일몰로 이어지는 자연 현상을 거부한다. 고통과 어둠의 세계에서 인내와 도전으로 영롱한 진주 빛처럼 어둠을 이겨내는 백야의 의지를 춤의 언어로 들려주고 싶었다.

작품의 주제는 태양으로 바꾸어 말할 수 있다. 하루의 이미지이다. 영원히 질 것 같지 않은 태양이 지고 밤이 온다. 그리고 새벽이 다시와 해가 뜬다. 이런 평범한 매일의 일상이지만 안무자는 공간을 신비화했다. 그리고 등장한 백야는 공포의 밤을 밝히는 푸른 이미지이다. 음악은 한국 창작춤을 구성하는 고전적인 장단과 리듬에 전자음악의 확장으로 작품의 흐름을 주도했다. 하늘과 닿은 신비의 땅 산타페의 황토에 내리비치는 빛처럼 안무자는 가라앉은 목소리로 인생의 마지막 희망을 호소하며, 출연자의 호흡은 이미지를 살아 있는 메시지로 관객에게 잘 전달 한 작품이다. – 김경애 〈댄스포럼〉 2009.10.

30m 20091009 국립중앙박물관 극장용

총예술감독_윤덕경 안무_윤덕경 음악_Michael Reola 의상_김현선 무대미술_고용대 사진_김명호 분장_문희 영상촬영_Adam Pfleghaar 수화_혜성스님 무대감독_김중길 조명감독_이동원 음향감독_최승철 출연_진현실 박주영 오명희 박경화 반호정 박혜경 채희경 이영란 김양언 손정민 박덕상 장우영 정준용 서상철 방준혁

Splendid White Night

When Duck Kyung was teaching at CSULA in California as an exchange professor, she mapped out this work with Michael Reola who moved about most energetic in industry of film, broadcast, and performance art in Hollywood. White night refuses the principle of nature that goes on from sunrise to noon, evening sun, and sunset. "Splendid White Night" is a portrait of people who are alienated and marginalized in the society. Night doesn't always mean darkness. The performance is about white night that overcomes the darkness.

35

하얀선인장

장애인 8명과 전문 무용수 15명이 장애의 극복을 주제로 함께 출연한 작품이다. 하얀 꽃을 피우기 위한 선인장의 태양보다 강렬한 의지를 장애인의 아픔과 인내, 용기로 표현하고자 하였다. 장애인들이 감내하기 힘든 치열한 연습과정을 통하여 무대에 올랐다. 그들의 잠재 되어있던 예술성이 진솔하게 발휘된 작품이다.

윤덕경의 이번 작품 '하얀 선인장'은 선인장의 생태 속에 가시와 꽃 속에 장애의 극복과 특히 휠체어를 탄 장애인과 춤꾼들의 조화 속에 새로운 동(動)과 입체 미(美)의 창출은 눈부셨다. - 평론가 정순영. 2010.10.

65m 20101016-1017 용산문화예술대공연장 노원문화예술대공연장 청주예술의전당 대극장

총예술감독_윤덕경 대본_이철용 안무구성_윤덕경 연출_최병규 음악_양용준 Live 연주 · 피아노_심훈 첼로_고미소 해금_이은진 의상_이혜정 분장 · 조명감독_김철희 무대미술_고용대 영상_신정엽 사진_김명호 출연_김문숙(특별출연) 심미경 김현아 박주영 오명희 반호정 임건백 정중용 황태인 윤영식 우화숙 조현식 구경애 김은진 장동숙 곽영희 김예솔 박수빈 김주원 길예진 김나연

White Cactus

In "White Cactus," 8 disabilities and 15 professional dancers perform together on the stage. After half year of hard work and effort, they reveal the talent and passion for the art. Cactus doesn't have pretty flower, doesn't have wide leaves, and doesn't have upright stem, but cactus nurses a desire to bloom the most beautiful white flower.

36

하늘이 열리는 날

유네스코 무형문화유산에 선정된 강릉단오제는 고대제의의 축제 요소들이 온전히 담겨있다. 또한 다양한 문화적 · 종교적 요소들을 융합하여 화합을 추구하는 문화적 양식을 풍부히 갖고 있다. 단오제의 주신인 국사성황신의 설화를 통해 민족, 계급, 문화적 갈등을 극복하는 과정을 보여주고자 하였다.

30m 20120406 아르코예술극장 대극장
안무_윤덕경 음악작곡 및 편곡 · 드럼연주_김현호 의상_이혜정 무대오브제_우민주 출연_김현아 오명희 이영란 반호정 김은주 이윤혜 임건백 문성준 유성준 여림호

The Day of Sky Opening

'Gangneung Danoje' that was designated as a UNESCO world heritage property, contains festival elements of ancient ceremonies. This implements spirit of 'Gangneung Danoje' that blends cultural and religious elements and seeks harmony.

37

희망, 우리들의 마음에

한 장르의 예술과 다른 장르의 예술이 만나 새로움을 추구하는 크로스오버의 형식
으로 영상, 연극, 연주, 성악, 춤이 만난다. 서로를 나처럼 존중하고 배려하며 하모
니를 만들어 간다. 각각의 장르가 자기 안에 있는 감정과 생각을 서로를 교감하며
펼쳐 나간다. 우리가 합하면 고난도 절망도 극복할 수 있다는 것을......

60m 20121001 용산아트홀대극장 미르홀
대본_윤덕경 음악디렉터_심훈 피아오_심훈
해금_이지율 신디사이저_고상은 배우_이설
희 김남호 조명_김철희 무대_김진우 영상_
신정엽 의상_이혜정 사진_김명호 안무·구
성_윤덕경 김현아 오명희 임건백

Hope, Inside of Our Mind

It's Duck Kyung's third work that performs with disabled people. This expresses rising from the ashes of despair. In addition, Joo Yung Jo, a singer, collaborates for the work on the stage.

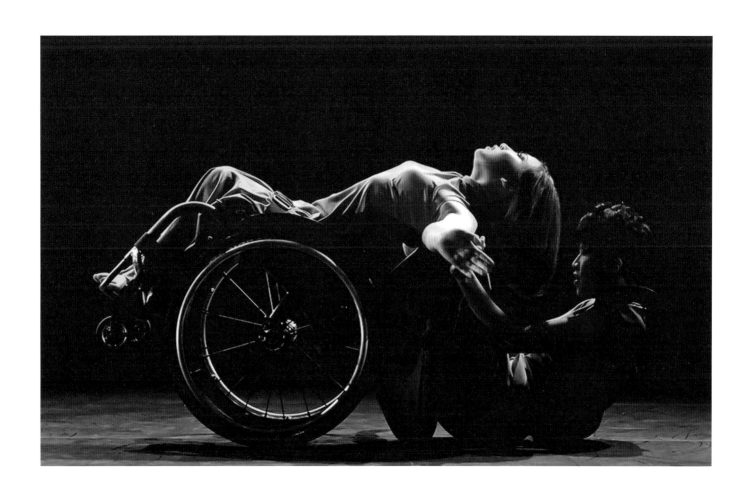

38

해가 뜨는 날

강릉단오제에 등장하는 서낭신의 어머니로 알려진 강릉정씨 처녀의 설화를 바탕
우리의 전통적 여성들의 아픔과 고난을 딛고 일어서는 성숙과 성취를 표현하고자
하였다. "해가 뜨는 날"이라는 한국적 정서와 이미지를 끌어와 여성의 삶의 변화를
친숙하고 폭넓게 보여주고자 했다.

30m 20130313 아르코예술대극장

음악_양용준 Michael Reola 조명_김철희 무
대_김진우 의상_이혜정 소품_우남주 안무
및 출연_윤덕경

The Day of Rising Sun

"The Day of Rising Sun" is based on Ms Jeong's tale from Gangneung Danoje. This shows image of woman who achieves through pain, mature, and anguish. This alludes Korean cultural original form as the day of rising sun.

39

"푸른 공기의 춤" 아름다운 몸짓–더불어 숲

달뜨는 대보름, 새벽에 가장 먼저 샘물을 길어오는 이에게 행운이 온다는 세시풍속을 모티브로 삼아, 가족을 위해 물을 길어오는 어머니의 간절한 마음을 표현하였다. 무대를 상상할 수 없었던 5개교 중고등학교 특수학급 학생들 70여명이 6개월 동안 무용교육을 통하여 몸풀기, 몸만들기를 기본으로 표현의 언어를 만들고, 그들에게 춤을 가르친 지도자들이 한 무대에 올라 몸짓으로 소통한다.

60m 20131202 노원문화예술회관 대극장
총예술감독_윤덕경 연출_이재환 음악작곡_양용준 영상_신정엽 조명_김철희 무대_김진우 사진_김명호 의상_이혜정 사회_배은진 수화_백종철 홍보_디자인아이팟 지도훈련_홍미영 김현아 무용교육 박주영 오명희 전현미 전아람 이진희 안무_윤덕경 출연_박주영 오명희 전현미 전아람 김지영 서울어자고등학교특수학급 수도여자고등학교특수학급 영등포여자고등학교특수학급 온양어중특수학급 국제장애인문화교류노원구협회

"Dance of Blue Air" Beautiful Body Gesture – Together Forest

It indicates mother's hearts by showing drawing water from wells early in the morning. The act of drawing water represents mother's love.

40

내 안의 그대, 그 안의 나

이 작품은 "또 다른 가족 모두 함께" 공동주제 중 하나의 작품이다.

화가의 즉흥그림이 배경에서 그려지고 사라지면서 무용수와 화가는 하나가 된다.
내 안에 나는 무용수이고 내 안에 나는 화가이다. 무용수인 나는 화가의 그림 속에
정물이 되고 화가인 나는 무용수의 몸짓이 된다. 하나의 무대에서 춤, 그림, 연주,
영상, 오브제 등 다양한 예술가들이 하나의 작품을 위해 뜻을 모았다.

60m 20141020 용산아트홀대극장 미르홀
대본_윤덕경 음악편집_한병문 서양화가_데
미킴 작곡/피아노_김영중 첼로_오유정 오
브제_우남주 조명_김철희 무대_김진우 영
상_신정엽 의상_이혜정 사진_김명호 분장_
김묘형 안무·구성_윤덕경 출연_윤덕경 데
미킴 안주은 정예지

Me, Inside of Me, Me Inside of You

Crossover performance that various art forms meet together on the stage and create new form. The Artists express their thoughts and feelings in dance, live music, drawing, video, and objet.

41 싸이클 – 아리랑과 베사메무쵸

한국무용제전에 참가하여 우수상을 받은 작품이다. 아리랑과 멕시코의 볼레로 "Besame mucho"의 사연을 다룬다. 두 노래가 가진 문화적 독특성을 살리면서 아울러 사랑과 이별이라는 인류 보편적 정서를 동시에 표현하고자 하였다.

30m 20150408 아르코예술대극장

대본_윤덕경 작곡/편곡_양용준 조명_김철희 무대_김진우 의상_이혜정 분장_김묘형 안무_윤덕경 출연_오명희 이영란 반호정 김하림 김해인 심보라 정보현

Cycle – Arirang and Besame Mucho

"Cycle" expresses love that is inspired by Korean traditional folk song Arirang and Mexican song Besame Mucho through imagining cycle of water. This contains cultural characteristics and universalities of love from both songs.

42

아리랑 팩토리 Ⅰ

아리랑은 우리의 얼과 정신과 혼이다. 다양한 아리랑을 소재로 장애를 가진 청소
년, 특수학급 학생, 장애인 예술가, 전문무용수 등이 옴니버스 형식으로 새롭게 창
조한다. 각각의 아리랑들은 아리랑 factory 안에서 포용되고 융합된다.

60m 20151014 용산아트홀대극장 미르홀

총안무 및 연출_윤덕경 무용강사지도_백현순 지도/훈련_홍미영 김지영 진행_김해인 음악작곡/편곡_ 양용준 전지우 조명_김철희 무대_김진우 영상_신정엽 사진_김명호 분장_김묘형 의상_이혜정 수화_ 한은진 사회_서승만 홍보_㈜바라디앤지 출연_오명희 이영란 김지영 반호정 김하림 정유진 김해인 이 혜민 심보라 정보현 진수라 김주영 서울여고 영등포여고 온양여중 문래청소년수련관 비욘드예술단

Arirang Factory I

Various individuals, disabled schoolchildren, disabled artists, and professional dancers, create new Arirang with their own movements. This shows not only a sense of community in Ariran but also Arirang in real life through expressing joys and sorrows of individuals.

43

아리랑 팩토리 Ⅱ

장애인문화예술진흥개발원 20주년 기념
"또 다른 가족과 함께하는" 일곱 번째 협업 무대

'아리랑 팩토리 Ⅰ'를 재구성한 작품이다. 고등학교 특수학급 여학생, 방과후학교 장애청소년들과 비욘드예술단이 함께하여 몸짓으로 희망을 노래한다.

30m 20161013 용산아트홀대극장 미르홀
총안무 및 연출_윤덕경 훈련_홍미영 지도_박주영 김지영 반호정 김하림 태정숙 조명_김철희 무대_김진우 영상_최진규 사진_김명호 정태연 분장_김묘형 의상_이혜정 수화_한은진 사회_김보연 홍보_㈜바라디앤지 출연_박주영 김지영 반호정 김하림 태정숙 서울여고특수학급 영등포여고특수학급 문래청소년수련관 비욘드예술단

Arirang Factory II
   Remake of "Arirang Factory I." With disabled students, Duck Kyung tries to develop their own unique body language to perform on the stage with professional dancers.

춤추는 알갱이들의 "화려한 외출"

장애인문화예술진흥개발원에 이사장으로 일하게 되면서 처음으로 기획한 공연이다. 작은 알갱이가 모여 돌멩이가 되고 바위가 되고 산이 되듯, 장애청소년 알갱이들이 꿈을 꾸며 단단하게 성장하여 세상으로 '화려하게 외출'하는 도전과 성취의 과정을 춤으로 표현하고자 하였다. 라이브드로잉과 라이브연주, 춤이 함께하는 콜라보레이션 무대이다.

50m 20171102
용산아트홀대극장 미르홀

총예술감독 및 연출_윤덕경 조안무 반호정 글_이철용 지도 박주영 장혜원 김지영 반호정 이혜린 조명_김철희 무대 곽용민 영상_최진규 사진_이호영 수화 한은진 출연_김형희 태정숙 필로스 장애인무용단 정광영 이영수 심훈 영등포여고특수학급 문래청소년방과후아카데미 희애뜰 비욘드예술단

Splendid Going Out by Dancing Grains

Small grains united become stone and stones united become rock. Disabled students are grains of the world. They can be anything. "Splendid Going Out" is the first work since Duck Kyung was inaugurated as chairman of Culture & Art Promotion Center for the Disabled in Korea.

2.

Autography：
시간으로 몸짓을 깁다

01 춤에 이끌리다

문득, 소리에 이끌리다

초등학교 수업을 마치고 집으로 오는 길 멀리서 들려오는 어떤 소리에 사로잡힌 그 날, 신비한 소리에 두리번거리며 맴돌던 발걸음이 내게는 춤의 시작이었다. 홍파초등학교 3학년 장고소리에 이끌려 두근두근 제 발로 찾아간 동네 무용학원에서 춤에 홀렸다. 그 곳에서 춤을 배우는 친구들을 보고 어머니를 졸라 학원을 다니기 시작했다. 제기동 '문금성 무용학원'이었다.

춤을 춘다는 것이 그저 좋았다. 1년여를 배우고 나서는 제법 소질이 있었는지 진명여고 삼일당에서 실시한 무용 콩쿨에 나가기도 했다. 춤을 추면서 내가 다른 이들의 눈길을 받는다는 것이 주는 기쁨과 자신감, 그것만으로도 족했다. 그 힘이 더 열심히 춤을 사랑하게 했다. 몸짓이 예술이 되기엔 그리고 춤사위 진정한 의미를 인식하기에는 아직은 까마득한 시절, 춤에 대한 사랑은 자신감과 흐뭇함으로 이어졌다. 다행히 그 사랑의 대가가 때론 칭찬이고 박수이기도 해서 한결 더 행복했다.

6학년이 되고, 중학교 진학을 위해 춤을 그만 추게 하는 집안의 만류가 못내 아쉬웠지만 눈물바람 몇 밤을 새고 따랐다. 하지만 동덕여중을 다니면서 주변을 둘러보면 온통 무용학원만 눈에 띄었다.

중 1학년 때엔 우연히 큰 아버지 댁을 오가다 발견한 무용학원이 있었다. 종로의 '극동무용학원'이었다. 다시 어머니를 졸라 등록을 했다. 학교와 집 간에 있던 학원의 5층을 설렘으로 종종거리며 뛰어올랐다가 기진하여 터벅터벅 내려오길 반복하며 멋모르고 춤을 추었다.

어느 날, 선생님의 "춤을 정말 최고로 잘 추시는 선생님이 계시다"란 말에 귀가 번쩍 띄었다. 욕심이었는지 간절함이었는지 간청하여 그 선생님을 소개받는다. 중학교 2학년 때의 일이다. 그래서 중앙청 너머 통인시장 골목길을 돌아돌아 찾아간 곳이 허름한 건물 2층에 있는 '신관철 무용학원'이었다. 그렇게 중고등학교 시절 버스를 몇 번씩 갈아타며 5~6년을 춤을 배우며 춤은 나와 뗄래야 뗄 수 없는 인연이 되어 갔다. 불현 듯 이끌려 춤추는 즐거움에 빠져 들었다가 춤의 재미에 사로잡히고 어느덧 한국 전통춤의 깊이를 맛보며 춤을 온몸으로 맞이하는 과정이었다.

초등학교 6학년 때의 무용공연

이대 무용과, 춤꾼의 기본에 다가서다

1972년 이화여자대학교 체육대학 무용과 한국무용 전공으로 입학하였다. 그리고 1학년 때 한국무용 전임으로 오신 김매자 선생님을 만났다. 행운이었고 큰 전환점이었다. 한국 춤의 본령을 선생님께 배우고 익혔다. 그리고 1975년 김매자 교수가 명동예술극장에서 발표한 '강산무진'에 출연하여 무대예술로서의 춤의 창작 작업에 더욱 매력을 느꼈다.

대학 졸업 후 이화여대 교육대학원에서 지속적으로 춤을 배웠다. 아울러 모교인 동덕 여자고등학교에서 무용부 학생들을 지도하였고 춤으로 연관되어 전공자들에게 전통과 창작을 가르치기 시작하였다. 그 당시 무용교사인 김미경 선생의 청소년적십자 활동에 동참 하기 시작하여 당시 대한적십자사 서울특별시지사 청소년과 간사로 일하던 남편 김정대 를 만났다.

1975년 대학 졸업 작품 '윤회'

1944년 부모님 결혼 사진

4살 때

1968년 콩쿨대회장

1969년 고1 이화여대 콩쿨

1969년 무용콩쿨 준비 중

1967년 중2 삼일당 콩쿨   1967년 시민회관 콩쿨   1968년 8월 삼일당 콩쿨

1969년 신관철 선생님과 함께   971년 고3 동덕여고 친구들과 함께

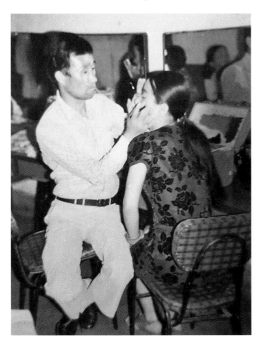

대학시절 공연

1972년 대학 1년

1977년 2월 적십자 위문공연(동덕여고 무용부와 함께)

1980년 동덕여고 무용부 제자들과 함께

1974년 김매자 선생님 공연

1974년 이화여자대학교 행사

결혼식 사진

아들 7세 때 가족나들이

춤의 신세계 – 창무회(1976~1988)

창무회

1976년 12월 한국무용 창작무용단 '창무회'(創舞會)가 창단된다. 우리 전통춤을 토대로 새로운 한국춤을 창작한다는 취지로 창단된 최초의 한국창작무용단이었다. 김매자 선생님이 예술감독으로 이끄는 창무회는 이화여대 한국무용 전공 졸업생들이 주축이 되었다. 자연스럽게 무용단에 입단하여 한국창작무용이라는 새로운 춤 세계로의 여행을 시작하게 된다. 한국춤의 새로운 시대를 여는 일이었고, 또한 본격적인 창작무용의 길을 배우는 현장 학교였다.

당시 무용계에서는 창무회의 창작춤을 두고 따가운 시선도 있었다. 하지만 새로운 시대에 맞춰 인간과 자연을 춤으로 표현하는 우리들의 창작 작품들은 격려와 평가를 받으며 관객들에게도 새로운 인식을 확산해 가기 시작했다. 한국춤의 새로운 도전과 성취의 과정이었다. 특히 평론가 조동화 선생님이 창간한 '춤'지에서 많은 격려를 받았던 기억이 새롭다.

창무회의 본격적인 공연활동이 이어졌다. 1981년 4월 회원들이 공동 안무한 "소리사위"를 "제2회 창무회 한국무용발표"라는 이름으로 세종문화회관 소강당에서 발표하였다. 공동 안무 작업을 하면서 단원들의 다양한 아이디어가 작품으로 구현되었을 때의 성취감과 매력은 무용창작이라는 새로운 영역에 열정을 불러 일으키는 계기가 되었다. 그해 7월 국립극장에서 김매자 무용 발표회 "사금파리와 사물"에 무용수로 참여하였으며 1983년 3월에는 "불꽃일 줄도 몰라라"에도 출연하였다. 연이어 창무회 제3회 정기공연인 "신새벽"에 참여하며 차근차근 춤꾼으로 발돋움하게 되었다.

1981년 창무회 '소리사위'

1983년 '연에 불타올라'

첫 안무작품 – 연에 불타올라

이어서 1983년 "제4회 창무회 정기공연"에서 생애 처음으로 안무한 작품이 무대에 올랐다. 바로 "연에 불타올라"였다. 황병기 선생님의 음악에 조영래 선생님이 무대를 만들어 주셨다. 이 안무 작품으로 안무의 묘미에 새롭게 다가서게 되었다.

창무회 활동을 하는 한편 재능 있는 후배들과 만나 그들과 함께 춤을 공부할 수 있었다. 그때 이정화, 양정화, 황이숙, 김은희, 김미경, 양진례, 김미연, 백영하, 홍미영, 이숙현, 김현아, 박주영, 이혜진 등과 사제의 인연을 맺었다.

1984년 12월 제2대 창무회 회장이라는 중책을 맡게 되었다. 4년 임기를 마칠 때까지 무용가로서 뿐만 아니라 김매자 선생님의 가르침을 받으며 무용전문 소극장 '창무춤터' 운영을 맡아 새로운 도전을 경험하기도 하였다.

창무춤터 회장직을 역임하면서 1985년, '제6회 정기공연'을 시작으로 '제9회 정기공연'까지 매년 회원들의 작품을 무대에 올렸다. 특히 '제7회 정기공연'은 "어제 그리고 오늘의 춤"을 주제로 학술대회를 개최하여 무용계에 반향을 일으켰다. 1986년은 창무회 10주년으로 춤의 대중화의 새로운 장을 여는 장기공연 '춤, 그 신명'을 10일간 개최하였으며, 10주년 기념 논문집을 발간하기도 했다.

당시 창무회의 활발한 공연활동은 국내뿐 아니라 해외에서도 이루어졌다. 1985년 2월과 1986년 2월에 미국 뉴욕 Riverside Dance Festival에 참가하였으며, 1986년 2월 위싱턴 Smithsonian 박물관 내 한국박물관 건립기금 특별공연에 참가하였다. 그해 10월 홍콩예술제에도 참가하여 '한국무용의 어제와 오늘 그리고 내일'라는 주제발표를 하였다.

아름다운 선물, 창무춤터

창무회에서 일하는 시절에 꿈같은 일이 벌어졌다. 1985년 5월 우리나라 최초의 무용 소극장 '창무춤터'를 개관하게 된 것이다. 그리고 '창무춤터'의 대표를 맡아 일하게 된다. 창무회의 오랜 숙원사업이었던 '창무춤터'는 신명을 바탕으로 한 전통적 기법에 한국인 정서와 생활의식을 담은 '한국무용의 정립과 대중화'를 기치로 내걸었다. 창무춤터는 이를 펼쳐가는 최적의 무대였다. 47평의 공간 안에 최대 200석의 좌석과 조명, 음향시설을 완비함으로써 소극장으로는 손색이 없었다. 이를 두고 무용계에서는 '한국무용계에 바쳐진 귀중한 예물'이라며 아낌없는 찬사를 보냈다.

창무춤터는 4년에 걸쳐 '창무 큰 춤판'을 연중 기획하였으며 "춤과 미술과 시와의 만남"을 통해 새로운 무대로 진출함으로써 폭넓은 예술분야를 깊이 투영했고 관객으로부터 좋은 반응을 얻었다. 뿐만 아니라 당시 한국무용계에서는 볼 수 없는 장기공연을 시도하여 소극장에서 무용공연을 성공적으로 이끈 놀라운 성과를 이룩하였다.

1986년 아시안게임 기간에는 아시아 솔리스트들이 한자리에 모여 아시아 무용 페스티벌로 공연을 하기도 했다. 창무춤터는 신인무용가들에게는 좋은 도전과 실험의 무대였다. 지방의 무용단체를 서울로 초청하는 기획도 소홀히 하지 않았다. '88 소극장 춤 베스트5 초대전'은 무용계 발전을 이끌었던 '창무춤터'의 마지막 공연이었다. 마지막 공연을 기획하고 진행하면서 많은 눈물을 흘렸었다. 문을 닫게 되었지만 우리는 이미 커다란 디딤돌 위에 서 있었다.

1985년 창무춤터 개관식

잊을 수 없는 황홀 - 첫 개인 발표회 '가리마'

1986년 첫 안무작품 개인발표의 기회가 왔다. 오랫동안 꿈꾸고 동경하던 무대였다. 기존의 첫 안무 작품을 창무회에서 공동으로 했지만, 온전히 내 힘으로 내 작품을 만들고 무대에 올린다는 것은 가슴 벅찬 일이었다.

'가리마' 여인의 머리모양과 전통문화를 통해 여인의 삶을 추적하고 드러내는 작품이었다. 작품의 완성도를 위해 혼신의 힘을 기울여 말 그대로 할 수 있는 모든 노력을 했다. 경제적으로도 그다지 넉넉할 리 없는 시절이었다. 남편의 월급과 내가 교습으로 얻는 수입이 유일한 것이었다. 하지만 모든 것에 최선을 향해 아낌없이 투자를 했다. 우선은 음악이었다. 당시로서는 거금인 200만원을 들여 모든 음악을 창작곡으로 작곡하였다. 무대 세트도 양정현 교수님께 부탁을 드렸다. 최고의 무대를 향한 욕심이었다. 음악은 당연히 창작곡으로 준비하였다. 최고의 무대와 의상을 추구한다는 첫 발표회에서 정립된 원칙은 이후에도 모든 작품에 일관되게 이어진다.

당시 조동화 선생님의 소개로 이후로도 지속적인 교류를 하며 예술적 담론을 나누는 존경하는 김채현 교수를 만났다. 서울대 미학과를 나와 미학을 전공하던 그가 무용 평론에 첫발을 들여놓던 시절이었다. 첫 개인발표회 작품을 준비하는 과정에서 작품 토론과 의견을 나누던 경험은 커다란 영감을 얻은 시간이었다. 그 또한 무용평론이라는 새로운 영역에서 새로운 경험을 하는 시간이기도 했다. 단순한 외조자를 넘어 전통문화에 대한 다양한 관심으로 조언을 아끼지 않은 남편의 도움도 큰 힘이 되었다.

작품은 의외로 좋은 평가를 받았다. 많은 평론과 언론들이 분에 넘치는 격려를 주셨고, 문화계에서도 상당한 상찬과 함께 큰 주목을 끌었다. 돌이켜보면 작품이 가진 주제 때문이었다. 당시로서는 한국 창작무용에 대한 이해가 부족한 시절이었다. 창작무용이 많지 않고 대중적 이해도 낮은 상태에서 작품이 가진 '우리 전통에서의 여성의 머리모양과 여성의 삶'이란 주제에 많은 주목을 한 것이라 판단된다. 춤이 탐색하고 표현하는 주제가 가진 흡입력에서 첫 개인발표 안무작품은 나름의 평가를 받은 것이었다. 한 여인을 통해 봉건주의 사상에서 벗어나 사회적으로나 가정적으로나 남성과 동등한 위치를 찾자는 차원의 여성 해방의 문제의식에 사회가 공감한 것이었다.

첫 개인발표 안무작이 대대적인 호평을 받으며 '올해의 베스트5' 작품으로 선정되는 영광을 얻기도 했다. 당시 함께 선정된 작품이 유니버설발레단의 '심청'이었다.

1986년 '가리마'

1981년 일본 쓰쿠바대학 워크숍에서

1985년 2월 미국 뉴욕공연

1987년 6월 창무큰춤판 황병기, 조정권, 양정현 선생님과 함께

1987년 6월 '무혼' 리허설 중

1986년 홍콩 페스티벌

1986년 2월 뉴욕 공연 인터뷰

1988년 2월 미국대학 순회 공연

1988년 10월 서울올림픽

03 새로운 도전 – 윤덕경무용단

제자들과 함께 춤을 공부하다, 서원대 무용학과 교수로

1989년에 춤꾼 인생의 새로운 전환점이 찾아왔다. 청주에 있는 서원대 무용학과 교수로 임용된 것이었다. 오랜 전통과 제도적 장치가 있는 외국과 달리 당시의 한국 무용계에서는 안정적인 춤의 유일한 근거지가 대학교 무용과였다고 해도 과언이 아니다. 실로 행운이었고, 새로운 도약의 발판이었다.

그 즈음 대학에 무용과가 개설된 곳이 10여 곳을 겨우 넘는 실정이었다. 전국에서 모여든 재능 있는 제자들과 춤에 대한 새로운 도전을 펼치기에 너무도 행복한 기회였다. 의욕과 열정이 더 큰 도전으로 이끌었다. 그 시작은 서원대학교 무용과 4학년 학생들과 창무회에서 함께 했던 후배들, 동덕여고 시절부터 오랫동안 지도해 오던 제자들과 함께 윤덕경무용단을 창단하게 된다. 객원무용수의 영입을 통해 부족한 면과 다양성을 동시에 보완하는 노력도 했다.

한편 1991년 12월에는 강선영 선생님의 가르침에 힘입어 중요무형문화재 제92호 태평무 이수자로 지정되는 영광을 안게 된다.

1992년 윤덕경무용단 공연을 앞두고

윤덕경무용단의 출범

1989년은 나의 춤 세계의 독립을 선언한 해이기도 하다. 나만의 자유로운 작업을 하고 싶다는 의욕이 생기기 시작하면서 무용단을 꿈꾸었다. 무용 외적인 면에 이르기까지 체계적으로 운영해 보고 싶었다. 개인 무용단을 운영한다는 것은 참으로 어려운 일이지만, 4년여 정도 창무춤터 대표로 활동하면서 기획이나 경영에서의 다양한 경험들이 새로운 도전에 밑거름이 되었다.

이름을 걸고 무용단을 창단하고 나서는 연습으로 밤낮을 잊었다. 학교에서 밤늦도록 연습을 할 때마다 수위아저씨께 혼나며 쫓겨날 때까지 함께 열정을 불태웠다. 이런 노력으로 윤덕경무용단은 20년을 넘도록 한 해도 거르지 않고 새로운 창작활동과 작품 활동을 해왔다.

1993년에는 첫 안무 작품을 무대에 올렸던 1983년 이후 안무가로서 10주년을 맞이하였다. '연에 불타올라' 이후 10여 편의 작품을 무대에 올렸다. 이에 서울과 청주를 오가면서 10년 공연을 점검하고 기념하는 공연과 사진전을 열었다. 이때가 서원대 교수로 부임하고 당시 1학년 학생이 4학년이 된 해여서 제자들의 춤도 일정한 수준에 올랐기에 한층 완성된 춤을 보여 줄 수 있었다. 10주년 기념 작품은 '보이지 않는 문'이었다.

윤덕경무용단의 해외초청공연도 활발하였다. 1990년 8월의 헝가리 국제무용제, 12월 멕시코 무용토론회 발제 및 공연, 1991년 7월 독일 본과 빌레펠트 공연, 1992년 7월 캐나다 퀘벡-드로몬드빌 공연, 같은 해 10월 인도네시아 자카르타 국제무대예술초청공연, 1993년 9월 중국 심양시 국제민속무용제 참가, 1994년 7월 프랑스 피레네 국제민속무용제 참가, 2003년 5월 한인 미주이민 100주년 기념사업의 일환으로 워싱턴 D.C 케네디센터 초청공연과 노스캐롤라이나 오디오토리움 및 뉴욕 타운 홀 공연 등이 끊임없이 이어졌다. 우리의 춤을 세계에 알리고 아울러 세계 춤을 생생하게 느끼고 배우는 더할 나위 없이 행복한 여정이었다.

1992년 윤덕경무용단

1990년 8월 헝가리 국제페스티벌

1990년 12월 멕시코 공연

1991년 제자들과 함께

1992년 3월 윤덕경 창작춤 공연 후

1993년 8월 2일 중국 심천에서 강선영 선생님과 함께

1991년 독일 공연

1994년 7월 프랑스 공연 후

1993년 심양국제무용 축제

2003년 5월 워싱턴 케네디센터 무대 인사

04

자연과 삶의 현장 속으로

충북의 춤판을 풍성하게

서원대학교가 소재하고 있는 청주를 중심으로 한 충북지역에서 많은 공연을 펼쳤다. 상대적으로 소외되어 있는 지역공연에 눈을 돌리며 지역의 문화예술 토양을 가꾸는 데 나름의 최선을 다했다. 서울 공연도 빼놓지 않아 자칫 소홀해질 수 있는 중앙과의 교류를 지속하면서 몸은 두 배로 힘들기도 했다.

지역에서의 활발한 공연활동은 문화예술의 현장성을 강화하는 노력이었고, 지역이 갖고 있는 문화 특성과 다양성을 풍성하게 한다는데 그 의미가 있었다. 이 시기는 그 동안 중앙에 집중되어 있던 무용예술을 지역의 특성을 살리고 지역주민의 문화감수성을 높이는 시간이었다.

가장 활발한 무대는 충북지역 무용인들의 창작의욕을 고취시키고 무용예술의 발전을 위해 충북예총 주최로 매년 열리고 있는 '충북무용제'였다. 또한 윤덕경무용단은 1992년부터 '충청무용제전'에 1회서부터 7회까지 한 번도 빠짐없이 참가하였다. 비단 윤덕경무용단만의 작업이 아니라 청주를 중심으로 한 충북예술인들과의 공동작업 또는 협력 무대도 정성을 다해 함께 했다.

1998년 10월 청주예술의전당 충청무용제전

1995년 9월 청주예술의전당 '빈산'

자연과 현장으로 춤이 가다

1995년에는 연작 개념인 '미술을 통한 자연과 환경 그리고 인간, 새로운 세기를 향한 몸짓'이라는 주제의 퍼포먼스를 문의면 대청호에서, 1996년에는 무심천에서 열며 지역 예술의 공통 관심사인 자연과 인간의 대화를 표현했다. 속리산 탑돌이 재현은 지역전통의 맥을 이어 현대적으로 계승하려는 노력으로 2002년부터 2014년까지 매년 부처님오신날 법주사 팔상전에서 실시하였다.

또한 지역 순회공연이 성공적으로 진행되었다. 1991년 3월부터 1995년까지 충북예총 부지회장과 1991년 3월부터 1999년 2월까지 충북무용협회 이사로 일하게 되는 기회도 있었다. 지역의 다른 장르 예술인들가의 공동 작업도 적극적으로 시도하였다. 그 하나가 1993년 10월 지역 미술가들과 함께 '도원성 자연예술제' 참가하여 자연과 인간이 하나되는 가치를 춤과 미술로 표현하기도 하였다.

김유신의 탄생지이며 화랑, 태권 정신의 발원지인 진천에서 윤덕경무용단이 김유신 장군의 화랑도 정신을 예술로 승화해 낸 것도 같은 맥락이었다. 김유신 장군 설화인 천관과의 사랑과 삼국통일 이야기를 그린 창작작품 '물러섬이 없거늘'은 진천 화랑축제에서 공연하였다.

1996년 12월 무용원 개원

1997년 9월 충주시장 감사패 증정

1997년 6월 17일 김운태-화시

1998년 홍미영-열쇠와 자물쇠

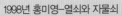

1998년 6월 안혜임-느낌표를 찾아서

2002년 5월 보은 공연 단체 사진

1998년 6월 이혜진–서머힐

1998년 3월 양진례–창

2008년 11월 박주영–미중물

2015년 4월 청주시립무용단과 함께

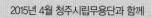

05

한국춤의 깊이를 더하다

한국춤의 버팀목, 한국무용연구회

내 춤의 발판이 되었던 또 하나의 기반은 한국무용연구회다. 한국무용연구회는 1981년 초대 이사장인 당시 이화여자대학교 김매자 교수를 비롯하여 김영동, 문일지, 손진책, 이상봉, 정승희, 정재만, 채희완 등을 주축으로 창립되었다. 한국무용문화의 학술연구 활동과 창조적인 예술창작 활동으로 예술무용 발전에 기여한다는 목적으로 출발하였다.

한국무용연구회가 한국무용계에 미친 영향은 놀라운 것이었다. 그 동안 한국무용은 신무용으로 대변되는 범주에서 벗어나지 못하고 있었으며 전통춤도 일본식민지 시대와 전쟁을 통해 소멸되거나 왜곡되고 일부 예인들에 의하여 명맥을 유지하여 왔다. 몇몇 뜻있는 분들이 마음을 모아 한국무용연구회를 만들고 한국춤의 새로운 경지를 개척하는 노력을 했다. 당시로는 유일무이하게 학문적 접근을 시도한 한국무용연구회는 우리의 버팀목이었다.

한국무용연구회의 주력 사업은 '한국무용제전'을 개최하는 것으로 이는 전통무용의 현대화를 추구하는 국내 유일의 한국 창작춤 축제이다. 1985년 한국무용연구회 주관으로 시작되었으며 오늘의 시점으로 전통춤을 재해석, 재창조하고 창작춤 발전을 꾀하는 연례행사로서 '국제무용의 날'을 기념하기 위해 매년 4월 말에서 5월 초 사이에 개최되었다. 해마다 행사 주제를 정해 작품들을 올렸고 초기에는 매회 전통무용을 선정해 그것을 소재로 한 새로운 시각의 창작춤 공연을 올리기도 했다.

한국무용연구회는 한국춤의 새로운 방향에 대한 가장 치열한 고민을 했던 우리들의 집단적 노력이 집대성되는 곳이었다. 한국무용연구회에 적극적인 참여는 나의 춤세계의 질적 성장을 가능케한 고마운 발판이기도 했다.

2003년 한국무용연구회 강습회

2012년 한국무용제전

한국춤의 연구 역량 강화

2002년에 한국무용연구회 이사장을 맡은 이래 2007년 한국무용연구회 25주년 기념행사를 치룬 일이 큰 보람으로 남아 있다. 25주년을 돌아보는 많은 심포지엄과 세미나를 개최하고 그 결과로 한국무용연구회의 25년 성과를 모아 정리하여 논문을 발표한 것도 큰 성과였다. 그리고 한국창작춤 25년간의 '흐름과 미래 춤 전망'이라는 타이틀로 학술 심포지엄을 열고 풍성한 공연을 개최하였다.

또한 이사장직으로 일하며 함께 참여하는 연구회로 만들어가야겠다는 생각을 했다. 회원들의 적극적 참여를 위하여 프로젝트 별로 조직을 만들어 이사들이 책임을 맡도록 했다. 특히 학술연구 활동에 심혈을 기울여 한국창작무용의 이론적 체계화에 기여하였다.

이사회의 규모를 확대하고 공연분과와 학술분과로 기능과 역할을 세분하고 강화하였다. 한국춤 연구의 두 가지 측면인 공연예술로서의 춤과 이를 이론적 틀로 지원하는 학술적 측면을 구분하고, 그간 실시되어 오던 한국무용제전을 학술 주제와 연관지어 공연과 연구의 주제를 일관성 있게 연결하였다. 매년 실시한 한국무용제전을 통해 다양한 주제의 실험으로 창작무용의 도약을 가져왔으며, 심포지엄을 통해 창작 춤의 한계를 극복하려는 방법론적 접근을 시도했다. 또한 국제학술심포지엄과 시연회를 통하여 우리 춤을 알리기 위해 노력했다. 아울러 강습회를 실시해 현장과 실기와 이론을 연마하는 메소드 정신을 집약시켰다. 2002년부터 2013년에 이르기까지 10여 년에 걸쳐 한국무용연구회 이사장으로 일할 수 있었던 것은 영광이자 보람이었다. 현재는 명예이사장으로 관계하고 있다.

한민족의 춤을 함께 소통하다

한국춤의 연구는 필연적으로 한민족의 전통과 문화에 대한 관심으로 연결되었다. 그 하나의 결실이 북한 무용계와의 교류였다. 한반도와 중국 그리고 러시아에 살고 있는 우리 한민족은 동일한 역사와 전통문화를 공유하고 있지만 역사적 원인으로 서로 다른 사회 발전의 길을 걷게 되었다. 이로 인한 차이와 같음을 확인하며 민족 전통문화에 대한 계승과 발전 및 현대적 이해를 위한 노력이 필요했다. 이를 위해 나서서 일할 수 있는 기회가 찾아왔다. 광복 60주년을 맞는 2005년 한국 서원대학교는 북한 조선사회과학자협회와 중국 연변대학민족연구원 공동으로 주최하는 국제학술회의를 개최하였다.

이 학술회의는 2002년부터 논의 과정을 거쳐 2004년 중국 연변에서 처음 실시되었고 그 연장선상에서 2005년 평양에서도 열리게 되었다. 2회에 걸쳐 열린 학술대회에 참석하여 '반일투쟁과 민족문화'라는 주제의 학술회의에서 '일제 강점기 한민족 전통춤의 변화와 정체성'을 발제하였다. 정치적 상황으로 제3차 학술회의가 이어지지 않아 못내 아쉽다. 남북한이 한국춤이라는 공통의 언어로 소통하고 화합되는 날을 다시 기대해 본다.

최승희녀사

무용가동맹중앙위원회
위원장, 인민배우

1911년 11월 24일생
1969년 8월 8일서거

2005년 평양에서

2005년 7월 평양 국제학술대회 세미나 중

2005년 7월 평양 금성학원에서 학생지도

2007년 8월 한국무용연구회 25주년

2008년 1월 한국무용연구회 행사

2006년 12월 강릉에서 '남북한 문화교류' 세미나

2007년 7월 일본 초청공연 세미나

2008년 1월 한국무용연구회 신년모임

2015년 한국무용연구회 국제학술회

06 춤, 희망의 근거가 되다

춤의 변화에 대한 갈망, 새로운 에너지의 탐색

춤이 아름다움을 추구하는 예술임에는 틀림없다. 동시에 춤은 사람의 생각과 감정을 표현하는 일이다. 사람들이 모여 더불어 사는 곳에 무용이 작지만 기여할 수 있는 부분이 무엇인가 고민하기 시작했다. 그러한 의미에서 장애인의 아픔을 다룬 '우리 함께 춤을 추어요'를 1996년에 무대에 올리게 되었다.

1995년부터 새로운 춤에 대한 갈망이 몰려왔다. 그간의 작업이 매너리즘에 빠진 것이 아닌가 고민하는 시기였다. 일정한 패턴이나 작업 스타일의 반복에 대한 성찰과 새로움에 대한 갈증이었다. "내 춤이 관객에게 어떤 의미가 있는가?" "나만의 춤은 아닌가?" 스스로 묻고 답하며 새로운 작품으로 변화를 시도하려고 무던히도 노력했다.

그러다 당시 김지하 시인의 '빈산'을 공연하고 있을 때 쯤, '어둠의 자식들'의 실제 주인공으로도 유명한 이철용 작가를 만났다. 후배의 소개로 만난 그분은 쉽게 다가가기 어려운 분이었다. 우선 너무도 과격했다. 일종의 문화적 충격이었다. 또한 나로서는 생소한 분야인 장애인 문화복지 운동을 이끌고 있었다.

하지만 지속적으로 만나면서 새로운 춤의 에너지를 얻을 수 있었다. 그가 써서 보낸 많은 대본을 보고 주저하고 있을 때, '땅'이라는 대본이 나를 사로잡았다. 사로 잡았다기 보다 솔직히 대본을 읽다가 하염없이 눈물을 흘렸다. 그 자체로 있어야 하는 자연의 땅이 인간의 탐욕으로 찢기고 갈리는 현실, 그리고 그 땅에서 아픔을 겪는 사람들의 이야기를 무대로 옮기기로 마음 먹었다. 1995년 창작작품 '땅'은 그렇게 나왔다.

장애인을 주제의식으로 하는 춤을 해 보자는 제안이 이어졌지만 선뜻 나서지 못했다. 물론 장애인도 예술을 할 수 있다는 그의 주장에 충분히 동의했고, 그가 필생의 숙제처럼 추진하고 있던 장애인 문화복지 운동에 십분 공감했지만, 여전히 장애를 주제로 한 안무는 결단하지 못했다. 아무 불편 없이 몸짓을 하며 무용을 해온 내가 장애에 대해 아는 것이 아무 것도 없었기 때문이었다. 마음의 준비가 문제였다.

장애인문화예술진흥개발원 10주년 공연, 교육문화회관

1999년 11월 신영복 작 '더불어 숲'

장애를 사랑으로 만나는 온전한 힘을 배우다

무용의 새로운 에너지를 찾다가 우연히 만난 장애우들의 문화적 소외에 절실히 공감하면서 스스로 변화되기 시작했다. 그리하여 장애를 이해하기 위한 노력이 시작되었다.

제일 먼저 한 것은 수화를 배우는 일이었다. 제자들과 함께 수화를 배우며 수화가 곧 무용임을 알게 되었다. 말없는 몸짓, 그러나 느낌과 생각과 마음을 전하는 그 본질에 대한 새로운 이해였다. 지체장애인 사랑의 체험대회에 동참하여 휠체어를 타고 서울 시내를 돌아다녀보기도 했다. 많은 장애인들과의 만남을 이어 갔다. 이철용 선생의 도움이 있었다. 제자들과 함께 세미나 형식을 빌어 후천적 시각장애를 입은 분과 오랜 시간 울고 웃으면서 이야기를 나누었다. 시각을 잃었던 순간의 느낌, 이후의 느낌을 생생하게 들었던 기억이 지금도 온전히 남아있다. 장애인을 가진 학부모 모임에서 나가면서 나와 제자들은 완전히 변했다. 장애를 가진 아이들과 가족의 아픔과 그것을 바라보는 세상의 차가움을 절절하게 느꼈다. 가장 중요한 것은 장애를 바라보는 온전한 사랑의 힘을 그들로부터 배울 수 있었다. 예술과 사랑을 말하고 실천하는 길이 다르지 않음을 알게 되었다.

우리 함께 춤을 추어요

새로운 영역에 대한 관심으로 촉발된 춤의 세계는 1996년 '우리 함께 춤을 추어요' 작품으로 전환을 맞이한다. 다른 예술 장르에서 장애우의 아픔을 껴안으려는 시도는 많았지만, 춤으로서는 첫 시도였다.

그 이후 일련의 장애인을 소재한 작품 활동을 전개했다. 1997년 4월 장애인을 자식으로 둔 어머니의 아픔을 표현한 '어~엄마 우으섯다'와 1999년 작품 '더불어 숲' 등이 그것이다.

'어– 엄마 우으섯다'은 춤과 사회에 기여할 수 있는 것이 무엇인지에 대해 자문자답하는 과정의 산물이다. 장애우 자녀를 둔 어머니를 소재로 한 작품으로, 어머니의 아픔을 이해하고 동시에 장애인과 비장애인 모두 함께 살아가는 세상을 이루고자 하는 마음으로 안무에 임했다. 다행히 좋은 반응을 얻어 지역순회 초청 등의 형식으로 널리 알려지게 되었다.

2009년 윤덕경무용단 20주년 공연

장애인과 비장애인이 하나 되는 춤

2010년 '하얀 선인장'은 윤덕경무용단에서 교육을 받은 장애인 무용수 8명과 원로무용가 김문숙 선생을 비롯한 15명의 전문무용가가 함께 출연한 작품이다. 사회의 냉대와 무관심 속에 사막 한가운데 있는 장애인들은 선인장처럼 하얀 가시로 제 살에 상처를 내며 분노와 절망으로 몸을 덮어 방어하고 있다는 인식이 작품에 깊게 배어있다. 장애인들이 고난을 극복하여 하얀 꽃을 피워내 당당한 사회 구성원으로, 존중받아야 할 인격체로 성장하는 과정을 사실적으로 표현하려했다.

사단법인 장애인문화예술진흥개발원에서 공연문화예술 분야를 기획하면서 '장애를 넘어 미래를 넘어—세계로 향한 몸짓'이라는 주제로 2001년부터 2006년까지 4회에 걸쳐 참가무용단이 주제에 맞는 공연을 안무하고 발표하게 하여 장애인의 문제를 사회에 환기시키는 노력도 뜻깊었다.

장애인들이 무대에 서는 경우 그들을 가장 아름답게 보여주려는 노력을 기울였다. 그들의 춤사위에 부족함없이 예술적 완성도를 추구하였다. 단순한 참여가 목표가 아니다. 작품에 참가하는 아이들을 6개월에서 1년 동안 혹독하게 훈련하는 것은 그런 이유였다. 그들이 혹독한 연습과 공연을 진행하면서 자신감을 얻고 일상에서 적극적으로 변화하고 있다는 말이 가장 뿌듯하였다.

장애인의 문제를 무대에 올리면서 나의 춤 세계는 확장되었다. 춤의 사회적 기능을 확장하는 일련의 도전이었다. 그 노력들이 장애인에 대한 사회적 인식을 바꾸는 데 역할을 했다는 평가에 무용인으로서 큰 자긍심을 느끼고 있다.

1998년 '어- 엄마 웃으섰다'

2005년 10월 이철용 선생님 후원의 밤, 힐튼호텔

2007년 4월 장애인 문화복지
정책 토론회

2011년 '하얀선인장' 팸플릿

2017년 6월 '자연과 함께하는 몸짓 합창', 도봉숲속마을

2017년 장애인문화복지진흥개발원 평가회

2010년 '하얀선인장'

2017년 10월 신관철 선생님과 함께

2017년 11월 춤추는 알갱이들의 "화려한 외출", 용산미르홀

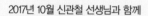

07 회귀, 가장 순수한 전진

우리춤의 멋과 흥의 다리 – 태평무 이수자

1992년 중요 무형문화재 제92호 강선영류 태평무 이수자가 되었다. 태평무는 한성준 선생님이 토대를 마련하신 이래 우리춤 중에서 가장 기교미가 살아있는 공연예술로서 민속춤이 지닌 특징이 잘 나타나 있다. 일본, 미국, 유럽 여러 나라에서 공연한 경험으로 볼 때 세계에 한국적 춤의 정신과 표현을 보여주는데 탁월한 조형미와 예술성을 지니고 있다고 생각한다. 태평무 큰 갈래를 열어 놓으신 강선영 스승님께 사사 받아 우리 전통 춤사위의 멋을 이어가는 다리가 된 것을 감사하게 생각한다.

2007년 7월 도쿄 아카사카(赤坂) 극장

2017년 9월 '수건춤' 공연, 두리춤터에서

수건춤을 다시 잇다

최근들어 나의 관심사는 '수건춤'이다. 무악 살풀이장단 반주에 맞춰 수건을 가지고 춤을 전개하는 '수건춤'은 '살풀이춤'의 원형 중 하나이다. 2017년 1월 나의 오래전 스승이셨던 신관철 선생님이 전북 무형문화재 59호로 지정되셨다. 1970년대부터 40여 년 동안 정읍지역에서 전통 수건춤 전승을 위해 노력해온 결과였다. 서울에서 무용을 전수하시다가 시대에 따라 달라진 무용교습 시스템을 등지고 일찌감치 정읍으로 내려가 지역 전통 속에서 전통춤의 원형을 연구하신 성과였다.

제자들과 함께 기꺼이 신관철 선생님의 수건춤을 배우고 있다. 그리고 담백하고 순수한 춤의 원형에 다시금 회귀하고 있다. 중학생 시절 춤을 배우던 가장 순수한 시절로의 회귀이기도 하다. 같은 스승님에게 다시 배우게 된 것도 행운이다. 이러한 '다시 배움'의 첫 번째 결실이 2017년 9월에 두리춤터에서 무대에 올려진 '신관철류 수건춤' 이었다.

회귀는 가장 큰 전진인지도 모른다.

3.

Critiques & Reviews:

공감과 여운

창작춤의 터 가꾸기와 모성적 춤의 감성
– 윤덕경 창작춤 작업의 의미와 위상

김태원 춤평론, '공연과 리뷰' 편집인

창작 춤 활동 30여 년을 넘기게 되는 중견 한국무용인 윤덕경의 춤 작업은 두 가지 범주로 분류할 수 있다. 그 하나는 자신이 70년대 처음 몸담았던 창무회와 이어 한국무용연구회 그리고 1989년 이후 청주 서원대 무용과 교수로 부임해서 자신의 이름으로 만든 윤덕경무용단을 기반으로 일관되게 한국창작 춤 운동을 지속시켜 가면서 그의 텃밭을 꾸준히 일궈온 것이고, 그 둘은 자신의 춤 작업 속에서 한국창작춤의 내재된 정신세계 즉 공동체적 의식성과 감성을 우리 여성 고유의 전통적 감성과 결합시키면서 어떤 춤의 모성성(母性性)을 획득하려 한 것이 그것이라 하겠다.

먼저 첫 번째 사항과 연관해서 창작춤꾼으로 윤덕경의 위치를 무용사적 맥락 안에서 살펴볼 필요가 있다. 윤덕경이 30년 이상 몸담았던 이른바 '한국창작춤'은 과거의 전통무용이나 일제강점기 때의 신무용과 다른 춤의 장르로 70년대 중반에 잉태되기 시작해서 80년대 후반에 그 춤세(勢)와 그 형식이 일차적으로 갖춰지게 된다. 대부분 70년대 중반부터 당시 춤창작에

대한 의욕을 불태워 온 아카데미권의 젊은 무용인들과 춤단체가 주동이 되어온 이 춤운동은, 특히 1987년을 기점으로 해서 그 주도 춤세력이 군집화(群集化)되면서 주목할 만한 작품들을 내놓게 된다. 즉 창무회와 그 정신적 리더 김매자의 '춤본 1', 서울시립무용단을 이끌던 독자적 학구파 문일지의 '멩가나무 열매 이야기', 리을무용단과 선화예고를 중심으로 세련된 감성의 춤을 가꿔오던 배정혜의 '유리도시', 1985년 럭키창작무용단이란 민간직업춤단체를 결성하여 새로운 춤예술의 기운을 상승시키던 김현자의 '바람개비' 등이 그 대표적 예라 하겠는데, 이 중 윤덕경이 결성 초기부터 합류한 창무회는 단체의 이름에서부터 회원들의 구성(모두 이화여대 한국무용전공생)에 이르기까지 새로운 한국춤을 만들겠다는 의지가 가장 집중되어 있으면서 강했다 할 수 있다.

이 당시 한국춤계로서는 낯설게 여긴 맨발로 춤추기, 공동창작, 서양음악의 활용, 무채색 톤의 의상, 제의적이거나 문명 비판적인 듯한 춤의 주제성 등이 특히 이 창무회 춤집단의 두드러진 작업 특성이기도 했는데, 그때 사실 그 같은 활동의 잉태지가 되었던 것이 1985년에 만들어져서 1988년 연말까지 존속했던 신촌 소재의 '창무춤터'였다. 이 창무춤터는 소극장춤의 첫 발상지가 되었던 원서동 소재의 공간사랑의 춤기획 활동(1980년도부터 시작)보다 훨씬 적극적이고 짜여진 프로그램을 갖고, 창무회원들의 발표는 물론, 장르가 다른 국내 현대무용인들(이정희 · 남정호 · 강송원 등), 다른 유파의 젊은 창작무용인들(채상묵 · 한상근 · 백현순 · 김지영 등), 그리고 타 장르의 예술인들(신인, 화가, 설치미술가 등)을 끌어들이는 한편 일본의 '부토'와 같은 실험무용의 소개와 함께 해외 현대무용인들을 초청, 열려진 새로운 춤운동의 교류처요 활동의 장(場)으로 기능했다.

그런데 이 기간 동안 실질적으로 이 춤터의 운영을 책임지

며 이끌어갔던 이는 김매자와 윤덕경이었다. 이화여대 무용과 교수로서 교육과 대외활동으로 분주했던 스승 김매자와 달리 차분히 춤터의 살림을 도맡아온 춤터 대표 윤덕경은 춤터 개관 이후 '창무 큰 춤판'이란 기획명으로 일련의 기획 작업을 전개하면서 1987년에는 '춤과 시의 만남'(이후 '춤과 시와 미술의 만남', 또 '춤과 시와 미술과 음악의 만남'으로 확대됨)이란 기획전을 만들어 의욕적으로 그 활동의 지평을 넓혔다. 더불어 그녀는 여타 창무회 중심의 공연의 기획까지도 깊게 관여했던 것으로 보인다. 주지하다시피 당시는 이른바 춤의 르네상스기여서 춤예술에 대한 사회적 관심과 지원이 증대 될 때여서 당시 창무회가 주도하였던 춤 행사들이 한 두 건 만이 아니었다. 창무춤터에서의 '창무 큰 춤판', '창무회 정기공연', '창무춤페스티벌', '한국무용제전', '88국제무용제전' 등 여러 가지였음을 감안하면, 이른바 요즘 같은 전문적 춤기획자가 없었던 그 때로서 윤덕경이 개인적으로 책임졌어야 할 짐이 상당하였으리라 할 것은 어렵지 않게 짐작할 수 있다.

여하튼 80년대 후반 공교롭게도 그렇게 창무춤터가 존속하였던 그 기간이 바로 우리 창작춤계가 크게 융기하면서 그 속에서 창무회가 우리 창작춤의 대표적인 활동 견인차로 역할하게 됐다는 것, 동시에 우리의 창작춤과 일본의 부토(특히 야마다 세츠코), 외국의 현대무용(미국과 불란서)이 한데 어울리면서 우리 창작춤의 보다 현대화된 활동의 텃밭이 또 이때 일궈졌다는 것은 한국창작춤의 발전사에서 결코 작은 일이 아니라 할 수 있다. 이 이후 물론 윤덕경이 매개된 창작춤의 활동은 한두 가지가 아니라 할 수 있다. 현재 스스로 한국무용연구회 회장을 맡고 있으면서 2007년도부터 올해에 걸쳐 예악당을 중심으로 우리 창작춤의 재도약의 계기를 만들어보려고 하고 있는 노력도 그것 중의 하나라 할 수 있다. 따라서 어쩌면 모두들 화려한 꽃

이 되기를 바라는 우리 춤계에서 그녀처럼 스스로 '새 객토'가 되고, '텃밭'이 되려고 하는 이가 있기 때문에, 오늘의 창작춤은 그 장르적 정착과 연속적인 예술의 맥을 이어온 것이 아닐까.

다음 두 번째로 스스로 창작안무자로 윤덕경 춤을 관통해 흐르는 춤정신은 '공동체성' 추구와 '춤의 모성화'(母性化)라고 나는 본다. 이 두 주제적 가치관이 마치 새끼줄이 꼬이듯 두 겹로 꼬여 그녀 춤예술의 몸체로 흐르고 있다고 보는데, 전자의 가치관이 좀 관념적이라면 후자는 보다 인간적이라 할 수 있을 듯싶다. 그런 가운데 이 후자에는 그 속에 전통성, 여성성, 자연친화성, 박애성 등 여러 삶의 가치관이 내포되고 있어서 그 춤의 주제성은 다겹이라 할 수 있다. 물론 이 둘은 구별할 수 없을 정도로 자주 함께 뒤섞여 있기도 하다.

윤덕경 창작춤의 공동체적 감성과 연관하여 여타의 창작춤과 다르게 나로서 강한 인상을 받았던 작품은 '사라진 울타리'(1987)이다. 이 작품은 무거운 정관(靜觀)의 자태와 음영의 구조를 띤 작품으로, 창무회의 후배 김영희가 80년대 그녀의 대표작 '어디만치 왔니'에서 추구한 다소 도발적인 공동체성의 심적(心的) 여행과 다르게 무거운 관조의 태도를 취하면서 은연중 전통과 공동체성의 '위기'를 암시한다. 어떤 외적이거나 감각적인 동작성보다는 사각의 긴 밝은 불빛 아래 조용히 앉아 있는 군무진의 침묵의 자세만으로도 전통적 질서감이나 공동체적 운명감을 이 춤은 담고 있다. 그같이 담백하며 엄격한 춤의 구도성(構圖性)은 같은 해에 조정권의 시를 갖고 발표한 소극장춤 '무혼'에서는 좀 반대로 어떤 내면적 복잡성과 색채감을 더하며 보였다가, 2년 후 발표된 '빈산'에서는 그 모든 것을 훌훌 털어버린 듯한 자연친화적인 일견 도교적(道敎的) 해방의 감성을 보여주기도 했다.

이 부분에서 윤덕경 춤이 응시하는 공동체성은 외형적 집단

형태나 그 미(美) 속에 있는 것이 아니라, 인간과 인간 사이에 흐르는 내적이며 다소 관념적인 가치관과 깊게 연관되어 있다. 그것은 또한 우리 삶의 전통적 가치이며 함부로 흐트러지지 말아야 할 그 무엇이기도 하다. 그러면서 여느 인간의 활동보다 춤에서 그것이 보다 상징적으로 무겁게 고여 있으며('사라진 울타리'), 꿈 같이 응결되어 있기도(무혼) 그리고 눈부시게 상승하기도 한다('빈산'). 그래서 그 내적인 것이 제대로 외형화되지 않을 때 윤덕경 춤은 정체성과 어려움을 겪는다.

그 같은 어려움을 기법적으로 해소해 보려 한 것이 윤덕경의 기본무 즉 '신기본 1'(1995)이었던 것 같다. 비슷한 시기에 만들어졌던 김영희의 기본무, 임학선의 기본무와 달리 이 기본무는 어떤 인위적이거나 과학적인 체계를 세워보려 했기보다는, 우리춤의 군무성(群舞性)을 강화하면서 김철호 음악이 주는 절제미 속에서 전통에서 창작으로 흐르는 우리 춤의 맥과 흐름을 부드럽게 풀고 조아보면서 그 춤의 각(角)을 좀 자연스럽고 둥글게 해보았던 것으로 내게 기억된다.

그런 한편 자신이 만든 윤덕경무용단 창단 10주년(1999년)을 전후해서 윤덕경의 춤은 두 가지 방향으로 뚜렷이 전개되게 된다. 하나는 '어-엄마 우으섯다'(1997), '달궁 달궁'(1997), '더불어 숲'(1999)과 같이 보다 서민층의 삶에 밀착한 다소 극적이며 휴머니스틱한 감성의 춤이 그 하나고, 다른 하나는 90년도 이후부터 개별적으로 추구해온 '매혹'(1990), '밤의 소리'(1991), '보이지 않는 문'(1992)에서 최근 '부는 바람에 귀 기울이며'(2008)로 이어지고 있는 간략한 춤형식 속(솔로를 포함)에 여성적 감성을 띤 명상적, 혹은 자신 자화상과 같은 춤의 형태가 그 다른 하나다. 이 중 전자 범주의 춤에서 윤덕경의 춤은 보다 서민중심의 사회적인 춤의 시선을 확보하려 했다. 곧 이 춤에서 안무자는 장애인 자식을 가진 어머니의 애환 ('어-엄마 우으섯다'), 모성의 힘겨움('달궁 달궁'), 약자에 대한 강자의 억압('더불어 숲') 등 사회적 갈등관계를 창작춤 특유의 제의성과 군무성을 빌어 다소 연극적으로 풀어보았다면, 반대로 후자 범주의 춤은 자신의 내면의 소리를 듣는, 즉 음악 · 조소적 장치 · 의상이 담백하게 결합된 서정적 취향을 보여주었다. 또한 전자 범주의 춤이 이철용 · 서정인 · 신영복과 같은 사회적 주장을 갖는 이들의 사상에서 자극 되었다면, 후자의 작품들은 황병기 · 김영태 · 김철호와 같은 예술인들의 감성에서 자극되었다. 어떤 측면 후자 범주의 춤은 윤덕경의 초기 안무작인 '연에 불타올라'(1983), '가리마'(1986)처럼 여성적 서정성을 맛보게 해주면서, 삶의 질서 안에서 그 자신만의 시간을 가져보는, 그러면서 세월(시간)과 함께 변화되어 가는 여성적 감성과 그 주체성의 궤적을 보여 주고 있다 하겠다.

그러나 두 춤의 유형 모두 어떤 '모성적 감성'을 그 매개로 한다. 전자는 박애적 사랑을, 후자는 모성 안에 내재된 밤의 미풍과 같은 여성성과 그 이미지(像)를 - 그런 점에서 두 춤 모두, 한국춤의 모성화를 지향하고 있다 하겠다.

끝으로 한국창작춤의 텃밭을 묵묵히 일구는 것이나 우리 민족의 삶에서 공동체적 삶의 가치를 발견하고 그것을 이어가면서 여성적 사랑의 춤을 보여주려는 춤예술적 노력은 사실 모두 한 가지 맥과 연관되고 있다 하겠다. 즉 튀지 않으면서 인간(공동체)과 관습(전통), 사물(환경)을 은근히 감싸는 휴머니스틱한 '정'(情)이 그것이 아닐까. 어쩌면 그것이 윤덕경 춤의 모성성의 진정한 근원일지 모른다.

2010.11.

윤덕경론-집단적 체취, 유미적(唯美的) 경향 극복

김영태 춤평론가, 시인

창무춤터 대표 및 80년대 작품들

윤덕경(尹德卿)은 1976년 이화여대 무용과 출신들로 구성된 창무회가 발족되었을 때 임학선에 뒤이어 84년 회장으로 활동했다. 초등학교 3학년 때부터 춤을 배웠던 그는 이대 대학원을 거치면서 그 사이 전통춤을 사사했다. '살풀이춤', '승무', '태평무'(한영숙류), 강선영에게 다시 태평무를 전수받아 이수자(1992년)가 되었다.

윤덕경무용단이 창단된 것은 1989년인데 88년에는 올림픽 개·폐회식 때 '떠나가는 배' 안무를 맡기도 했다. 나와 윤덕경과 왕래가 지속된 것은 85년 신촌역 근처 창무춤터가 개관되고 부터이다. 그는 창무춤터 대표로 극장 활성화에 주력했다. 전통춤 및 창작춤 기획공연, 국내외 실험춤 초청, 학술지 발간 등이 그때 창무춤터가 벌인 3대 목표였다. 창무춤터가 4년 후 문을 닫기까지의 업적을 평가하자면 '창무 큰 춤판'을 위시해 시, 음악, 미술 등 인접 예술과의 만남, 86년 아시아게임 때 주관했던 '아시아 춤 페스티벌' 신인 등용 무대 등을 들 수 있다.

윤덕경은 〈매일경제신문〉(1986년 1월 13일자)과 인터뷰에서 '창무회가 10주년을 맞는 해 창무춤터 문을 열고, 창작 춤 선도 작업을 주도했던 창무회 일원으로서 다양한 춤 공연을 시도했지만' 극장 문을 닫는 안타까움을 피력했었다.

창무춤터 활약을 보도한 일요신문 기사가 그것을 입증한다.

한국춤의 전통적 기법과 생활의식을 담은 우리춤의 창작과 개발을 위해 꾸준히 노력해 온 창무회(회장 尹德卿)에서는 4월 초부터 세 번째 '창무큰춤판'을 시작한다.

이번 춤판에서는 작년의 성과에 힘입어 시와 무용의 만남을 춤 작업의 방법으로 선택했다고 회장인 윤 씨는 말한다. 또한 국내외의 젊은 무용가들도 참여하여 자기의 춤 세계를 보여줌으로써 공연내용의 양과 질적인 확장을 꾀하고 있다.

공연일정은 다음과 같다. 〈나는 숨을 쉰다〉(4월 8일~10일)는 최승호 씨의 시를 이미아 씨가 안무했다. 〈너를 본 순간〉(5월 13일~15일)은 중견 시인 이승훈 씨의 시를 이노연 씨 안무로 공연한다. 6월 10일부터 12일까지는 젊은 시인 하재봉 씨의 『당신의 춤』을 이명진 안무로 올리게 된다. 10월 중에는 황인숙 시인의 『여섯 조각의 프롤로그』를 최은희 안무로 올릴 예정이다. 11월과 12월은 박희진 시인의 『묘지』와 조정권 시인의 『소멸』을 각각 이애현·홍윤선씨 안무로 공연을 갖게 된다. 이외에 4월과 5월에 미국인 엘런 코간과 지나번츠의 초청공연, 강송원·박서옥·조윤라·김소라씨 등의 안무 작품을 공연한다.

작년의 '시와 무용'에 이어 이번에도 중견시인들이 대거 대본작업에 참여하여 '무용시'의 기틀을 잡아가고 있는 점도 특색이다. 또한 김성배·홍승일·김구림·한만영 씨 등 화가들이 무대작업에 참여하여 명실 공히 시, 그림, 춤이 한데 어우러지는 독특한 창무회 춤 세계를 보여줄 것으로 기대된다. 3년째 지속되어 온 창무 큰 춤판 성과에 대해 무용평론가 김채현 씨는 '사라져 가는 한국춤에 내재된 신명과 혼을 되살리고 전통적 기법을 토대로 한국적인 정서와 생활의식을 담은 한국춤 정립과 대중화가 창무회의 이념이다. 무용의 대중화와 현실화의 맥락을 벗어나 본 적이 없다는 게 창무회의 특징이며 '강점'이라고 말한다.

서로 다른 장르의 예술이 한 공간에서 만나 동등한 비중과 역할로 관객에게 보여진 창무회의 이와 같은 공동작업은 아직 공연예술로서의 제구실을 하기 어려운 입장에 있는 춤의 대중화에 큰 역할을 할 것으로 기대된다.(《일요신문》한국춤 대중화 큰 기대, 1986년)

필자는 창무춤판 시인과의 네 번째 만남 윤덕경 안무 '무혼'(舞魂)을 보고 〈춤〉지에 리뷰를 썼었다.

'무혼'-소리의 환상과 추적
조정권 시 '무혼'(舞魂)은 소리의 환상을 쫓는다. 혼(魂)을 어루만진다는 뜻은 시인이 찾아나서는 소리의 환상이 있기 때문에 가능하다. 시인은 소리를 주워 종(鍾)을 만든다. 그 종소리는 한참 울리고 나서도 얼얼 떠는 여음이 하늘에 맴돈다.

창무춤판 시인과의 네 번째 만남(87년 6월 12~14일)에서 윤덕경은 황병기 곡으로 '무혼'을 안무했다. 황병기 음악은 『가야금과 인성을 위한 미궁』(1975년) 이후 오래간만에 인성을 재시도했다. 그 인성은 춤 행간(行間) 염불소리와 더불어 '타악기화된 육성'을 들려준다. 윤덕경은 소리의 환상과 타악기화된 육성을 병행시켜 자연과 인간을 조립하는 작업에 역점을 두었다. 8인무 중에서 중반 박덕상과 추는 2인무는 두 사람이 서로 스치고 지나간다. 아마도 인연설이 이 2인무에는 내포된 듯하다. 후반 6인무는 잉여 인간들이 소리를 수식한다. 그들이 머리에 쓰고 있던 검은 레이스 천을 갈퀴에 매달아 하늘에 날리는 이미지는 종소리 파장(波長)에 다름 아니다. 뒤이어 목말을 탄 윤덕경이 소리의 파장을 거두어 하늘로 승천한다. 그때 공중에 퍼지는 망사 레이스

의 흔적은(이 장면은 『소리의 그림』 답다) 아름답다. 쨍쨍하게 개인 날 검은 우산 하나가 걸려 있듯.

윤덕경 안무는 '무혼'에서 소리의 비밀을, 타악기로 들려주는, 이제는 뻣뻣해져서 위로 받을 수밖에 없는 우리들의 떠도는 혼을, 두 남녀의 인연설과 여섯 처녀들이 엮는 한(恨)을 색칠한다. 그의 전작 '가리마' 등에서도 경험했듯, 그의 춤 소재는 인간을 즉물화하는 대신 다소 사변적(思辨的) 흠이 있지만 삶의 방법을 춤으로 제시하는데 있다.(《춤》1987년 3월호)

윤덕경은 1989년 서원대 교수로 부임했지만 윤덕경무용단을 창단하기 전까지 창무회에서 여러 수작들을 안무했다.

'연에 불타올라'(1983) '가리마'(1983) '사라진 울타리'(1987) '빈산'(1989)이 윤덕경의 80년대 안무 작품들인데 '가리마'는 '1986년 춤 베스트5'(《한국일보》)에 선정되었다.

평론가 강이문은 '연에 불타올라'에 대해 이렇게 평했다.

'연에 불타올라'는 안으로 파동 치는 심장의 명암을 초연한 힘과의 대화에서 승화시키려는 감성적 의지를 초로중생의 고뇌와 소망에 투영하면서 엮어낸 밀도 있는 작품이다. 표현 언어의 절제가 유연한 분위기를 살렸고, 생명력 깃든 암묵적 표출로 다스린 마지막 장면이 특히 인상적이다.(《춤》1983년 7월호 '실험을 넘어선 자유로운 비상)

전통춤과 현대 의식 접목
윤덕경은 '가리마'를 안무했을 때 여인들의 가리마 머리 모양을 통해 문화적 전통 및 답습을 떠나 춤의 재창조를 역설했다. 즉 '가리마'부터 윤덕경의 근작까지 춤의 화두가 되는 인간에 대한 인식과 확인, 인간과 사회와의 관계, 인간과 자연의 조화, 열린 춤의 탐구가 그의 작품을 관통하는 골격이라고 할 것

이다. 전통춤 연장선에서 펼치는 춤 형식 타파와 춤의 자유스러움의 추구라고 말할 수 있다.

'가리마' 비 오듯 쏟아지는 땀방울 속에서 탄생되었다. 그 땀방울 하나하나는 전통춤에서 발견한 원석들을 더욱 아름답고 세련되게 만들고자 갈고 닦은 것을 표출한 것이다 .많은 사람들이 시도해 왔던 전통춤과 현대의식의 접목, '가리마' 또한 그 중에 하나가 될지도 모른다. 그러나 항상 전통춤의 깊은 매력에 접할 때마다 느끼는 감동과 희열을 현대인들이 공감할 수 있는 춤사위로써 대중과 함께 호흡할 수 있는 춤으로 발전시켜 보려고 노력하였다.
'가리마'는 한 여인이 갖는 탄생과 성장, 인간존재의 확인, 문화적 전통 소화와 재창조라는 복합적 요소를 가리마 머리 모양을 통해 조명해 보려는 것이 이 작품의 의도였던 만큼 나에게 매우 벅찬 작업이 아닐 수 없었다.
대체로 머리모양은 한 여인의 성장과 변화를 표현해주며 또한 당대의 정신과 문화를 상징한다. 전통적 여인상은 가리마의 정결한 모습에서 강한 이미지를 발산한다. 갓 태어난 어린이에게는 가리마가 없다. 왜냐하면 가리마는 성장의 산물이기 때문이다. '가리마'는 우리에게 무슨 의미를 지니는가, 한 여인의 성장 속에서 '가리마'는 어떤 변용(變容)을 거치는가. 자신을 인식하는 새로운 시도들이 거듭되면서 여인은 관습을 거부하고 억압적인 권위에 반항한다. 그리고 신선한 부딪침에 몰입한다. 갈피를 잡을 수 없는 출렁거림, 그 변화의 물결 속에서 가리마는 사라져 버린다. 우리 모두가 겪으면서도 흔히 간과하고 있는 내면의 체험을 이제 소중히, 그리고 진지하게 되새겨보고 싶다. 지금은 바로 성숙한 미래를 준비할 때이므로 (중략) 지난날의 『가리마』를 그대로 보여주는 것이 아니라 '가리마'의 정신이 이어진다. 전통은 재연되는 것이 아니고 재창조되는 것이기에.

평론가 김채현은 '신 전통춤을 향한 다듬어진 무대'라고 썼다.

'가리마'는 집단적 인습과 개인의 자율이 서로 대결하는 가운데 변증법적으로 지양되어 미래지향적인 화합을 도출하는 고뇌스런 삶의 역경을 그렸다. 삶의 이런 변모를 형상화시킴에 있어 윤덕경은 집단의 강제력을 작품 전체에 부각시키고 신무용 이래 이 땅의 춤들이 빠지기 쉬운 함정인 유미적 경향을 극복하는데 성공했다.(《객석》1986년 9월호)

평론가 이상일은 안무가의 독자적 세계를 들었다.

주제의 형상화를 안무와 실연을 통하여 완벽하게 추구한다는 것이 거의 불가능한 것이고 보면 '가리마'는 주제의 응집력이 다른 안무가들이 갖지 못한 수확이다.(《월간조선》1986년 10월호)

평론가 김태원은 '가리마'를 가리켜 '전통적인 문화행태를 소재로 하여 그것을 전통이라는 거대한 범주로 설정하고 그에 대한 인간의 자세를 갈등 형식으로 진술한 작품'으로 평가했다.

전체 3장으로 구성된 작품은 집단적인 인습과 이를 탈피하려는 저항적인 개인이 서로 대결하는 과정을 거치면서 변증법적으로 끝맺음한다. 1장은 관습에 길들여져 가는 개인의 자각을 그리며, 2장은 관습과의 다툼에서 자의식을 회복하는 개인의 자기 정립을 그렸고, 3장은 수난을 이겨낸 개인이 자신을 되새김질하고 주변세계와 더불어 화합을 지향하는 적극적인 의지를 그렸다.(《춤》1986년 7월호)
같은 지면에 김태원이 지적한 '한국무용이 가졌던 건실한 다른 요소를 과감하게 원용함으로써 하체(下體) 사용을 가일층 요구하는 오늘의 춤 무대에 낯설지 않는 작품을 돌출했다.' 고 했을 때 그 춤 메소드는 윤덕경이 95년에 박사학위 논문으로 쓴 '신기본'과 무관치 않다. '가리마' 이후 안무된 작품이 '사라진 울타리'(87년)이다. 나는 이 작품을 '교향곡 같은 입체감'이라고 평했다.

'사라진 울타리'는 우선 춤사위가 시원스러우며 이 춤은 잔가지들을 과감하게 제거하고 민속춤 놀이의 나약함을 오늘의 춤정신의 당당한 기백으로 밀고 나갔으며 교향곡 같은 입체감이 하모니를 이룬다.(《춤》 1987년 6월호)

'무혼'을 위시해 '빈산' 등 80년대 윤덕경 춤에 대한 김태원의 평을 인용해 본다.

윤덕경 춤의 부드러움과 역동성
『무혼』은 소극장 공연 형태 속에서 이미지, 음악, 공간이용, 의상 등의 측면에서 밀도성을 높이려는 시도를 보여주고 있다. 특히 윤덕경은 한국 춤사위를 상당히 부드럽고 여유 있게 풀어 춤 어휘를 잘 용해시키고 있는데 이것은 그녀의 춤을 현대적으로 보이게 하는 요인이다. (《공간》 1987년 7월호)

윤덕경 춤의 무게
윤덕경 특유의 '청신한 무게의 미'를 표출시키고 있는 작품 '빈산'은 산이라는 이미지가 주는 스스로의 새로움을 향한 노력과 그런 가운데도 변하지 않음의 기상을 춤으로 표현해 보려 하였으며...(《공간》 1987년 12월호)

김채현은 '빈산'을 보고, 한국춤 어법, 해체, 재구성을 예로 들었으며(월간 《다리》)움직임의 새로운 메소드를 발견했다.

인간 상호간의 폭압을 매개로 인간들의 무반성 그리고 묵시적으로 용납하는 거대한 재앙을 시사하고 있다. 이번 작품은 새로운 움직임의 메소드를 시안으로 하고 있으며, 정갈한 맛을 발산하여 주목을 끈다.(《예술마당》 1990년 5월호)

'빈산' 등은 국외 공연에서 더 큰 호응을 얻었다.

산 이미지
윤덕경무용단은 우리에게 깊은 인상을 심어주었다. 그녀의 작품들은 사상과 음악과 관련하여 잘 구성되어 있다. 윤덕경이 안무한 '산'이라는 작품은 한국전통무용 배경과 근대무용의 종합이라는 매우 좋은 실례를 제시한다.(본 및 빌리필드 공연, 독일 유네스코 예술총감독 Fred Traguth)

전통과 현대 상호보완
'빈산'은 종교적 분위기로 가득한 작품이며 이것은 그들이 추구한 전통과 현대가 상호 결합된 결정인 것이다. 이 작품이야말로 안무가도 이 민족도 탐색해야만 하는 문제를 제시한 것 같다.(북경 무용학원장)

새로운 움직임의 메소드
윤덕경의 창작 작품들은 인간이 순환적 주제로서 자연과 조화됨을 특징으로 삼고 있다. 그녀의 현대석 작품 '빈산'은 산의 순수하고 신성한 이미지를 마사 그레이엄의 긴 심호흡 방식과 현대의 전통무용의 형식, 한국음악 장단과 어두운 녹색, 흰색 의상들의 춤을 통하여 인간과 자연과의 조화를 나타내었다.(《Zakarta Post》. Melanie Morrison)

한국인의 사색
'빈산'의 안무자 윤덕경은 한국춤의 다른 면모를 보여주었다. 그것은 서양 춤에 대한 저항 같은 것이다. 산은 동양적 상징인데 서양춤 영향 탓인지 굵고 진한 감동의 여운을 불러 일으켰다. 그러나 춤의 내면은 '한국의 멋'을 찾는 특별한 것이었다. 또한 '살풀이춤'은 'Wayang'(자바의 그림자 극)을 보는 것처럼 무희의 몸이 일체감을 이루었다. Jambu(붉은 색 라인)를 방불케 하는 소고춤 4인무는 발놀림이 일품이다. 윤덕경무용단은 한국춤의 묘미와 아름다움, 그리고 사색을 관객들에게 선사했다. (자카르타 주간 〈Tempo〉, Leila S.Chudori)

90년대 작품과 숲의 현시(顯示)

윤덕경과 나와의 합작은 '매혹'이었다. 90년 그 당시만 해도 미술관에서 행해지는 연주회(구기동에 위치한 서울미술관에서 에릭 사티 곡을 연주했던 진은숙 피아노 독주회 등)는 흔치 않았었다. '매혹' 외에 미술관에서의 시인과 춤의 만남은 '소모된 자의 노래'(조정권 시, 이미아 안무), '태양의 집'(하재봉 시, 김용복 안무), '돌을 주제로 한 다섯 번의 흔들림'(황동규 시, 임수경 안무), '떨어져도 튀는 공처럼'(정현종 시, 이명진 안무) 등이 올려졌다.

5회 창무큰춤판 미술과 음악, 시 춤과의 만남
(9월 23일~10월 1일, 조선일보 미술관)
윤덕경 안무 '매혹'은 시에서 백 년 동안 잠자는 공주를 무대라는 세상으로 끌어냈다. 재미 작곡가 박상원 음악은 한국적 정서와 소리의 과감한 시도를 병치시켰는데 (구음까지) 초반이 필요이상 무거운 느낌이었다. 신현중이 섬유를 쓴 폴리우레탄의 색채 변형과 기둥에 부착된 네온사인 활용은 공주가 잠든 3장에서, 아니 그 이전 맨살을 드러낸 6인무에서(특히 전혜정과 진현실의 개성) 흉노족이 출몰하는 서역(西域)의 판타지를 재연했다. 윤덕경은 그 기둥 곁에서 잠든다.
흉노족이 미인을 업어가던 비단길,
공주의 맨발 복숭아 뼈 위로,
곧게 뻗은 길,

'매혹'은 김춘수의 시 '누란 풍경'처럼 이미지로 연결된 환상 공간인데 안무자는 그 속에 그리움, 조바심, 잠의 막간을 설정했다. '산', '가리마'의 세계와는 또 다른 별장(別章)으로 이 작품은 윤덕경의 정신적 부속품들을 조립했다. (김영태 무용평론집 4, 『연두색 신의 가구들』 p.3 97)

90년대 윤덕경 안무 중에서 가장 큰 수확은 '밤의 소리'(1990년 4월 〈춤작가 12인전〉, 황병기 음악)일 것이다. 황병기가 무대 위에서 가야금을 연주했고, '매혹' 이후 윤덕경과 필자와의 두 번째 만남의 된다. '밤의 소리'는 짧은 시가 그 텍스트가 된다.

밤의 미소는 어둡고
얼굴과 가면의 층계를 내려가면
거기 문이 있다.

'밤의 소리'는 어두운 밤, 소요(逍遙)를 춤으로 극대화한 작품이다. 황병기 음악에 의한 밤의 정원에서 윤덕경의 솔로는 소리의 흩어짐, 정적, 정적 속의 산보, 트레몰로가 마치 손을 뻗치면 닿을 것 같은 삼라만상 빛깔과 음고(音高)를 천진하게 드러낸다. (〈춤〉 1991년 5월호, '춤 정원에서 만나는 소요')

90년대 안무 작품에서 윤덕경이 여백을 중시했던 것은 '밤의 소리' 이후 '내일은 어디 있지?'(한국무용제전) 등이었다. 나는 〈춤〉(1991년 6월호)지에 윤덕경의 '여백의 춤'(화선지에 남기는 붓자국)을 그의 중반기 춤 정신으로 파악했다.
독일 초청 공연 이후 그는 '들숨과 날숨'(호암아트홀), '보이지 않는 문'(14회 서울국제무용제), '땅', '어떤 개인 날'등을 연거푸 안무했고, 95년에는 '신기본'을 발표했다.
윤덕경이 '들숨과 날숨'(1992년)에서 주장하는 것은 전통춤 현대의식 접목에서 드러났던 숨(인체)과 자연(정기) 그 사이 에너지 배설의 공생 및 교감일 것이다. 그의 말을 들어보자.

숨 쉰다는 것은 살아 있음이며 생명을 확인하는 것, 들여 쉬고 내쉬는 숨은 자연스러운 박자이고, 자연의 규칙의 일부이며, 들이 쉬는 숨은 자연의 정기(精氣), 내쉬는 숨은 에너지의 배설이다. 자연이야말로 인간에게 본질적 생명의 원천이기 때문에 인간과 자연의 공존을 위해 인간은 자연에 순응하고 그 필연적 교감과 조화의 관계를 강조하고자 했다(들숨과 날숨 안무 의도).

'호흡은 생명이다'라는 윤덕경의 지론은 98년에 출간 된 김영희의 「호흡창작기본」(현대미학사)으로 이어지는 우리 춤 메소드로 보면 된다.

평론가 김경애는 서울국제무용제(1992년)에 출품된 '보이지 않는 문'을 그 해의 수확으로 보았다.

이번 무용제에 또 하나 수확은 윤덕경 안무 '보이지 않는 문'이다. 윤덕경이 그 동안 '빈산' 등에서 보여주었던 궁중무용과 궁중음악의 우아함을 탐구하는 그의 주제를 완성한 것으로 보인다. 그의 무대는 적어도 계산된 안무법의 의해 만들어진 한국무용이라는 점에서 흥미를 갖게 한다. 《문화예술》 1992년 11월호)

김태원은 '보이지 않는 문'에 대해 "한국여인에게 부과된 운명관, 삶의 동과제의"라고 평했다.

윤덕경의 '보이지 않는 문'은 황병기의 음악을 이용, 이 안무자로서는 오랜만에 기개를 펼 수 있는 작품의 수준을 보였다. 특히 남성무, 여성무에 있어 동작의 활달함과 대담함은 그녀의 성공적 안무작인 '빈

산'을 연상시켰고, 무대공간을 전후좌우로 비교적 크게, 또 구조적으로 이용한 것은 이미 그녀가 '사라진 울타리' 등에서 견고하고 대담하게 사용했던 공간적 구조와 맞물려 있기도 했다. 또한 동시에 박덕상, 김영덕 등 4, 5명의 남성춤꾼들 첨가와 창무회 중견인 이애현 등의 참여는 작품을 활기 있게 한 요인이기도 했다.

이 작품은 특히 오늘의 한국여인에게 부과된 어떤 운명관이나 인생의 통과의례같은 것이기도 하다. 무대 중앙의 큰 문을 통해 윤덕경은 다소 신비스럽게 무대 중앙으로 나오고, 그녀는 박상덕과 어울리면서 뒹굴고, 얽혀 매이고 또 서로 얽는 일종의 원형적 몸짓을 보여준다. 그런 남녀 간의 얽힘은 곧이어 남성과 여성이 혼합된 군무로 확대되면서 보다 끈끈이 확대되어 얽히고, 마지막에 윤덕경은 그가 산 생명인지 죽은 그림자인지 알 수 없게 또다시 자신이 최초로 나왔던 그 문안으로 들어간다.

이 작품에서 흥미로운 것은 정적(靜的)이지 않고 남녀 모두 과감한 동적(動的)인 동작을 써가면서 공간을 활기차게 끌고 가고 있었고, 중간 중간에 황병기의 기교적인 가야금 선율과 어울려 일말의 스릴감을 주기도 했다. 동시에 이 작품은 여성의 존재를 그 중심에 부각시키면서 80년대식과 같이 일방적으로 고통 받는 자가 아닌, 스스로 생의 경험을 주체적으로 시작하고 끝맺는, 즉 한국적 삶에 있어 매우 능동적인 주체(主體)로 부가시키고 있었던 것이다. 특히 처음과 끝 윤덕경의 등퇴장은 무대를 그 중심에서 사용하면서 보기 드물게 강한 이미지를 줬다. '빈산'에서 흥겹게 오르고 떨어지는, 또 그 떨어짐의 춤 기운을 타고 오르는 수직적 상승과 하강의 춤동작은 여기서 보다 수평적인 춤동작을 보여주면서 큼직큼직하게 춤에 굴곡미를 주고 있었고, 이것은 우리 춤을 단순히 곡선이나 단아한 것으로만 이해하려는 것에 대해서 건강한 동(動性)을 더해주고 있었던 것이다. 《춤》 1992년 11월호)

윤덕경은 춤 안무 10주년 중간 결산 무대로 그의 대표작 '빈

산', '밤의 소리'. '보이지 않는 문'을 재공연했다.(1993년 11월 7일 8일 문예회관 대극장). '스스로 의미를 부여하는 것이 겸연쩍어 기회를 미루어 왔다는 게 그의 소감이었다. 그 공연 전에 윤덕경은 중국 심양에서 개최된(1993년 9월) 세계 15개국 전통춤 경연에서 금상을 수상하고 귀국했다. 윤덕경은 1994년에 평소 그의 지론이었던 〈민속춤에 나타난 한국인의 미의식〉(논문)을 발표했다.

윤덕경무용단은 같은 해 6월 프랑스 국제피레네 페스티벌에 참가했고 윤덕경이 바탕골 극장 초청 4인 전에서 '태평무'를 춤춘 건 8월이었다(《춤》 1994년 9월호 '춤의 마음과 춤 행간' 리뷰 참조). 윤덕경이 '땅'(1995년) 안무 이후 장애인들을 위해 안무한 '우리 함께 추어요'(1996년), '어엄마 우스섯다'(1997년 윤덕경 춤 살이 30년 기념무대) 등 일련의 작품 변모에 대해 나는 언급을 유보하고 싶다.

김경애는 '춤의 미학과 동참'이라는 평에서 춤의 지평을 넓힌 것에 의미를 부여 했지만...

윤덕경의 '우리 함께 춤을 추어요'는 무대에서 작품을 보여주는 미학과 동참을 요구하며 기여하는 춤의 미학, 춤의 지평을 넓혔다는 데 의의를 둘 수 있고 아울러 더 깊은 작업(예술적인 의미에서)에 들어설 수 있는 그만의 주제를 또하나 첨가하였다.(《춤》 1996년 12월호)

예술로서 승화된 무대
그간 다른 예술장르에서 장애의 아픔을 껴안으려는 시도는 많이 있었지만 추상성이 강한 무용무대에서 '장애, 자체를 소재로 다루기는 이번이 처음으로서 특히 장애의 아픔을 그렸다는 단순한 시도에서 벗어나 예술로서의 승화된 무대를 표현하였다.(《스포츠 서울》 1996년 12월)

우리 춤의 현대화(전통춤 재창조)
고급한 예술로서의 춤과 설명적으로 이해하는 대중관객들 사이의 거리감을 좁힐 수 있는가를 보다 밀도 있게 표현한 작품 '어 엄마 우스섯다'를 통해 장애인을 위한 춤이라는 전제를 달지 않아도 격조 있는 작품으로서 순수가치를 인정해야 할 만큼 무용 적으로도 의미 있고 성숙한 무대였다.(《춤》 1997년 4월호)

나는 그 춤을 보고 울었습니다.
잠자는 양심을 흔들어 깨웠고, 모든 사람(빈부의 차이, 남녀노소)을 하나로 엮어 나가는 내용이 담겨져 있고, 사회에서 버려진 자들을 껴안은 삶의 나눔 잔치가 펼쳐졌고... 그래서 이것이 춤이구나, 이것이 살아있는 예술이구나. 이것이 사람의 몸짓이구나라는 생각을 내내 했습니다.(시인 김효사, 1997년 4월)

소금처럼 녹아내린 춤 살이
윤덕경 교수의 '어 엄마 우스섯다'는 우리의 삶에 소금처럼 용해되어 장애인보다 비장애인의 화해의 분위기를 마련하는 계기가 되었습니다. 한을 승화시켜 희망과 기쁨을 준 작품을 통해 장애인의 아픔보다 희망, 웃음을 되찾게 해주는 역할을 무용도 담당해야 할 것입니다.(김용구, 1997년 4월)

장애인들을 위한 춤 화합을 나는 반대하는 입장은 아니지만 '밤의 소리' 등 기존의 수작들을 능가하지 못했다는 지적에 안무가도 귀를 기울여야 할 것이다(참고로 장애인들을 위한 안무 작품들을 모두 소설가 이철용 대본이었다).

나는 윤덕경이 안무한 '빈자리'(1998년), '더불어 숲'(1999년) 등이 그의 안무 본령이라고 생각한다. '빈자리'에는 인간의 흔적이 고여 있기 때문이다. 장애인을 위한 춤을 보고 유인화(《경향신문》)는 천사상을 떠올렸지만 '빈자리'의 그 무게를 어떻게 외면할 것인가.

　나는 윤덕경 안무 '더불어 숲'을 보고 '춤 속의 해학은 유효한가'(《몸》 2000년 1월호)에서 '숲의 현시'에 대해 썼다.

윤덕경무용단이 창단 10주년을 맞아 '더불어 숲'(1999년 11월 15일, 국립국악원 예악당)을 안무했다. 신영복이 쓴 이 대본은 마감되는 20세기를 되돌아보고 21세기 비전을 상징하는 제목이다. '숲'의 이미지는 유토피아인데 오율자, 이윤경 작품에서도 유토피아 행이 드러난 바 있다. 밀레니엄 시대에는 울창한 숲으로 지구를 가꾸자는 메시지가 곧 춤이었다.

영상으로 처리된 20세기의 크고 작은 사건들(2차 세계대전부터 아프리카 난민들의 기아, 에이즈 만연까지)은 인간 생존의 반성의 자리를 마련한다. 춤 서두 단 위에 돌아앉아 있던 윤덕경은 역사의 현장을 지켜보는 대모 역이다. '더불어 숲'에서 들리는 민요는 상처뿐인 척박한 땅을 일군 조상들의 '한의 입김'이다. 그리고 구음은 과거 현재 시공간을 넘나든다. '더불어' 그것은 혼자가 아닌 집단의 뭉침이다. 커튼콜을 아리랑으로 장식한 의미도 거기 있다. 이 작품에 출연하는 숲 속 나무들은 홍미영, 양대승, 양진례, 이혜진, 김윤희들이다. 김철호 음악과 장출렬 의상이 '인간 숲'에 보조를 같이 했다.

평론가 김태원은 윤덕경 춤을 가리켜 '우리 춤의 가치와 미학'을 지적했었다. 90년대 들어 모성 주제(장애인들을 위한 배려, '더불어 숲' 앞 장면 대모 역 등)를 그는 발견했다. 윤덕경이 안무한 '빈자리'는 무엇인가. 춤도 시도 그 자리는 '허공'이다.

머리가 무슨 야심인가
출세욕인가 그런 것과 무관했습니다
머리는 텅텅 비었다는 것뿐
빈자리는
남은 향기 아니겠어요?

　'더불어 숲'은 인간과 사회, 자연의 섭리를 몽타주한 작품이다. 후반 군무들이 그 숲(이상향)의 나무와 비료들이다. 더불어 살아가야 하는 삶의 요철을 그의 1세대 제자들이 무성한 잎으로 현시했다. 2000년대 윤덕경의 안무 변모를 예고하는 춤이었다.

〈댄스포럼〉, 2000.4.

불교 수행법으로 우리의 삶을 조망해 보다

이번 〈위파사나〉를 작업하게 된 동기는?

요즘은 너무나도 빨리 돌아가는 세상에 편승해 너나 할 것 없이 바쁘게 살아가고 있다. 그런데 어느 날 가까운 분으로부터 〈게으름에 대한 찬양〉이란 책을 선물 받았다. 흔히 게으름은 나쁜 습관으로만 치부해 버린다. 물론 여기서 '게으름'이란 표현은 삶을 여유롭게 바라보는 태도였다. 하지만 이 책에서는 너무나도 바쁘게 살아가고 있는 나에게 느림의 미학에 대해 다시 한 번 일깨워주었다. 그래서 한발자국 떨어져서 바라보고 싶은 마음을 표현하고 싶은 계기가 되었다.

나 또한 느림의 미학에 대해 평소 많은 생각을 갖고 있던 중에 태국과 스리랑카에서 행해지는 수행방법 중 하나인 위파사나(통찰)에 관해 이야기를 듣게 되었다. '위파사나'와 느림, 급변하는 사회라는 화두로 변화의 소용돌이에서 중심은 여전히 인간이고 인간이 없으면 변화도 없다는 생각을 작품으로 만든다면 우리의 깊은 호흡과 현대를 바쁘게 살아가는 모습의 이율배반적인 메시지로 전해 줄 수 있겠다는 생각에 작품을 구상하

게 되었다. 남방불교의 위파사나의 수행방법은 득도를 하는데 있어서 아주 중요한 한 가지 방법인 것이다. 위파사나의 언어적 의미는 우리가 몸이나 생각으로 깊이 바라보는 것, 즉 통찰의 의미이다. 즉 변화의 과정 속에서 휩쓸리지 않고 내 몸과 마음에서 일어나는 모습을 침착하게 바라보면서 삶의 중심이 바로 자아라고 나름대로 해석했다. 특히 이번 작품은 내가 내 자신의 틀 속에서 빠져나와 나를 멀리서 바라본다는 의미로 생각하며 작업했다.

작품의 내용을 구체적으로 설명하면?

작품의 제목은 '고요한 시간 그 깨달음'이다. 부제로는 이작품의 핵심인 위파사나(통찰)로서 세상은 변화의 소용돌이 속에서 사람들은 변화에 적응하고자 허우적거리고 있다. 서로 경쟁하고 다투어 빨리 가려고 아우성치며 속도를 더해 나간다. 무엇을 위해서인지 무슨 의미를 갖는지는 관심이 없다. 삶이란 행복을 향하는 여유로움이 아닌가?

이번 작품에서는 참모습을 찾기 위해서 돌아가는 변화에서 물러서서 지켜보는 일이다. 변화의 사회를 한걸음 비켜서서 돌아가는 모습을 차분히 바라보는 일이다. 개인적인 면에서는 변화의 소용돌이와 인간적 욕망에서 나의 구석구석의 마음과 정신을 바라보는 일이다. 이 작품에서는 '위파사나'의 의미를 나나름대로 해석해서 안무하였다. 나의 참모습, 사회의 참모습을 고요한 적막에서 통찰하고 싶어서이다.

총 4장으로 1장은 혼돈된 사회현상을 표현하였고, 2장은 느끼면 느낄수록 더욱 고통스러운 시간을 득도의 과정으로 3장은 바라를 사용하여 치열한 세상 한가운데에 있는 사람을 그 소리에 갈등을 느끼며, 많은 현상들이 펼쳐진다. 4장은 있는 그대로 세상에 이치를 바라보면서 연꽃이 무대 뒤로 등장하여 아

리랑에 등불을 밝히면서 바삐 걷는 걸음 멈추어 깨달음에 조용한 기쁨의 시간을 표현하였다.

상당히 불교적인 색채가 강했다.
가령 소품으로 쓰인 연꽃, 바라는
불교를 상징하는 직접적인 이미지는데...

깨우침을 표현하기 위해서 바라를 사용했다. 바라는 자기 주위 자리를 깨끗이 하고, 주위를 정화시킨다는 의미를 갖고 있으며, 연꽃은 진흙탕 속에서 피어나지만 결코 꽃잎에는 진흙을 묻히지 않는다. 이는 화이부동(和而不同)하지 않는다는 말로 세상가치에 휩쓸리되 냉정하게 자기를 다스린다는 말이다. 그러면서 세상과 화해하고, 화합한다는 의미를 갖고 있다. 우리 의식무용에는 나비춤을 비롯해 바라춤 법고춤 등 많은 불교적인 색깔을 띤 춤들이 상당수 들어있다. 또한 번뇌로 얼룩진 천태만상의 삶들은 영상으로 화면을 처리했다. 작품의 전반부에서 파노라마형식으로 무대전반에서 표현하였고, 생로병사를 후반부에 넣었다.

작품에서 민족의 음악인 아리랑을 사용했다.
의도한 바가 있었는지?

한국 사람이라면 아리랑은 언제, 어디서, 누가 들어도 친근한 음악이다. 그런 면에서 아리랑은 우리 민족의 삶과 떼려야 뗄 수 없는 민족혼이 담긴 우리 민족만이 부를 수 있는 독특한 아리랑이다. 5년 전 무용단 10주년 기념공연작품으로 신영복씨의 '더불어 숲'에서 김철호 무용작곡으로 아리랑을 처음 사용한 적이 있었는데 그 때 반응이 좋아 이번 작품의 후반부와 커튼콜로 자연히 연결시켰다. 이번 작품의 주제는 정신적인 깨달음에 대한 것도 있지만 결국 우리네 삶의 모습을 표현한 것이

어서 더욱 아리랑을 사용하게 되었다. 우리는 지금 모든 예술 분야에서 장르의 구분 없이 우리의 것만을 소중하게 여기자고 주장한다. 그런데 과연 그렇게 하자는 것이 무엇인가에 대해 많은 생각을 하고 있다.

윤덕경무용단의 움직임은
장중하다는 이미지가 특징인 듯하다.
이번 작품의 동작들에 대해서 구체적으로 설명한다면?

나는 안무할 때 메시지가 잘 전달 될 수 있도록 작품을 구성하는 편이다. 물론 아름다운 몸매의 무용수나 좋은 테크닉도 필수요건이지만 그것보다 더 중요한 것은 '작품을 왜? 어떻게? 하느냐'이다. 작품을 만들 때 몇 가지 중요하다고 생각되는 부분은 크게 몇 장면으로 나눈 다음 그 의미를 부여하고 무대를 구성한다.

그리고 공간과 시간과 의미의 선을 만든다. 거기에 작은 동작부터 큰 동작까지 춤 언어를 만들어 발전시켜 나간다. 동작과 구성, 무대공간을 포함하여 미적느낌과 함께 정서적 메시지를 가지고 안무한다. 그 때는 군무라든가 1인무라든가 2인무라든가 미적 감각을 나타낸 다음 무용수들로 높낮이 또는 대비. 그리고 때에 따라서 도구를 사용하여 연결시킨다. 같은 느낌이지만 단락단락 다른 의미를 줄 수 있게 표현한다. 내 작품 스타일은 손동작에서 시작하여 발동작까지 움직임의 무게나 힘을 낮추고 호흡과 함께 평소에 안 쓰는 구조를 만들려고 노력한다. 특히 무대의 대비를 잘 살려서 무대 메시지를 강하게 표현하다보니 장중하다는 느낌을 받는 것 같다. 이번 동작의 특징은 강함과 약함, 호흡과 춤추는 사람들의 집중력이 강하게 작용되었다.

이번 작품은 신작으로서 지방의 대극장에서 초연을 갖게 되었다. 어떤 의미가 있는지.

그동안 작품 활동을 주로 서울과 청주에서 해왔다. 이제 윤덕경무용단이 창단된 지도 12년이란 세월이 흘렀고 그동안 지역사회에서 많은 활동을 하면서 한계점도 느꼈다. 그러나 이제는 지역에도 좋은 극장이 많이 생겨났고, 지역자체에서도 예술활동의 저변확대에 대해 많은 관심을 갖고 있다. 사실 무용작품을 지역사회에서 새롭게 공연한다는 것은 상당히 어려운 일이다. 그 동안의 지역의 무용사회를 살펴보면 기존의 작품들을 주로 다시 올리는 정도이고, 신인 무용가들에게 약간의 지원을 하고 있는 실정이다. 그래서 이번에는 새로운 작품을 만들어 공연할 것을 결심하였지만 막상 작품을 무대에 올릴 때 어려운 부분도 많았다. 하지만 극복해야 될 부분이라 생각한다.

이번에 공연이 있었던 보은이란 곳은 속리산이 있고, 속리산 하면 법주사와 정이품송 소나무가 '떠오르는 곳이다. 그리고 마침 석가탄신일도 끼어있어 마치 의도했던 것처럼 충정도 지역에서는 방송사와 신문에서 우리의 공연을 많이 홍보해 주었고 호응도 상당히 좋았다. 또한 보은에서는 이번 우리의 공연이 형식적인 일회성 행사가 되지 않도록 철저한 공연준비 과정에 많이 협조해 주었다.

지금까지의 작업을 소개하면...

1983년도에 창무회 정기공연에서 '연에 불타올라'를 황병기 선생의 작곡과 조영래 선생의 무대미술, 이상봉 조명, 정선의 상으로 처음 무대에 올렸고 대학교 졸업 작품으로 '윤회'라는 작품을 선보이기도 했다. 이 두 작품 모두 불교를 소재로 한 작품이었고 19년이 지난 지금에 와서도 불교를 소재로 작품을 하고 있는 것을 보면 처음 작업을 시작할 때 어떤 주제를 갖고 어떤 작품을 만드는가는 무용가들에게 있어서는 상당히 영향이 있는 것 같다.

'연에 불타올라'는 사람의 인연에 대한 작품으로 아름답고 우아한 작품이 아니라 사회에 대한 메시지를 담고 있는 작품으로 마지막 장면에서는 무용수들이 전부 각양각색의 모습을 하고 걸어나오는 장면에서 막이 내리는 작품이었다. 이때 나의 의도는 작품의 느낌을 그대로 관객에게 맡기고 싶었다. 그리고 1986년 '가리마'란 작품은 한 여인을 통해 우리의 봉건주의 사상에서 벗어나려는 여성의 해방을 표현한 것으로 여자로서의 홀로서기가 아니라 그동안 속박에서 벗어나 사회적으로나 가정적으로나 남성과 동등한 위치를 찾자는 차원에서 만들어진 작품이었다. 이때 기억나는 것은 한 여름 8월인데도 드물게 이틀공연에 극장 안에 관객이 가득 차 너무 기뻤다.

이처럼 사람과 자연을 주제로 작품을 하기 시작했다. 하지만 점점 더 자연의 아름다움보다는 자연을 파괴하는 부정적인 시각에 눈이 뜨면서 작품화하기 시작하여 1987년 춤전용 극장인 창무춤터에 춤과 시와 음악과의 만남으로 '무혼'을 공연하였고 공동체의식을 표현한 작품 '사라진 울타리'를 계기로 창작작품안무에 매료되었다. 사회성 있는 작품으로 1989년도에 '빈산' 작품을 만들었다. 1990년대에 들어와서는 '날씨 때때로 맑음' '들숨과 날숨' '내일은 어디 있지' '보이지 않는 문' '땅' 등 10여 편을 만들었고 1996년에 소외계층을 위한 '어-엄마 우으섯다'는 20여개 곳이 넘는 지역에서 공연을 했다. 이런 것이 무용의 저변확대이며 무용의 다양성이라고 생각한다.

앞으로 어떤 구체적인 계획을 갖고 있는지...

좀 더 사회의 메시지가 강한 작품으로 우리나라의 노인문제를 다루고 싶다. 노인문제는 노인만의 문제가 아닌 우리 모두의 문제이다. 점차 고령화 사회로 접어드는 현실에 대해 겸허하게 머리를 맞대고 생각해보아야 될 매우 중요한 문제라고 여겨진다. 그동안 문제를 직접적으로 터치하는 것이 아니라 다양한 삶의 문제를 구체적으로 다루려는 노력을 펼쳐왔다. 이제는 사회적 문제를 다루는 작품을 해야 한다는 사명감을 강하게 느낀다.

물론 무용의 창작 작업은 끝없이 아름다움을 추구하는 과정이기는 하지만 안무가의 생각을 표현하는 것이기 때문에 사회를 향한 메시지 전달이기도 하다. 사회에서 소외되어있는 장애우들의 목소리를 담은 작품 '어-엄마 우으섯다' '우리 함께 춤을 추어요'를 안무하고 서울과 지방, 해외 여러 곳을 찾아다니며 공연하면서 많은 것을 느끼고 배운다. 그것이 춤을 만드는 보람이 아닌가 생각한다.

〈댄스포럼〉 인터뷰 '안무가의 한마디, 2002. 5

예술을 사회에 환원시키는 춤꾼

한국부용가 윤덕경, 80년대 말 90년대 초 왕성한 활동을 하던 윤덕경이 중앙 무대에서 슬며시 사라져 가는듯한 인상을 준다. 창무회 회장을 역임했고, 멕시코 독일 등 외국 공연을 부지런히 다니던 그녀가 신작을 무대에 올리는 것도 뜸한 모습을 보이고 있다. 그렇다고 하여 그녀의 춤 스타일이 변한 것도, 없어진 것도 아니다. 그녀는 어느 날 천사가 되고 싶을 생각을 가진 무용가가 되었다. 그래서 그녀에게 극장 무대만 무대가 아니다. 자신이 만든 춤이 서는 곳이 무대이고, 천사가 되고 싶은 자신의 마음이 춤의 무대이고, 장애인들이 환히 웃고 선 마당이 자신의 춤의 무대라고 느낀다. 이렇게 윤덕경의 예술관을 변하게 한 요인은 무엇일까. 예술을 사회에 환원시키고 싶어하는 무용가 윤덕경은 누구인가. 윤덕경도 한국의 대부분의 무용가들처럼 초등학교 3학년 때부터 춤을 추었다 한다.

어느 날 길가에서 장고소리가 들렸고, 그 소리에 홀려 소리를 따라 가보니 그곳에 춤이 있었고, 춤을 추는 사람들이 있었다. 한다. 소리에 홀렸던 윤덕경은 그 곳에서 춤에 홀렸다. 그때부터 특별한 사람만이 하는 것이라 생각했던 춤을 배우기 시작했고, 자신이 어릴 때 생각했던 그 특별한 사람"춤꾼"이 되어버렸다.

"춤은 내게 너무도 특별한 존재예요"

윤덕경에게 춤은 곧 마음이고, 춤은 생각이고, 춤은 자신을 표현하는 언어라고 생각하면서 춤을 시작한지 30년이 넘었지만 그녀에게 춤은 너무도 특별한 존재라고 느껴진다고 했다. 춤과 함께 이야기를 하고 춤을 느끼고, 그 느낌을 몸으로 표현한다는 것이 바로 그 특별함 자체라고 그녀는 설명한다. 이화여대 무용과를 졸업한 그녀는 80년대에 틀을 잡아가던 한국 창작무용의 모태가 되었던 창무회의 대표로도 활동했다. 1989년 자신의 이름을 건 윤덕경무용단을 창단하고, 독립을 선언했다. "나만의 자유로운 작업을 하고 싶다는 의욕이 생기기 시작하면서 무용단을 창단하고자 했죠 무용 외적인 면에 이르기까지 체계적으로 운영해 보고 싶었어요. 개인 무용단을 운영한다는 것은 참으로 어려운 일이지만, 한 4년 정도 창무춤터 대표로 활동하면서 무용 외적인 면인 기획이나 경영에 있어 다양한 경험을 할 수 있었던 것이 지금의 무용단을 운영하는데 많은 도움이 되었어요."

윤덕경은 한국문화의 중심지인 서울을 벗어나 있다. 청주의 서원대학교에서 학생들을 가르친다. 예술적으로, 공연적으로, 또 예술 환경적으로 서울과 비교가 되지 않을 정도로 낙후되고, 어려운 지방에 자리를 잡으면서 계산하지 않는 성실과 끈질긴 집념으로 활동을 하고 있다 한다. 그녀가 올해로 7년째 지역 순회공연을 하고 있는 것이 지방에도 그 나름의 예술이 꽃을 피워야 한다는 그녀의 신념이 이루게 하는 것인 모양이다.

윤덕경무용단은 자연히 서원대 출신의 제자들, 졸업생들 그리고 동덕여고 시절부터 함께 해온 제자들로 구성되어 있고, 객원무용수의 영입을 통해 부족한 면과 다양성을 동시에 보완하는 노력을 한다고 했다. 그러나 그녀에게 하나의 철학이 있다 한다. 모든 제자가 다 공연에 들어오는 것이 아니라 단원이 된 후 1~2년 동안 집중적으로 트레이닝을 시킨 후 출연시키는 철학, 졸업한 제자들에게 크고 작은 안무 경험을 쌓아주는 철학, 반드시 창작은 전통무용을 기초로 한다는 철학을 가지고 춤을 만들고, 무용단을 이끌어간다 했다. 외부 강사를 초빙하거나 세미나를 개최하는 등 학교 같은 무용단을 만들어 전통을 만들어가려는 노력을 하는 윤덕경의 모습을 알려지지 않은 모습이 아닌가 생각된다.

윤덕경 춤의 화두는 인간과 자연

윤덕경의 첫 창작 작품 '연에 불타올라'는 그녀가 1983년에 만든 것이다. 86년에는 한국 여인을 생각나게 하는 '가리마'를, 87년에는 '사라진 울타리'를 만들었고, 89년 '빈산', 91년 '밤의 소리', 92년 '보이지 않는 문' 등 작품을 발표했다. 그녀가 만든 춤을 보면 일관된 철학과 그녀가 관조하는 생각이 너비와 깊이가 보인다. 그녀에게 춤은 '인간에 대한 인식과 확인, 인간과 사회, 인간과 자연의 섭리, 인간의 성장'등으로 비친다. 그 비침이 춤의 주제이다. 그러나 그 주제를 개방적이고 실험적이면서도 한국인의 얼을 생각하면서 작품의 완성도를 높이는 방식으로 풀어간다고 한다. 이처럼 그녀의 춤의 화두는 바로 인간과 자연 그 속에 비친 참모습인 것이다.

윤덕경의 첫 작품인 '연에 불타올라'는 윤회사상을 토대로 하는 불교적인 인간의 인연을 내용으로 자연을 섭리에 따른 인간관계의 이야기를 다루고 있는 작품이다. 자연적인 섭리를 다루면서도 그 속에서 나타나는 인간 내면의 갈등이나 이념을 표현한 작품이다. 자연적인 섭리를 다루면서도 그 속에서 나타나는 인간 내면의 갈등이나 이념을 표현한 작품인 것이다. 이런 윤덕경의 생각이 모두가 더불어 살아야 밝은 사회를 만들 수 있다는 생각으로 모아졌는지도 모르겠다. 한국 무용가 윤덕경은 춤으로 사회에 봉사하는 예술가로 되어갔다. 종교적인 이유로 춤을 종교적 수단으로 삼는 무용가가 있지만 그러한 이유가 아닌 이유로 사회로 춤을, 자신의 예술을 환원시키는 윤덕경의 모습을 의외성을 느끼게 한다.

"사회에 기여할 수 있는 작품을 만들고 싶어요, 현실적으로 감동을 줄 수 있는 작품에 대한 의욕이 강했어요. 누구나 함께 공감할 수 있는 작품이죠, 내 작품을 통해서 사람들의 사회적인 인식에 작은 변화를 줄 수 있다면 그러한 작업을 하고 싶었어요. 그래서 96년부터 시작한 것이 장애인을 소재로 작품을 만드는 것이에요. '우리 함께 춤을 추어요'를 시작으로 97년에는 '어-엄마 우으섯다'를 창작했죠. 이작 품은 장애인 자식을 둔 어머니의 내적 갈등의 주제를 몸으로 표현 한 것이에요" 윤덕경의 생각이다.

장애인 이해 위해 수화까지 배우는 무용가

씻김굿과 접목을 시도한 작품 '어-엄마 우으섯다'는 엄마의 이미지를 한국적 정서에 부합시켜 부모의 아픔을 춤으로 표현하고 결국 엄마와 자식의 관계에서 함께 극복해 간다는 내용으로 장애인에게 무관심한 한국 사회를 반영하고 있는 것이다. 이러한 점이 윤덕경 춤의 중요한 의미가 아닌가 생각된다.

윤덕경은 이러한 작업을 위하여 수화를 배우고 장애인 자식을 둔 어머니들의 모임에 참여하는 등의 체험을 통해 그들의 감정표현에 충실하고자 했다. 뿐만 아니라 시각 장애인을 초청해 그들의 진술한 애기를 듣기도 했다고 한다. 그럼에도 불고

하고 그녀는 '과연 내가 그들의 정신적인 고통을 제대로 표현할 수 있을까'하는 고민이 많았다고 한다.

결국 그녀는 이러한 작업을 통하여 장애인과 비장애인이 함께 살아가는 사회를 희망하며 사회로부터 차별과 소외로 눈물 짓는 이들과 함께 하고 그 노력의 일환으로 무용으로서 문화적인 봉사를 하고자 하는 것이다.

"장애인을 위한 무용으로 나는 변화했다."

윤덕경에게 한국춤의 현대화도 하나의 명제이지만 장애인과 소외계층의 삶을 춤으로 표현하는 노력을 함으로써 춤의 사회적 기능을 또 하나의 명제로 생각하고 있다고 한다.

"인식이 바뀌면서 나 또한 많이 변화했어요, 순수하게 창작만을 위한 활동을 할 때와는 달리 장애인을 위한 무용을 작품화하면서는 무용외적인 면이 모두 무의미해진 것이죠, 작품에 대해서는 전보다 작업시간을 길게 가지면서 심혈을 기울이게 되었고 작품에만 몰두 할 수 있었어요. 다행히 많은 분들이 도와주셔서 지금까지 이러한 작업을 할 수 있었던 것 같아요"

의도적으로 무용계의 어떠한 영향도 받지 않으려고 은둔(?) 생활까지 했다는 그녀의 무용은 뚜렷한 목적이 있는 작품으로 부와 명예 혹은 실정을 위한 것이 아니기에 자유로울 수 있었을 것이다. 이러한 여건 속에서 꾸준히 장애인을 위한 작품을 선보이는 윤덕경무용단은 각 언론매체로부터 시선이 집중되기도 했다. 이것은 간접적인 홍보로 더 많은 사람들이 그녀의 작품을 보고 그를 통하여 인식적인 변화를 가질 수 있는 효과를 기대할 수 있는 것이 아닐까 한다.

윤덕경 무용의 또 다른 특성은 음악에 있다. 새로운 창작 작품을 만들 때마다 기존의 음악은 사용하지 않는 윤덕경은 반드시 그 작품에 맞는 음악을 작곡한다고 한다. 사실 현실적으로 매번 작품 활동에 작곡을 한다는 것은 쉬운 일이 아니다. 그

러나 윤덕경은 대본과 작품과 음악이 모두 같은 맥락을 이루고 있어야 순수한 자신의 작품이라 생각하기에 그러한 방법을 택하고 있다고 한다.

새 작품을 안무하는 데에는 대략 3개월 정도가 소요된다는 윤덕경은 작품을 구상하고 그 내용에 따라 음악을 작곡하고 작곡이 거의 마무리 될 때 즈음 안무를 시작한다고 한다. 작품에 필요한 전통적인 테크닉은 안무에 들어가기 수개월 전에 미리 훈련하고 직접적인 안무에 들어가기 전에는 한국무용의 갖가지 테크닉을 통해 주제에 맞는 다양한 동작언어와 수화나 마임 등을 통해 새로운 동작을 몇 가지 만들어 놓은 후 그것을 조합하고 수정하는 과정을 통하여 안무한다고 한다.

성문화시킨 한국 창작무용의 기본 틀

윤덕경은 각 작품마다 어떠한 메시지를 담고자 한다. 1990년 후반의 작품 '우리 함께 춤을 추어요'(1996), '어-엄마 우으섯다'(1997년) 등의 작품은 춤의 메시지성을 크게 부각시킨 작품으로 일관된다. "저는 메시지가 강한 춤이 좋아요 지나치게 철학적인 표현이나 상황적인 소재보다는 작품 속에서 읽혀지는 객관적인 주제와 일상적인 소재로 공감대를 형성하는 것이 중요하죠"라고 말하는 윤덕경은 시대의 흐름을 쫓아 시대성 부여에 부흥하지 않고 자신이 나름대로 추구하는 작품을 고수하여 그녀만의 예술세계를 구축하고 있는 것이다.

무용세계를 구축하기 위하여 종래의 춤동작을 과감히 벗어던지고 강한 실험정신을 분출하며 전통의 내적수용위에 새로운 춤의 표현을 담아 재창조하는 창작무용 작업에 열심히 몰두하는 윤덕경은 섬세하고 아름다운 한국적인 기품을 기본적인 맥으로 하면서 한국 전통의 내밀한 변형을 추구해 왔다. 이러한 그녀의 춤은 감각적인 표현을 절제하면서 관념적인 가치관

을 내재하고 춤꾼들이 빠지기 쉬운 유미주의적인 경향을 극복하고 있는 것이다. 이러한 과정에서 '몸 풀기, 몸만들기' '신 기본'는 윤덕경의 창작무용에 대한 열정의 결과물이라 할 수 있다. 한국무용 어법을 해체하여 새롭게 재구성을 꾀하는 이러한 신 기본은 외형적인 것보다 호흡적인 테크닉을 중요시 한다고 한다. 또한 신 기본은 한국 창작무용의 기본 틀로서 성문화시킨 것에 큰 의미를 갖는다.

"춤은 내 마음의 표현"

"춤이란 마음의 순수성이라 생각해요 가식이 아닌 내 마음을 있는 그대로 표현하는 것이니까요, 그래서 학생들에게 항상 마음가짐을 처음 무용을 시작할 때처럼 하라고 교육하고 있어요. 춤적인 기교가 중요한 것이 아니라 어떠한 마음으로 춤을 추느냐가 중요한 것이죠. 나의 춤은 '심연 속마음의 순수성이다."라고 하는 윤덕경은 청신한 마음가짐이 중요하다고 강조한다.

무용의 대중화, 관객의 저변 확대를 우리들 속에서 외치기만 하는 것이 아니라 현대 사회에 어필될 수 있는 소재를 통하여 대중들과 좀 더 쉽게 호흡할 수 있도록 소리 없이 몸소 실천하는 그녀의 춤은 열정적이다. 그 자그마한 체구에서 어떻게 그렇게 뜨거운 열정이 나오는 것일까. 그녀가 뿜어내는 무한한 에너지가 놀랍니다.

김진현 기자 〈춤과 사람들〉2003. 5. 17

새로운 방향을 찾아
춤 발전을 모색하는 기회가 되었다
– 북한 평양국제 학술토론회에서 발표회 가진 윤덕경

선진적인 문화민족으로서의 위상을 떨치는 것이 바로 오늘날 우리 한민족 학자들이 공동의 사명인 것이다.

그러므로 이번 학술대회는 서로간의 학문적인 교류함께 연구를 적극적으로 추진하고, 나아가 세계 최고 금속 활자본 "직지" 등 한민족 전통문화의 우수성을 세계화하기 위해 광복 60주년에 즈음하여 ≪반일투쟁과 민족 문화의 발전 및 세계화≫를 주제로 하는 국제학술회의를 개최하는데 큰 의미를 두고 있다.

북측에서 참석하신 분과 학술발표의 주제를 소개해 주신다면?

전체 학술발표회의의 타이틀은 〈광복 60주년 기념 국제학술회의〉로 제목은 〈반일투쟁과 민족문화〉였다. 세부 주제로는 크게 네 가지인데 첫째, 1930년에서 40년대 동북아 지역에서의 반일투쟁, 둘째는 한민족 전통문화의 정체성 회복 방안, 셋째는 유네스코 세계기록유산 '직지'의 문화적 의미, 넷째는 일본의 군국주의 부활 움직임과 독도 및 역사 왜곡 문제 등 이었다. 그 중에서 제가 발표한 것은 〈한민족 전통문화의 정체성 회복방안〉에 대해서였다. 북측에서는 김일성 종합대학의 교수, 조선과학자협회에서 〈일제 강점기 민족의 얼을 지키기 위한 애국문화인들의 활동〉상황에 대해, 북한문화보존지도부국장이 〈민족문화 유산을 올바르게 계승발전시키기 위한 방안〉을 발표했다. 또 〈주체문화〉에 대해서 조선 문화 박물관에 계신 분이 발표를 했다.

북한을 다녀오셨다는데 어떤 일로 다녀오셨는지 소개해 주신다면...

국내 대학으로서는 처음으로 북한과 학술교류를 했다. 이 평양 국제학술대회는 우리 서원대학교와 북한은 조선과학자협회, 중국은 연변대학 민족연구원이 함께 공동으로 주최하고 후원은 청주시와 청주 문화방송이다. 장소는 평양인민문화궁전으로 국제학술회의 장소로 웅장하면서 차분한 학술회의장으로 규모가 컸다. 발표는 기조연설로 한국, 북한, 중국 6편과 한국학자 논문 7편, 북한학자 7편, 중국학자 2편과 방법은 대회 논문발표와 토론, 분과 논문발표와 토론 종합토론으로 이틀에 걸쳐 진행됐다.

우리 한민족은 비록 동일한 역사와 전통문화를 공유하고 있는 공동의 시대적 과제에 직면해 왔지만 역사적인 원인으로 서로 다른 사회발전의 길을 걷게 되어 이는 우리 민족의 발전에 있어서 매우 귀중한 자산이 아닐 수 없다. 이러한 역사적인 자산을 함께 향유하고 우리 민족의 발전을 추진함으로써 21세기

본인은 전통문화에 대해서는 어떤 글이 발표되었나?

"일제 강점기 한민족 전통춤의 변화와 정체성"에 관해서 발표를 했고 논문 내용은 일제 강점기에 정재 춤의 제도적 탄압과 전통춤 개발과 발전에 기여하는 한성준의 춤을 통하여 일본

의 탄압과 전통춤의 왜곡과 단절 연연히 전통을 이어오려는 노력에 관한 부분과 일제 강점기에 우리 춤이 발전되지 못한 부분을 지적하면서 최승희에 관해서 간단하게 다루었다.

학술발표 이외에 공연은 했는지?

저는 논문을 발표하면서 한성준의 춤에 관한 내용이 있어 그의 승무, 살풀이, 태평무 등을 소개하면서 자연스럽게 태평무를 추게 되었다. 근대 전통춤의 발전가능성과 좌절부분에 한성준을 소개하면서 태평무에 대해 의상, 음악의 장단 등을 언급했다. 공연이라고 계획한 것이 아니라 한성준을 소개하기 위해 춤을 추게 되었지만 좋은 반응과 함께 전보다 훨씬 부드럽게 대해주는 것 같았다. 문화의 힘을 느끼면서 말이다. 후에 일정 중에 서커스관람이 있었으나 주변 교수 분들이 무용과 교수가 이번에 특별히 남측에 전통춤도 준비해 왔으니 북한 무용과 교육도 보고 싶다 했더니 금성학원 관람과 일정을 특별히 배려해주었다. 북한은 민족무용이나 창작무용이 춤의 주체사상과 연결되어 있어 춤에 대해 말을 아끼는 편이었다.

북한의 춤은 보았는가?

원래 일정에는 없었지만 금성학원을 방문하게 되었다. 그곳은 무용 영재를 기르는 곳이었다. 컴퓨터와 무용, 음악을 가르치는 우리의 종합예술학교와 비슷하지만 그곳 금성학원은 어린 영재를 뽑아서 7세에서부터 시작해 22살까지 예술교육을 전문적으로 교육하는 곳이었다. 한 무용실에 15명 정도의 학생이 춤을 배우고 있었는데, 춤을 가르치면서 장구를 치는 선생님과 가야금 연주자가 수업을 하고 있었다. 마침 우리가 무용실로 들어갈 때 반주로 민요를 가지고 춤을 배우고 있었다. 내가 보기에는 최승희의 기본춤 같은데 내가 지금하고 있는 춤이

무엇이냐고 물으니 그곳에서는 '뿌릴사위, 멜사위'라고 창작 춤을 추기위한 기초적인 기본 춤이라고 했다. 2002년에 예약 당에서 한국무용연구회에서 주최로 한 기본이 떠올랐다. 임학선, 최은희, 김영희와 나 각기 다른 기본을 한 무대에 올린 공연이었다. 그리고 같이 직접 춤도 춰보았다. 어려운 테크닉은 아니고 손목만 강하게 뿌리는 것만 다르고 우리기본과 비슷하다. 학생들은 아주 예쁘고 눈방울이 똘망똘망하며 호기심과 키도 커 우수한 인재들만 뽑아 놓은 것 같았다. 그곳을 졸업하면 전문배우로 활동을 하게 되는데 피바다가극단이라든지 인민배우가 되는 것 같았다. 학교자체에 공연장이 있어 30분 정도의 공연을 보았는데 기존에 한국에서 TV나 자료를 통해 본 것과는 달리 의상의 질감과 색깔이 많이 화려해지고 세련된 점을 발견할 수 있었다.

춤에 관한 용어나 장단의 차이점은?

수업을 잠깐 참관 한 것이지만 '멜 사위'나 '뿌릴 사위' 등을 사용하는 것으로 보아 춤에 관한 용어는 동작 표현 그대로 사용하였다. 장단은 가야금과 장구를 앞에서 연주하고 음악은 〈봄처녀〉를 사용하고 있어 별 차이가 없었지만 잔가락이 더 들어가 있었으며 내가 어렸을 때 무용학원에서 배운 거하고 너무 흡사했다.

금성학원의 수업내용은?

전문적인 배우를 양성하는 곳이었다. 춤, 가야금, 성악, 컴퓨터를 전문적으로 배우고 있는 것 같았다. 음악, 성악은 방마다 개인 연습실처럼 되어있고 선생님들이 한복을 입고 피아노, 가야금, 아코디언무용 등 개인지도가 이루어졌다. 컴퓨터는 한 교실에 10명 정도였다. 얼마 전 이효리와 함께 한국의 CF출연

한 북한 무용수가 그곳 출신이라고 했다.

방문 일정은?

7박 8일로 평양과 보현사, 단군능, 김일성종합대학 유적지, 백두산의 천지까지 다녀왔다. 운이 좋게 날씨가 너무 화창해 백두산의 천지에서는 손과 발을 담가 보기도 했다. 연변 쪽에서 본 백두산과는 많은 차이가 있었다. 오염되지 않은 천연 그대로의 자연이 펼쳐져 있었다. 그곳에서 느낀 점은 개발이 되지 않아 휴게실조차도 없는 청정지역이라는 것과 분명 우리와 닮아 있으면서도 뭔가 다른 말로표현하기 어려운 동질성과 이질감을 느꼈다. 나 역시 6.25를 겪지 않은 세대라 분단이나 통일에 대해 절실하게 생각해 보지 않고 지내왔으나 남북은 느리든 빠르든 교류가 이루어져야하고 이를 위한 노력이 절실하다고 느꼈다.

후속으로 연결되는 사업은 있는가?

중요한 것은 우리 남측의 교수들이 북측을 다녀온 것뿐 아니라 북측에서도 서원대학교에 와서 교류가 지속적으로 이어져야 한다고 생각한다. 저희 서원대학교가 위치해 있는 청주시와 노력한다면 지역발전에 큰 역할과 동시에 좋은 교류의 추진과 결과가 이루어지리라 본다. 이런 교류는 이루겠다는 한결같은 마음과 문화라는 특성을 우선한다면 주제가 더욱 가능하게 하리라고 본다.

어떻게 참여하게 되었는가?

북한과 직접 교류를 한다는 것이 쉬운 일이 아니어서 설마설마 하는 마음이 있었다. 그 이전에 서울에 많은 노력을 한 걸로 알고 있다. 얼마 전 서울대학도 김일성종합대학과 추진한다는데 그런데 대학교로서는 처음으로 저의 서원대학교가 교류가 성사되었는데 서원대학교로서는 작년부터 노력을 하고 있었던 것으로 알고 있다. 나는 작년에 연변대학에서 국제학술대회에 참석했었다. 작년에 연변대학 쪽에 가서 학술발표를 했을 때 "한민족 전통춤연구의 방법론적 과제"갖고 발표했으며 이때 북측도 참가해서 다음해에는 평양에서 북측에서 학술대회를 열기를 모두 기대했었다. 다음에 평양에서 만나게 되면 우리 전통무용인 태평무를 추겠다고 북측과도 약속을 했다. 이번 광복 60주년의 주제와 내용이 맞아서 참가하게 된 것 같다.

방북을 통해 얻은 성과가 있다면?

일정에는 잡혀있지 않았지만 북측이 가장 민감한 그들이 이야기하는 애국열사 묘지 등을 방문하게 되었다. 우리에게 잘 알려지지 않은 월북인사들에 대해 확인된 부분들은 다행스럽게 생각하고 그렇지 않는 부분은 의아해 여기면서 다녀왔다. 개인적으로 무용계에서 1960년대 이후 월북무용가 최승희의 거취에 대해 이야기는 많았지만 정확한 정보가 끊어져 있었다.

이번에 애국열사 묘지에서 인민배우 최승희 사진이 붙어 있는 묘비를 직접 확인하고 온 것이 개인적인 기대에 부응했다고 생각한다. 애국열사 묘지의 정 가운데 왼쪽 앞에 자리 잡고 있었다. 묘비에 무용가 "동맹중앙위원회위원장" 1911년생 1961년 8월8일에 사망한 것으로 표기되어 있어 최승희의 죽음에 관한 의문을 풀고 오는 계기가 되었다. 사인에 대해 안내를 하는 사람에게 물었더니 병들어 죽었다고 했다. 그곳 안내원은 애국열사들에 대해 거의 모든 것을 외우고 있었다.

장애우를 위한 활동을 많이 했는데 그 계기는?

그 질문을 많이 받았다. 장애우를 위한 활동을 시작한 것은

10년이 넘는다. 나는 이화여대졸업생과 함께 1978년 창무회 활동을 시작으로 1984년에서 90년까지 창무회 회장을 맡아서 활동을 하고 1989년도에 서원대학교에 와서 춤창작 작업을 하고 앞만 보고 달려왔다. 그런데 이게 나의 길인가? 내가 계속해야 하는 길인가? 내가 제자들과 작업을 하고 공연을 하는 게 무용의 전부인가? 그래서 춤이 무엇인가 사회에 보탬이 되는 일은 없는가? 당시 춤계는 르네상스시대라고 할 정도로 작품 활동들이 왕성했다. 가운데 과연 진정한 작품이 몇이나 될까 등등 무수한 무용계의 행사들 방향을 다르게 제시하는 게 어떨까 하는 생각을 하게 되었다.

누구나 똑같은 춤을 추기보다는 작품의 세계를 뛰어넘어보고 싶었다. 특별나게 장애우에 대해서 관심이 많아서라기보다는 춤의 매너리즘에 빠져있는 것에서 벗어나기 위한 고민의 과정 중에 시작된 일이라고 보면 된다.

처음에는 춤의 주제 확대라는 차원에서 새롭게 무용대본을 써줄 사람을 찾고 있었는데 우연하게 꼬방동네를 쓴 이철용 선생님을 소개 받게 되었다. 그분이 영화 시나리오를 많이 쓴 분이라 폭이 넓지 않을까 하는 기대에서 만나게 되었다. 광복 50주년 기념 공연으로 〈빈산〉작품을 공연했을 때, 그러고 보니 본의 아니게 광복50주년, 60주년 인연이라 생각된다. 마침 김매자 선생님께서 추진하신 한민족 대축전이 청주에서 개최하는데 그때마침 제가 "빈산"을 올리게 됐지요. 그 공연을 보고 이철용 선생님께서 함께 작업을 하게 된 것이 계기가 되었다.

다음에 장애인문화예술진흥개발원을 발족을 하는데 같이 할 수 있겠느냐고 제의를 해왔다. 장애인이라고 문화생활을 접하지 않는 것은 아니라면서 예술인들이 해줘 참여하자고 하는데 여건이 여의치 않을 뿐이라고 했다. 일 년반 동안 작업하면서 장애우에 대해 공부를 많이 하게 되었다.

장애우를 위한 작품과 활동을 소개한다면...

1995년 〈땅〉이라는 작품을 했다. 이철용 선생의 소설 〈땅〉을 읽고 만든 작품인데 우리가 무심하게 여기는 땅에 대한 이야기로 땅은 그 자리에 있어야 사람들이 이를 하는데 가르고 분열되고, 소유하고, 편 가르기의 아픔을 춤으로 풀어 봤다. 그 다음 본격적으로 100장 분량의 원고를 받아보았다. 시각장애우를 모셔다가 세미나를 했다.

무용수에게나 나 자신에게 그들의 이야기로 작품을 만들려면 그들의 마음을 이해해야 한다는 생각이었다. 시각 장애우 중에서 후천적으로 장애를 겪게 된 분을 모셔와 시각을 잃었을 때의 느낌과 현재의 삶에 대해 이야기를 들었다. 이런 작업을 통해 직접 춤을 출 무용수에게 궁금한 것을 직접 물어볼 수 있는 시간을 가졌었다. 또 수화도 배웠고, 장애우들의 시설도 직접 방문해 보았었다. 마침 그해에 한일 장애인 국제교류가 일본의 나고야 컨벤션 센터에서 장애우의 복지에 관한 논문도 발표하고 장기자랑도 하는 행사가 있어 참석하게 되었다.

장애우와 봉사자, 부모들이 함께 참석하고, 유명 인사들도 눈에 많이 띄었던 행사였다. 그곳에 참석해 춤도 추고 그들의 문화를 이해하기 위해 노력을 했다. 분명 자유롭게 움직이며 춤추는 사람과는 반대로 움직임이 불편한 사람들과 뭔가 한다는 것은 경험해보지 않고서는 가능하지 않을 것 같아서 장애우들과 관련된 일을 나름대로 찾아서 참여해 보려고 했었다.

장애우권익연구소에서 실시한 종로에서 마로니에 공원까지 휠체어를 타고 가는 체험행사에 참가하기도 했다. 열심히 참여해 그들 속에 들어가야 그들의 이야기를 할 수 있다고 생각했다. 당시에는 보건복지부에서 장애우들의 분야를 담당하고 있었다. 이에 대해 이철용 선생은 문화관광부에서 담당을 해야 한다고 주장한 것도 10년 전 일이었다. 아마 의원시절 장애우에 대해 많은 역할을 했다고 들었다. 10년 전에 비해 장애우에 대한 의식이 너무 많이 변화되었다.

장애인문화예술진흥원을 발족하면서 만든 작품이 '우리 함께 춤을 추어요'(1996)이다. 무용작품을 만들어 일반 사람들에게 장애우에 대한 관심을 갖게 하고 싶었다. 그래서 문예회관을 12월 22일~26일까지 3일간 대관하고 이철용 대본, 제가 안무하고 백대웅 선생님께 음악을 작곡하고 양정현 선생 무대미술을 맡아 일 년 반 동안 준비하고 작업한 작품이었다. 1년 6개월이라는 긴 시간을 투여하며 작업한 것은 근래에 보기 드문 작업이었다.

새로운 것에 도전해 본다는 마음가짐으로 작업에 임했었다. 3일 동안 객석은 만원을 이루었고 홍보도 잘되었지만 아쉬웠던 점은 우리 무용계의 사람들은 장애인 공연한다고 하니깐 새로운 작품이 아닌 있던 작품 가지고 올리는 줄 알았다고 하는 얘기를 듣게 되었다. 그게 장애우들에 대한 우리의 현실이라는 것을 깨달았다. 춤으로도 이런 이야기를 다룰 수 있다는 것이 그들에게는 새로운 반향을 가져오게 만든 계기가 되었다. 나 역시 기존의 춤추는 사람들과는 다른 일반 관객들과 함께 할 수 있어 고무적인 생각이 들었다. 무용의 새로운 관객이었다.

그래서 '우리 함께 춤을 추어요'가 끝난 다음 욕심이 생겼다. 내가 자식을 가진 정말 엄마로서 장애우를 둔 엄마의 심정을 다뤄보고 싶어 이철용 선생님께 대본을 써달라고 했다. '우리 함께 춤을 춰요'가 장애우를 다루는 첫 번째 시도였다면 이번에는 내 창작 작업의 연장선상에서 작품을 통해 앞의 작업 속에서 떠오르는 춤 적인 아이디어를 심도 있게 펼쳐 보고 싶었다. 나중에 알았지만 '어-엄마 우스섯다'(1997)라는 작품은 이철용 선생 본인의 이야기를 대본으로 써준 것이었다. 토월극장에서 4월 19~20일 이틀 동안 공연을 했다. 이 공연은 장애인의 날과 내 춤 인생 30주년을 기념하는 공연이 되기도 했다. '어-엄마 우스섯다'(1997)는 50회가 넘는 지방과 독일, 미국 순회공연을 해 왔다.

제목은 장애우의 어색한 발음을 그대로 따온 것이다. 내용은 장애를 가진 아들을 둔 어머니의 아픔을 다룬 이야기로 친정어머니와 나와 자식이 작품을 끌고 나가는 것이다. 사랑하는 두 남녀 사이에 장애를 갖고 태어난 아이, 그 아이를 돌봐주는 어머니, 그 어머니를 보고 있는 할머니로 작품의 구조는 이어진다. 아이가 커가면서 또래의 아이들과 놀지 못하고 늘 소외되고 그들을 쫓아 다니다가 나중에는 두꺼비 놀이로 상징되는 사회의 편견에 의하여 죽게 된다. 그 당시 장애우에 대한 사회적인 편이시설을 대변하였다. 죽은 아이를 위해 엄마는 씻김굿을 하면서 자유롭지 못했던 아이의 삶을 달래주고 그 죽음을 죽음으로 끝내는 것이 아니라 역경을 딛고 일어서는 것으로 작품을 마무리 지었다. 스토리텔링을 감안한 극 무용적인 요소를 가미한 작품이었다.

이 작품을 하면서 나름대로 만족했었다. 이 작업들은 또 다른 나의 춤의 세계를 발견하게 되었고, 세상에 대한 또 다른 면을 보게 된 것이다.

5년 전부터는 사회에 장애우를 위한 새로운 인식을 위하여 젊은 무용수와 안무가가 참여하는 공연을 기획하여 나의 생각을 확대했다. 주제는 소외된 사람들에 대한 내용으로 자유롭게 안무하도록 해서 2000년도를 시작으로 대학교 교수한테 추천받아 실시했는데 호응이 좋아 그 다음해 2002년에는 국립극장 달오름 극장에서 공연을 했고, 2004년에는 교육문화회관에서 공연을 했다. 2년에 한번씩 하고 있는데 2006년에도 공연을 올릴 예정이다.

어떤 때 보람을 느끼는가?

교양학부 수업으로 〈무용의 이해〉를 강의한 적이 있다. 수업시간에 교재로 '어-엄마 우으섯다'를 촬영한 비디오를 보고나서 학생들이 놀라움을 표현한다. 어떻게 이런 내용을 춤으로 표현할 수 있는가? 작품을 통해 부모와 자신의 몸에 대한 고마움을 알게 되었고, 이런 작품을 통해 예술의 힘이 얼마나 큰지 새삼스럽게 알게 되었다고 말한다. 작품을 보면서 사람들이 하나 둘씩 장애우들의 삶에 대해 자기 신체에 얼마나 소중 한가 느끼게 되었단다. 영화 '마라톤'도 많은 의미를 담고 있지 않은가? 소중함을 알아가는 것을 볼 때 보람을 느끼게 된다. 놀라운 사실은 장애는 후천적 요인이 70~80%가 넘는다는 것이다. 누구나 잠재적으로 장애우가 될 수 있는 가능성을 갖고 가지고 살고 있으니깐 늘 몸에 대해 감사할 줄 아는 것만 일깨워 줄 수 있어도 큰 역할을 한 것이라고 생각한다.

1980년대 한창 창작 춤이 활성화되었지만 90년대로 접어들면서 창작 춤보다는 전통춤 쪽으로 많은 관심이 치우친 경향을 볼 수 있다. 창작 춤이 정체된 원인이 무엇이라 생각하는가?

1980년대에 창작 춤을 추고 그 중심에 있던 세대였는데, 그 때는 정말 앞만 보고 춤만 추면서 지내왔다. 제대로 다른 일은 못해보고 오직 춤만 추고 살았기에 80년대의 창작 춤이 가능했다고 생각한다. 거의 자는 시간을 빼고 춤을 위해 보냈다고 해도 과언이 아닐 정도로 열심히 살았다. 제자들과 학생들이 춤에 대한 사명감이 투철했다고 본다. 그런데 요즘 학생들은 춤보다 주변에 일에 더 많은 관심이 있는 것 같다.

또 하나는 몇몇 사람을 위주로 하는 나눠 먹기식 지원금 제도의 문제이다. 하는 사람만 늘 하게 되는 무엇인가 열심히 하려고 하는 사람들은 처지게 되는 것도 침체의 요인으로 생각한다. 어느 기준으로 심사를 하고 있는지? 이러한 것들이 90년대 창작을 침체시키는 원인이 된 것 같다.

안무가의 작품성인데 의욕적인 작품들이 안 나온다는 것이다. 그에 비해 수준 있는 외국공연들이 들어오는 것도 이유 중에 하나이다. 요즘은 모든 작품을 쉽게 만들어지는 경향들이 팽배해져 있는 것은 아닌가 하는 등을 문제점으로 지적해 볼 수 있겠다.

무용전문지 〈댄스포럼〉 2005. 9

대중을 위한 문화감수성과 다양함을 찾는 데 주력
창립 25주년 기념행사 치른 한국무용연구회 이사장 윤덕경

한국무용연구회 25주년을 맞이한 소감을 말씀하시면…….

한국무용연구회가 25주년 동안 한국무용계에 미친 영향은 크다. 그 동안 한국무용은 신무용으로 대변되는 범주에서 벗어나지 못하고 있었으며 전통춤도 일본식민지 시대와 전쟁을 통해 소멸되거나 왜곡되고 간신히 몇몇 예인들에 의하여 명맥을 유지하여 왔다. 해방이후에 불어 닥친 서세동점(西勢東占)의 시기엔 발레나 서양의 현대 춤이 호기심과 열망의 대상이기도 했다. 당시 몇몇 뜻있는 분들이 마음을 모아 한국무용연구회를 만들고 한국춤의 새로운 경지를 가꾸어 왔다. 당시로는 유일무이한 한국무용에 관한 관심도 있었지만 학문적 접근을 시도한 한국무용연구회로 그 태동의 의미는 크다 하겠다.

하지만 세상은 변하였다. 변화의 양상은 그 속도와 양에 있어서도 비유할 수 없이 크다. 88올림픽을 통하여 우리 문화에 대한 정체성 찾기, 지구촌 시대를 맞이하여 빈번한 국제교류 이를 통한 영향, 공연예술의 증가로 작품의 양산체제 속에서 혼란한 다양성, 예술분야의 담 허물기 같은 크로스오버 또는 간학문적(interdisciplinary) 접근, 인터넷의 발달과 연관되어 새로운 대중매체와 대중문화의 상업주의 영향, 대중매체와 대중문화 대중인기인의 부각, 동남아로 부는 한류열풍, 문화의 양상이 바뀌고 있는 지금은 우리 한국무용의 오늘의 참모습이 무엇이며 미래의 변모의 양상은 어떻게 될까? 걱정도 되고 앞으로의 과제이기도 하다. 한국무용연구회에서 힘을 모아야겠다는 생각이 들었다.

그런 사유로 해서 25주년을 대비하여 작년에 '한국춤 연구에 관한 맥락적 고찰'이라는 주제를 가지고 심포지엄을 열었다. 그 결과로 한국무용연구회의 25년 성과를 중심으로 자료를 모아 정리하여 논문으로 발표하였다. 우리의 과제이기도 한 앞으로 우리 한국무용연구회가 해온 행사 중에 한국무용제전에 어떤 방향으로 나가야 될 것인가에 대한 고민도 이사들과 많은 논의도 했었다. 그전에 한국무용연구회 25년의 성과라고 한다면 21회째 한국무용제전을 말할 수 있고 논문 24집에 120편 논문과 14회 학술 심포지엄과 18회 지도자 강습을 하였다.

작년 심포지엄 발표한 자료조사를 중심으로 한국창작춤 25년간의 '흐름과 미래 춤 전망'이라는 타이틀로 행사를 하게 되었다. 8월 22일에는 '한국창작 춤의 정체와 새로운 도전, 한국창작춤 25년간의 흐름과 미래 춤 전망' 이라는 타이틀을 가지고 학술심포지엄을 열고 23~24일에는 국립국악원 예악당에서 1부 Opening 갈라 퍼포먼스 공연으로 김문숙 안무 [가사호접(袈裟胡蝶)], 이영희 안무 [삶 - 인식을 위한 명상 퍼포먼스], 국수호 안무 [신무(神舞)II], 김매자 [안무 우주로의 여행], 2부 Something New 퍼포먼스 임현선 안무 [바람이 소리를 만나며], 김운미 안무 [푸리II], 오은희 안무 [살(煞) 그리고 탈(脫)], 24일 최은희 안무 [목숨오름]-꽃을 위한 생명, 백현순 안무 [삶, 그 이상의 고도에서], 최지연(창무회) [천축(天竺)공연으로 제21회

한국무용제전 행사를 성황리에 마쳤다.

이번 공연에 초점을 둔 부분은…….

우리가 앞으로 한국무용연구회가 창작무용을 어떤 방향으로 갈 것인가에 대한 모색을 앞서 심포지엄에서도 발표를 했다. 이 공연의 초점은 한국무용을 연구하고 그동안의 전통을 바탕으로 새로운 창작을 모색해 나가는 시기에 모인 한국무용연구회가 가장 독창적인 창작 춤을 어떻게 하면 만들 수 있을까 해서 무용제전의 참가할 안무자에게 공동자료를 사전에 다 나누어 주고 이번에 공연할 안무가들에게 신작을 내는 조건으로 참여를 했다. 그리고 특별한 경우 외에는 안무자들이 직접 무대에서 공연을 할 수 있도록 부탁을 했다.

이번 공연의 특징이라고 하면 한국창작 작품의 1세대나 2세대를 모두 한자리에 모셔 공연을 하고픈 마음이었는데 극장의 여건도 그렇고 해외에 나가계신 선생님도 계셔서 지금까지 활발히 무대를 지켜 오시면서 버팀목이 되어주신 네 분 선생님을 모시고 공연을 하게 되었다. 김문숙 선생님이 보여주신 [가사호접(袈裟胡蝶)]은 故 조택원 선생님에 의해 창작되어 전 세계적으로 공연된 작품으로 신무용이라고 많이들 알고 계시지만 본인은 그 당대의 창작무용이라고 말씀 하신 기억이나 초청 의뢰하셨나. 삼사하게노 이닝의 선생님의 삭품노 새로 안부해 주셨다. 묘히게도 한국무용 제전 1회 때 참가하신 김매지 님, 국수호 님을 모시게 되었고 지금은 다게하셨지만 그 당시 힌영숙 님과 최현 님도 출연하셔서 다시금 우리 춤의 역사를 돌이켜 보게 되었다.

요즘 대중문화를 중심으로 한 문화산업의 발달은 문화상품을 내랑생산하고 내랑 소비를 자극한다. 문화산업이 야기하는 복제성, 재현성 같은 문화석 변동이 대중에 수용방식에 영향을 주고 있다. 무용분야에서도 무분별한 실험과 성의 없는 다작, 쉽게 작업하여 실적 위주주의 경향, 제자들의 실험적 등용을 위한 작업, 이런 것을 비판하는 시각에서 중견이상의 안무가들로 그들 스스로가 비판적 사고를 통해 오늘 무용계의 고민을 감당하도록 준비했다.

또한 부득이한 사정이 아니면 그 동안 무대에서 열심히 뛰어주신 분들도 무대를 멀리하고 제자들만 무대에 서는 경향이 어느덧 한국무용에 창작무용의 현실인 것 같다. 안무가 자신이 직접 무용가로 참여하도록 독려했다. 이번 공연에 초점을 둔 것은 가장 미래 지향적인 작품이지만 서구적인 경향을 그저 응용하거나 하는 것이 아니라 각자 안무가의 독창적인 작품을 내놓을 수 있을 것인가에 초점을 맞추었다.

또한 갈라공연의 형식을 빌려 무용 1세대인 원로 무용가들의 창작 춤들을 시연함으로 해서 비교하는 자리를 마련했다.

보다 많은 관객과 만나기 위해 인터넷 등 다양한 매체를 통해서 마케팅의 전략의 일환으로 홍보에 관심을 가졌다. 인터넷을 보고 찾아온 관객이 다른 때보다 훨씬 많았던 것과 공연문의가 많은 것으로 보아 앞으로 공연기획에서 마케팅 전략이 필요할 것으로 보여진다.

학술사료에 내한 성과는…….

한국무용연구회의 이사장직을 맡으며 함께 참여하는 연구회로 민들이 가야겠다는 생각을 했다. 이사들의 적극적 참여를 위하여 프로젝트별로 조직들을 만들어 이사들이 참여하여 책임을 맡도록 했다.

지금까지는 일 년에 한 번씩은 항상 논문집을 냈었는데 작년부터는 편집위원들이 내폭적인 개선으로 경상내학교 김비숙 선생과 편집위원을 중심으로 여러 가지 노력을 했다. 학술

자료에 대한 그 동안의 성과는 초기에는 춤과 학문적 관심의 결과물로 지역전통춤 발굴과 정확한 우리 춤의 의미해석 근접 예술과의 관계를 중심으로 논문을 발표하였고 그 이후에는 전통의 현대적 수용 및 당면과제, 예술로서의 춤이라는 방법론으로 전통을 새롭게 해석하는 논문을 발표하기도 하였고 최근에는 예술을 시대에 반영할 뿐 아니라 철학적 가치관에 의해 하나의 흐름을 형성하고 무용을 철학적 접근성을 중요하다고 보아 이러한 맥락 속에서 '미학적 대상으로의 춤과 미의식의 가변성과 미래 춤 방향 모색'이라는 논문으로 이어지고 있다.

첫 번째 목적은 학술지원재단에 대외적 후보지로 올리는 것이 관건이고 두 번째는 편집위원들이 학생들을 지도하고 무대에서 공연도 하지만 나름대로 스터디그룹을 만들었다. 물론 대학이나 대학원에서 배워왔겠지만 나름대로 현대에서 지향하고 있는 논문 지도법이라든지 새로운 방향이 될 수 있는 여러 가지의 방향으로 학술분과를 활발히 움직이고 있는 것이 우리 학술 분과의 특징이다. 또 다른 것으로 보면 학술 분과가 집중적으로 교육과 예술의 접목, 무대에서 보여주는 것과 학술적인 것도 우리가 어떻게 학생들을 지도하고 단계별로 중학교, 고등학교, 대학교, 일반 등을 구분 없이 많이들 움직이고 있다.

그리고 8월 22일 발표한 이번 심포지엄에서 '한국 창작 춤의 정체와 새로운 도전'이라는 큰 타이틀을 가지고 '한국 창작 춤 25주년 흐름과 미래 춤 전망' 기조발제로 이상일 선생님이 '창작무용을 넘어선 컨템포러리 무용시대의 개막'이란 주제를 가지고 좋은 말씀을 많이 해주셨다.

그리고 발제는 두 분이 해주셨는데 김태원 선생님이 '한국창작춤 25년간의 흐름과 미래 춤 전망'이란 주제로 앞으로 가야 될 방향에 대해 말씀해주셨고 두 번째 발제자로 임학선 선생님이 '한국창작무용의 방법론 모색'이란 주제를 가지고 본인이 30년 동안 활동해 온 실기나 이론을 접목해서 단계적으로 설명을 해주셨다. 이번 심포지엄을 통해 진지한 토론도 많이 가졌고 앞으로의 방향과 독창적인 작품에 대해서도 심도 있는 이야기도 많이 나누었다. 한국 창작춤계의 미래를 준비하고 생각할 수 있는 소중한 자리였다.

한국무용제전의 이끌어온 과정을 설명하면……

인사말에도 했지만 한국창작춤의 새로운 정체성 찾기라는 나름대로 모태를 가지고 이번에 한국무용연구회 25주년 행사를 풀어나가기 시작했다. 어떻게 보면 개인적으로나 단체로 볼 때 미래를 위한 준비가 없이는 저절로 이루어지는 건 아니라는 생각을 사회적인 여건이나 한국무용연구회 초기만 하더라도 공연을 한다는 것이 어려웠던 시절도 있었기에 여기까지 온 것에 대해 감사하기도 하고 그동안 무용계의 흐름을 짚어보려했다.

한국무용연구회에서 한국무용제전의 과정을 간단히 말씀드리면 80년대 춤문화를 이룩하는데 큰 기여를 했다고 할 수 있다. 영향력 있는 방송에서 함께 주관해 준 점은 춤 내용의 성장 면에서나 대중화한 면에 큰 힘을 베풀어 준 것이고, 1회 한국무용제전은 한국창작춤의 뿌리인 정체성을 찾는다는 취지로 원로들이 참가하였고 2회 때는 전통의 재해석이라는 실험은 2회부터 5일 동안 13팀이 참가한 대규모행사로 시작했다. 이때 특징은 분단조국 상황과 여성의 몸짓으로 역사적 사실을 표현해 왔다.

1980년대나 90년대 초까지는 공연을 하게 되면 발레, 현대무용, 한국무용의 모든 무용인들이 한자리에 자연스럽게 모일 수 있었는데 지금은 상황이 극장도 너무 많고 모든 것을 아우르기는 어려운 상황이 되었다. 특별한 자리가 아니면 점점 힘든 한국춤의 특징 중에 한국무용연구회가 25년 동안 변함없이 한곳으로 지속적으로 해왔다는 것도 한국인의 심성 중 하나인 은근과 끈기가 아닌가 하는 생각도 해봤다.

그동안 많은 논란이 있었던 것도 사실이다. 행사를 시대에 맞게 다양성과 세대변화에 맞춰야 한다는 얘기는 회의 때 마다 나왔지만 그러기 때문에 지금까지 용어와 타이틀도 바뀌지 않았다. 한국무용연구회의 처음 심포지엄 제목이 무용과 근접예술과의 교류였다. 어떻게 보면 춤을 춤으로만 보지 않고 그 당시(1982년)에 근접예술과의 교류라는 것에 새삼 놀랐었다.

1981년도에 김매자 선생님이 이사장으로 계실 때 첫 번째 한 심포지엄 내용이었는데 창작, 실기, 이론, 교육이 어우러진 것이라 볼 수 있는데 예술 창작이라는 것이 하나만 가지고 할 수 있는 것이 분명히 아니기 때문이다. 그 당시에 심포지엄의 발기인 명단을 보면 음악, 조명, 연출, 연극 등 이런 분들이 참여를 했는데 이 자체만으로도 대단한 일이었다.

한국무용제전이 MBC와 공동주최로 열렸는데 그 당시에는 획기적인 일이라 할 수 있었다. 한국무용이 당시 가장 영향력 있는 방송매체와 공동으로 주최함으로 무용이 대중에 다가 가는 진일보하는 계기가 마련되었다. 그리고 매년 실시되는 무용제전에 주제를 선정하고 같은 주제 속에서 각기 다른 작품을 소화하고 해석하는 일을 통해 보편성과 득수성의 문제를 비교 분석할 수 있는 자리가 되었다. 처음엔 한국무용 중심 이었던 것을 나중엔 발레, 현대무용을 동참하게 함으로 당시의 한국춤계의 분야를 모두 아우르는 축제의 자리가 되기도 했다. 한편 한국춤의 전통에 비롯된 한국춤의 재모습 찾기도 꾸준히 시도되었다.

우리 전통춤인 승무, 강강술래, 실풀이, 춘앵무, 처용무 등이 한국춤 안무자들에 의해 재창조되어 관객 앞에 등장했다.

그전까지는 전통무를 해체하여 적극적인 방법으로 관객 앞에 학술적인 방법을 통해 무대화 시키는 것이 거의 없었다. 87년도에는 [사라진 울타리]라는 작품을 가지고 나도 적극적으로 한국무용제전에 참여를 했었다. 90년대에 들어와서는 우수 레퍼토리나 지역 활성화를 먼저 생각해서 그쪽 분야에 치중을 많이 했었고 내가 2000년도에 이사장을 맡으면서 뭔가 새롭게 재정비를 해야 되지 않겠냐는 생각에 다양하게 다시 확대해서 조직을 개편해서 상임이사와 일반이사로 해서 50명 정도로 구성을 한 상태다.

향후 목표는……

학술적인 면에 치중을 하고 시대와 더불어 현실적인 무용계가 취업, 전문성, 세분화 등 많지만 일단 춤 교육적인 면에 치중을 해야 되지 않나 싶다. 지금까지 일 년에 하는 행사가 한국무용제전, 심포지엄, 강습회, 논문집 발간, 젊은 안무가에게 기회를 주는 젊은 안무가전도 계속 해왔는데 있는 행사는 지속적으로 할 계획이고 지역적으로 지역문화발굴에 치중을 해서 공연만이 아닌 실직적인 지역 춤을 활성화 해볼 계획이다. 최근 지역사회중심의 문화 콘텐츠 개발이 국가적 차원에서도 관심거리인 것으로 보인다.

한국무용연구회에서는 지역순회 공연 등을 동하여 상내적으로 소외 받는 관객을 위하여 관람인구의 저변을 확대해왔지만 앞으로는 지역이 갖는 특성에 기인하여 지역의 전통과 지역사회의 인프라를 중심으로 지역사회의 무용문화 리터러시(literacy) 함양을 위한 각종 연구에도 힘을 쓸 예정이다. 올해 각 지역에 활동 거점을 두고 있는 이사들로 대폭 참가하도록 해서 논의 중에 있다.

이사장 취임 후 한국무용연구회가 더욱 활발한 활동을 하는데……

90년대부터는 무용계가 팽배해져서 '춤의 르네상스', '공연의 르네상스'라고 할 만큼 양적 증가로 공연이 이루어 졌는데 어떤 단체에 모여서 힘을 합한다는 것은 주변의 내실을 기하고 공연의 확대보다는 지금 해오고 있는 행사를 현실에 맞게 춤교육과 맞물려 업그레이드를 시켜야 되지 않을까 생각을 하고 있고 최선을 다할 생각이다.

무용 교육에 있어서 감안해야 할 점은 문화의 포퓰리즘(popularism)의 경향으로 개인이 갖는 다양성과 독특성에 기인하는 집단적, 대중적 인기와 경향에 압도됨으로 본질적 문화 건강을 기대하기 어려운 것 같다. 춤의 예술성에 기인한 대중을 위한 문화 감수성을 높이는 무용을 문화 교육적 측면에서 더 많은 연구가 이루어져야 할 것이고, 무용의 교육적 입장에서 간과하지 말아야 할 대목이다.

지금은 모든 것이 인터넷의 영향이 있어서 춤에 관한 관심은 많아 졌지만 우리가 그 사람들을 가깝게 접근 시켜 앞으로 어떻게 끌고 나갈지도 고민이고 숙제인 것 같다.

계획은……

한국무용제전은 기획에 전문성 있는 분한테 자문을 받아서 춤에 예술성과 공연기획의 전문성을 접목해서 더 많은 관객들이 우리 춤의 관심과 우수성을 알려야 할 것 같고 좀 더 우리의 전통춤과 한국창작춤 발전을 위하여 다각도의 모색을 찾고 있다. 예를 들어 전통무용도 중요무형문화재 몇 가지로 국한되어 이루어지고 있는 형태지만 대학에서 현장에서 무대에서 학원에서 등 지역문화재를 더욱 더 활성화 하여 강습회와 학술분야에서 각 지역이 춤 발전과 우리 춤의 아름다움과 다양성을 연구해야 할 것 같다. 이를 바탕으로 한국무용연구회 이사들이 1차적으로 전면에서 작업을 하고 주변에서 우리 춤에 관심을 가져 주시는 분들께서 지속적인 관심을 가져 주었으면 합니다.

하고 싶은 말씀은……

예전에는 공연을 할 때 조건이나 여건을 생각하지 않았다. 사실 그 당시가 조건은 더 열악했었는데 너무 그립기도 하다. 춤에 대한 예의도 배우면서 기획도 배운 것 같다. 지금 어린 제자들을 보면 즉흥적이고 모든 것을 너무 빨리 배우려고 하고 싫증도 빨리 내는 것 같다. 한번 더 생각하고 기다려보는 마음가짐의 자세를 배워보라고 이야기 해주고 싶다. 우리 무용계가 전체적으로 분산되어 있는데 춤의 길을 끝까지 걸으면서 화합할 수 있는 획기적인 대안이 마련되었으면 한다.

이정후 기자 무용전문지 〈댄스포럼〉 2007. 9

윤덕경무용단 20주년을 맞은 윤덕경

**윤덕경무용단이 20주년이 되었는데
처음 무용단을 만든 취지와 지금 달라진 점이 있다면**

이화여자대학교 무용과를 졸업하고 한국무용 전공자들로 구성된 창무회 활동을 꾸준히 해왔다. 81년 창무회 2회 정기공연인 '소리 사위'는 창무회원들의 공동 작업이었다. 작업을 하면서 회원들의 다양한 아이디어가 작품으로 표출되었을 때 갖는 신선한 충격과 매력은 나의 무용 창작 작업의 시작이었다. 그 후 창무회 활동에서 개인 안무인 '연에 불타올라'를 시작해서 많은 작품을 안무하고 출연하였다. 또한 창무회 회장과 창무춤터 대표를 역임하면서 김매자 스승에게서 많은 배움을 가졌다.

89년 서원대학교 무용과 교수로 부임하면서 새로운 왕성한 의욕이 생겼다. 나름대로의 작품 활동이 필요했고 여건도 주어졌다. 나에게도 열성스런 제자들이 생겼다.

무용단을 만든 것은 대학에서 학생들에게 무용을 더욱 충실히 가르치기 위해서는 이들이 활동할 장이 필요했다.

초기에 학생들과 작업을 하는 일의 문제는 뛰어 난 무용수의 미숙함이 어려움이었다. 그래서 안무에 있어서도 공간의 구성에 중점을 두고 군무를 통한 미적 아름다움을 추구하려고 노력했다.

지금은 회원들이 성숙해져서 30대 후반과 40대 초반의 단원들로 이루어져 원숙미라든가 개인의 의견을 많이 반영하는 모습으로 바뀌었다. 단원들의 안무 작품도 많아졌다.

**개인 무용단을 20년간 운영을 한다는 게 참 힘든 일인데요.
어려운 점이 있다면**

'10년이면 강산도 변한다.'는 옛말이 있다. 하지만 이야기는 정말 옛말이 된 것 같다. 요즘의 변화는 상상을 초월한다. 예술계 특히 무용분야의 변화도 괄목할 만하다. 그러니 그 변화에 적응하는 일이 정말 어려운 일이다. 잠깐 개인적으로 슬럼프에 빠지면 그 변화를 놓치기 때문에 쉬지 않고 달렸다. 해마다 새로운 창작 작품을 무대에 올렸으며 평소 제자들의 의욕을 북돋기 위해 동기를 부여하는데 적극적이었다.

어려웠던 일은 기량이 뛰어난 단원들이 이런 저런 이유 때문에 활동을 중단 할 때이다. 많은 단원들이 결혼과 출산을 계기로 떠난다. 요즘은 부모들의 관심이 높아 공부다 하는 일로 자식과 함께 외국에 나가 사는 일들이 빈번해졌다. 또 한 이유는 현실적인 생활의 문제로 더 이상 순수한 예술에 머물기 어려워하는 점이다. 요즘엔 연습과 작업에 필요한 시간을 정하는 어려움이 있다. 사는 곳과 시간 여건의 어려움으로 인해서다. 그러나 예전에는 거주지가 다양함에도 불구하고 제주에서 부산, 정읍, 남원, 강릉에서도 주말이면 만사를 제치고 청주와 서울을 오가며 연습한 열성에 지금 생각해도 대견하고 고마운 일이다.

그동안의 작품을 소개해 주신다면

초기의 작품들은 인간에 관한 고민이었다.

첫 개인안무 작품은 '연(緣)에 불타올라'였다. 인간의 영원한 주제인 사랑을 불교의 윤회(輪回)사상에 접목하여 삶의 본질을 생각하는 작품이었다.

첫 개인무용발표회에서 발표한 '가리마'는 1시간 동안 공연된 작품이다. 가리마는 여자들의 정갈한 머리 모습이다. 여인이 출생하여 성장해가는 가운데 가부장적인 유교문화의 속에서 여성의 삶을 표현했다. 여성에 관한 사회의 왜곡된 인식 속에서도 꾸준히 자신을 찾아가고 가꾸어 가는 모습을 가리마로 상징하여 표현했다. 이작품은 당시 1986년 연말 한국일보 선정 '올해의 무용 베스트 5'에 선정되기도 했다.

나의 무용의 또 다른 모티브는 자연이다.

작품 '산(山)'은 서원대학교 부임하면서 창작되어진 첫 작품이다. 또한 전문무용단으로 바뀐 '창무단'의 상임안무가로서의 첫 작품이기도 했다. 새로운 의욕과 당시 무용작품들의 경향을 비판적으로 바라보면서 이를 극복하는 작품을 만들어 보고 싶었다.

당시는 변화를 모색하는 수많은 새로운 시도의 경향의 작품들이 있었다. 그러나 그 모습들은 변화 자체에 급급하여 제 모습을 잃고 방황하는 모습으로 보였다. 한국창작무용에 있어서 저고리만 벗어 던지고 타이즈를 입는다 해서 새로운 작품이라 할 수 없다.

한국창작무용이라 하면 적어도 우리 춤의 정체성을 갖고 있어야 한다고 생각했다. 전통의 춤사위를 분석하고 그 사위 속에서 오늘에 필요한 심성과 정체를 밝히고 이를 오늘의 정서와 보편성을 감안하는 새로운 정서에 와 닿는 예술성 있는 작품을 만들어 보고 싶었다. 산은 변함없이 그 곳에 서있는 진리이다. 진리가 있는 우뚝 선 산처럼 무용의 그곳을 찾아보고 싶었다. 변화에 휩쓸리기 보다는 변화의 소용돌이 가운데서 변화를 주도해 보고 싶었다.

'산'은 무용이 갖는 기본적 특징인 미(美)적 아름다움을 추구하려 했다. 무대를 이렇게 구성하고 분할하며 높낮이를 이렇게 형성하는 것이 미적 정서에 와 닿을 수 있을까. 무용수의 동작은 한국춤이지만 현대 감성에 와 닿을 수 있는 춤사위와 표현을 어떻게 이루어 질 수 있을까. 마침 지금은 서울대 교수인 작곡가 오용록 선생과 의상의 선미수 선생, 무대미술 오경숙 선생과 의기투합해서 토론과 토론을 거듭해서 심혈을 기울여서 만든 작품이다.

이 작품은 국내에서만 36회, 국외 15개국에서 22회 공연된 작품이다.

'보이지 않는 문(門)'의 주제는 인간의 삶이었다.

윤덕경무용단의 중심 단원들은 제자들로 구성되었다. 92년, 교수로 재직한 지 4년째 가르친 제자들이 첫 졸업생들이 나왔다. 개별적으로 가르쳐왔던 이화여자대학교 무용과 졸업생들을 합류시켰다. 이젠 무용수로 기량이 어느 정도 갖추어 졌고 자신감도 생겼다.

이 작품의 주제에 대한 생각과 모티브는 이러했다. 무용과 함께 한 삶을 돌아보면 곳곳에 단계가 있었고 통과해야할 문(門)들이 있었다. 엄마 손을 잡고 무용학원, 이화여자대학교의 입학, 졸업 후 창무회 회원으로의 활동, 회장과 창무춤터의 대표, 서원대교수, 윤덕경무용단 창단 같은 연속의 사건들은 사람의 삶과 죽음의 통과 의례처럼 신성하게 자리 잡고 있다. 보이지는 않지만 또렷이 보이는 문이다. 사람이 태어나고 성장하며 결혼하여 가족을 이루고 자식을 낳아 가르치고 사회의 동량으로 키우고 인생의 고비마다 대나무의 마디처럼 통과의례를 거치며 살아간다. 우리의 심성은 통과의례를 통하여 대를 이어간다. 죽음이라는 통과의례도 자손의 대를 이으므로 죽는 것이 아니라 사는 것이다.

'어엄마 우으섯다'는 그 동안 나의 작품 활동에 대한 반성이다. 97년 토월극장에서 초연되었다. 나의 무용의 또 다른 주제는 사회와 이웃에 대한 관심이다.

공연을 관람한 관객들이 무용은 이해하기 어렵다고 한다. 무용은 너무 소모성이 강하다고 지적하기도 한다. 세상 사는데 무엇이 도움이 되느냐 사회에 어떻게 기여하느냐 묻기도 한다. 예술을 모르는 문외한들의 이야기라고 할 수 있다. 그러나 난 고민했다. 어떻게 하면 관객이 이해하기 쉬우며 감명을 줄 수 있을 것인가. 무용이 사회의 문제를 발굴하고 고발하며 사회구성원들의 인식을 바꿀 수는 없는 것인가. 바뀔 수 없어도 환기시킬 수 있는 것은 아닌가.

그 때, 우연히 찾아온 장애인들에 대한 관심이다. 휠체어를 타고 거리로 나와 보기도 하고 수화를 배우기 했다. 장애인과 관련되는 세미나와 토론회에 참가하기도 했다

장애인의 아들을 둔 엄마의 이야기를 통해서 장애인에 대한 사회인식을 환기시키는 작품을 만들어 보기로 했다. 또한 무용을 스토리텔링의 형태로 관객들에게 이해하기 쉽게 하려고 했다. 제목도 장애인 엄마의 웃는 얼굴을 보고 즐거워하는 소리를 구어체로 사용했다. 의도한 것은 아니지만 관객들이 박수치고 눈물을 짓는 감동의 장면이 나타났다. 이 공연은 기존의 무용 매니아보다는 일반대중을 위해 발표하기 좋은 무대 잘 갖추

어진 무대를 찾기 보다는 여건은 어렵더라도 관객을 찾아다니며 관객의 만족을 위해 지역사회를 순회하거나 복지시설을 찾아가면서 장애인의 복지라는 차원을 넘어 장애의 문화예술이라는 새로운 관심을 환기시키려 노력한 작품이다.

'더불어 숲'은 신영복선생의 세계를 돌아보면서 느낀 여행기에서 착안했다.

신영복 선생과의 만남은 기존에 갖고 있는 내 관심을 증폭하는 계기가 되었다. 책자 더불어 숲은 여행을 하면서 각 나라와 각 민족이 모여서 더불어 살아가는 숲을 만들어야한다는 감상을 글로 표현하고 있다. 오늘 우리사회에서 일어나고 있는 다문화 가정의 현상도 이와 같은 입장에서 다루어 져야 한다. 이 무용작품은 99년 윤덕경무용단 창단10주년을 기념하기 위하여 안무되었다.

난 이때 장애인을 비롯한 사회에 소외된 사람에 대한 관심이 높았었다. 사회는 잘사는 사람 못 사는 사람, 소외된 사람, 노인과 어린이, 각각 다른 수준과 관심의 사람들 아픈 상처와 어려움에 처한 사람들이 모여서 산다. 그러나 사회는 거짓과 폭력, 차별과 파괴, 부패와 독점, 갈등과 긴장으로 가득한 위선의 세상이다. 이를 넘어서고 구성원 각자에게 따뜻하고 서로 인격적으로 존중 받고 부족한 사람을 도와 서로 기대어 어우러져 기대고 살아가는 사회의 당위성을 표현하고 싶었다.

'슬픔도 기쁨도 넘치지 않고'
2000년대에 들어서면서 나의 작품은 나를 반추한다. 어떻게 살아야 하는가. 어떻게 살아가야 하는가. 2005년 작품 '슬픔도 기쁨도 넘치지 않고'는 그 앞 2002년도 작품 '조용한 시간, 그 깨달음'의 연작과 같은 작품이다. 덕소에 자그마한 절이 있다.

묘적사(妙寂寺)이다. 묘하고 신기한 고요함이라 했는데 세상만사의 인간의 번뇌와 눈을 감으면 몰려오는 마귀들 깨달음의 경지에서 그 시끄럽던 번뇌는 어디가고 어둠의 마귀들은 흔적 없이 사라지고 깨달음의 기쁨 만 충만한 고요함이 있구나. 불교와 관련되는 용어 일 것이다. 남방불교의 수행인 '위파사나'에서 소재를 따온 '조용한 시간 그 깨달음'이다. 이 작품이 종교적 심성에서 출발했다면 '슬픔도 기쁨도 넘치지 않고'는 내 삶과 내 무용에서의 삶에서 깨달음으로 이루어 보려는 2005년의 작품이었다.

누구나 아는 전통무용 살풀이는 슬픈 운율에 슬픈 듯 슬픔을 이겨낸 당당함이 있다. 자진모리로 이루어지는 후반부는 즐거움이 넘치는 애교가 있지만 접근하여 희롱하기는 어려운 기개와 힘참이 있다. 사물장단이 흥겹게 몰아치지만 그 소리 속에는 태평소의 애절함이 있다.

우리 춤은 희로애락을 잘 표현하는 서양식 양식보다는 표현을 절제하여 은은히 비치는 여백이 있다. 인간의 삶도 무용의 삶도 이러하다. 슬픔 가운데에서도 슬픔을 이겨내는 슬기와 좌절하지 않고 정진하는 마음이 거기에 있고 기쁨의 표현도 다른 사람의 상대적 박탈감이나 부러움을 감안 감추는 절제가 있어야 한다고 생각한다.

혼자 춤 '밤의 소리'

'현대 춤 작가 10인 전'은 다른 공연과는 달리 명무전의 형식을 빌려 군무가 아닌 개인 무용을 중심으로 이루어진다. '밤의 소리'는 나의 혼자 추는 춤의 레퍼토리 중에 하나이다. 91년에 처음 이 공연에 초청되어 발표된 춤이다.

작곡가 황병기 선생은 나의 첫 공연이었던 '연에 불타올라'를 무용을 위한 음악으로 작곡해주셨던 인연으로 그 후의 작품 '무혼(撫魂)', '영목(靈木)', '보이지 않은 문'등을 작곡해주셨다. 어느 날 가야금 음악을 들려주시면서 새로 작곡한 음악인데 들어보고 춤으로 표현해 보지 않겠느냐고 했다. 집에 와서 음악을 듣고 감흥과 설렘으로 밤을 꼬박 새웠다.

이것이 춤으로 창작된 혼자 춤 '밤의 소리'였다. 그 후 이곡은 음반으로 발표되었다. 이 작품은 밤의 정원에서 만나는 소요를 춤으로 극대화한 작품이다. 감성적이고 유미적이며 예술성이 잘 표현된 아름다운 작품으로 회자되었다. 그 후 몇 번은 황병기 선생이 무대에서 함께 출연 연주를 직접하고 그 연주에 따라 춤추기도 했다. 그 후 이 무용은 서원대학교 박현숙 교수의 가야금 연주로 늘 함께했다.

무용단 출신들 중 활발히 활동하는 분들은 누구인지요.

현재 정단원 11명, 객원단원 5명으로 이번 공연에 16명이 참여한다. 윤덕경무용단에서 활동하다 국립, 도립, 시립무용단에서 활동하고 있는 김현아, 김한덕, 강민호, 송미혜, 강원구, 강영아, 김수진, 류은정, 김난희, 최정수 등이 있고, 무용학원을 운영하는 이숙현, 진현실 등 해외에서 활동하고 있는 김은희, 홍미영, 안혜임, 신선미 등과 각 대학교에 강의를 맡고 있는 박덕상, 김윤희, 손정민 등이 이 순간 기억이 나는 왕성하게 활동했던 단원들이다.

이번에 공연하신다는 신작은 어떤 작품인가요

이번 작품의 제목은 '화려한 백야(白夜)'이다.

자연의 현상은 참 아름답다. 또 늘 부족한 인간들을 깨닫게 한다. 늦여름 강변을 차로 달리다 맞는 저녁놀은 환상이며 물결처럼 밀려오는 슬픔과 기쁨 오묘함을 느끼게 한다.

문득 여름철 해가 지지 않고 잠깐 어두워졌다가 다시 새벽이 오는 백야(白夜)가 생각났다. 백야는 지축이 지구의 공전궤도면에 대해서 기울어 있기 때문에 일어나는 현상이라는데 고위도 지방에서는 하지(夏至) 전후에 밤에도 하늘이 희미하게 빛나는 박명 현상이라고 했다. '백야는 지구의 공전궤도가 기울어 져 있기 때문에 가능한 일이며 기울어져 있지 않고 완벽하게 서있다면 일어날 수 없는 현상이다'라고 생각이 머물자 '사람의 삶이, 사람의 모습이 완벽해서 기울지 않게 서 있는 사람은 어디 있는가.' 그 부족함을 이겨내고 그 부족함을 승화해서 인생의 아름다움으로 나타나는 것이 아닌가. 이런 생각이 떠올랐다.

젊었을 때 열정과 진실로 어려움을 극복한 어르신들은 아름답다. 신체적으로 불편한 장애인들은 그를 극복하고 사회의 편견에 마주 선 모습은 아름답다.

세상 인간은 누구나 부족하고 부족하다. 누구나 다 어느 면에선 아이 같고 어느 면에서는 장애인 같고 어느 면에서는 노인과 같다. 모자라고 부족해서 두려워하는 사람들이 오히려 다른 사람을 소외하고 외면한다. 알고 보면 완벽하지 않은 지구의 모습에서 백야가 이루어지듯이 사람의 모자란 두려움 때문에 악한 마음으로 형상화되어 장애인을 노인을 차별하고 소외하고 어린이를 어른의 힘으로 윽박지른다.

백야는 어둠을 두려워하고 두려워해서 하얗게 밤을 세는 박명이다. 지긋 지긋한 어둠을 싫어해서 온힘을 다해서 참고 견디고 감싸 안아 어두움을 극복한다. 진주의 영롱함은 조개의 살을 감싸고 감싸 아픔을 극복해서 이루어진다. 어린아이가 장애인이 노인이 세상에 차별받는 이가 이를 극복하고 세상에 쉰 목소리로 외쳐서 하얀 백야를 만든다. 그리로 부터 진주처럼 영롱한 화려한 외출을 꿈꾼다. 이런 생각으로 작품을 만들었다. 그래서 해 돋은 일출과 중천의 백주와 해지는 일몰이 정상적 관계라면 백야는 부족함을 이겨낸 화려함의 극치라고 설정하고 작품을 만들었다. 작품의 구상과 안무는 미국에 교환교수로 있으면서 나의 과제였다. 음악도 미국에서 미국인과 토론과정을 통해 만들었다.

작품은 다섯 장면으로 구분된다. 신비로움과 생명의 탄생을 표현하는 일출, 화려함과 열정의 시기로 성장과 도전을 표현한 백주, 석양은 저녁의 햇빛 아름다워 절정이지만 아쉬운 미련이기도 하다. 일몰은 일생의 의미를 확인하고 여유로움과 안정감을 표현하기로 했다. 또 다른 반전인 백야는 그럼에도 불구하고 극복을 통한 환희이다.

〈춤과 사람들〉 2009. 8.

무용은 사라져도 춤은 남을 것입니다.
커뮤니티댄스에 관한 고찰

일　시: 2015년 3월 13일(금) 오후 5시
장　소: 〈몸〉지 편집실
사　회: 임수진(〈몸〉지 편집장)
참석자: 윤덕경(서원대학교 교수, 한국춤협회 명예회장, 장애인문화예
　　　　술진흥개발원 부이사장), 장은정(서울예술대학교 무용과 초빙
　　　　교수, 장은정무용단 대표), 최경실(스프링댄스시어터 대표, 간
　　　　다비아춤문화연구소 소장)
정리: 손예운(〈몸〉지 기자)
사진: 최인호

　'무용의 대중화'는 무용계에서 흔히 들을 수 있는 캐치프레이즈다. 그 길에 다다르는 데에는 여러 갈래가 있겠지만 커뮤니티댄스는 그 무엇보다 대중에게 긴밀하고 직접적으로 스며든다. 최근 커뮤니티댄스가 유행하면서 각종극장과 단체들 사이에서 발생하는 가운데, 세 명의 무용가를 한 자리에 모시고 커뮤니티댄스의 올바른 방향과 진정한 의미를 짚어보았다. 대중과 뒤섞이면서 춤의 가치를 나누는 이들의 시선이다.

　임수진: 먼저 각자 집중하고 계신 활동에 대해 소개해 주세요.

　윤덕경: 이 좌담에 참여하게 되면서 제가 커뮤니티댄스와 어떤 연관이 있는지 고민을 해봤습니다. 한 공동체 안에서 같은 생각을 가진 사람들이 모여 하는 것이 커뮤니티라고 한다면 커뮤니티댄스는 춤을 통해 그것을 이루어내는 것입니다. 이 맥락에서 저는 장애인들의 영역에서 커뮤니티댄스를 하고 있지요. 그들을 교육시켜 전문무용수들과 함께 무용공연을 만드는 측면에서 커뮤니티댄스와 닿아 있다고 생각합니다.

　최경실: 저는 저만의 원형성을 가진 무브먼트와 인간 냄새가 나는 표현의 지점을 찾고 싶었어요. 그래서 선입견 없고 훈련되지 않은 몸을 가진 일반인들과 만났습니다. 그들과 작업하며 순수예술의 의미를 지닌 무용이, 사회의 보편적인 구조와 소통할 수 있을지 고민했어요. 춤 소비자들이 춤을 이해하는 데 도움이 되고 싶었고요. 그러면서 제가 공부하던 부분과도 맞닿아서 현대무용의 테크니컬한 문제보다는 자연스럽게 인간의 삶 이야기를 다루게 되는 모습으로 흘러가게 되었어요.

　저는 발레, 현대무용, 한국무용을 전문적으로 배웠지만 무엇보다 인류보편적인 춤을 찾고 싶었습니다. 그것이 무용을 전공해 배운 안무가의 역할중 하나라고 생각했고요. 서양에서 폐기처분한 형식을 우리는 뒤따라 받아들이고 있는 모습도 문제라고 반성했어요.

　장은정: 커뮤니티댄스라는 말이 요즘 들어 자주 회자되는 것 같은데요. 저는 커뮤니티댄스라는 용어를 표방하고 시작한 것이 아닌데 제가 하는 일이 이 영역으로 영입되고 있는 추세 같아요. 저도 작업자로서 30년 이상을 살다보니 우리가 하는 작품이나 공연이 소모적이라는 생각이 들었어요. 앞서 최경실

선생님께서 말씀하신대로 춤의 초심을 잃어버려서 형태에 치우치게 되고, 춤과 싸우게 되는 지경에 이르는 것을 경험했죠. 요즘 대중화나 소통이라는 화두를 생각했을 때 특히나 무용은 참 폐쇄적인 장르의 예술인 것 같아요. 그래서 누구보다도 춤추는 우리가 깨어야겠다고 생각해, 오래전부터 저는 다른 형식과 형태를 가진 무용을 만들어보고자 하는 마음으로 시작했었어요. 우리가 사는 이야기를 바탕으로 어렵지 않고 여자들이 모여 수다 떠는 듯한 공연을 만들어보고자 했죠. 그래서 2011년 춘천아트페스티벌 10주년 공연을 하면서 다양한 연령과 직업의 여성들과 작업하면서 가장 많이 고민하고 공부하고, 정말 뜨거운 호응을 얻은 작품이 만들어졌었죠. 그때 저의 30년간의 춤춘 시간이 망치로 뒤통수를 맞는 기분이 들었어요. 그를 단초로 〈당신은 지금 바비레따에 살고 있습니다〉 시리즈를 만들어 현재까지 4년간 하고 있습니다. 저의 작업이 커뮤니티댄스라고 불리는 것에도 조금 무서운 부분이 있고요, 나만의 작업 중 표현의 확장이라고 생각합니다.

'무용을 위한 무용' 순수예술의 틀 밖으로

임수진: 근대 이후 국내 무용계는 엘리트문화로서 제도화되며 성장했죠, 세 무용가 분들 역시 그러한 배경에서 성장하셨는데요. 이 틀 안에서 벗어나 대중과 직접 만나면서 지금까지와 달라지는 성체성과 예술가로서의 지향점으로 혼란을 겪기도 하셨을 것 같습니다.

윤덕경: 장은정 선생님의 말에 공감하는 바대로, 무용가들은 일정한 틀과 형식을 추구했고, 미적 감성에 치우쳤어요. 저도 언젠가 딜레마에 빠지면서 매너리즘이 생겼지요. 그러다 어느 날 장애인 작가분의 대본을 받게 되어, 장애인의 이야기가 담긴 무용작품을 만들게 된 계기가 되었죠. 쉽지는 않았지만 수화를 사용해 표현의 영역을 확대한 안무를 시도했습니다. 1995년이었어요. 어떤 다른 작품보다 큰 관심을 쏟아 공연을 올렸는데, 당시 무용계에서는 외면하는 느낌이더라고요. 실망스럽기도 하고 창작무대공연에 대해 다시 고민도 하게 됐어요. 하지만 이러한 작품 만드는 과정을 통해 비장애인들의 인식 개선에 도움이 되리라는 믿음이 생겼어요. 장애인들을 이해하기 위해 공부도 하고 장애인들의 행사와 토론장에 쫓아다녔습니다. 이제는 공연장에 장애인 지정석이 따로 마련되고 램프(경사로)나 엘리베이터, 화장실도 따로 준비되어 있지요.

최경실: 고민이 많았죠, 사람들에게 춤을 통해서 좋은 영향과 즐거움을 줄 수 있어야 하는데, 우리는 오히려 피로감을 주지 않는지, 원하지 않는데 우리만 억지로 하고 있는 게 아닌가, 우리 사회에서의 춤은 정말로 건강한 걸까, 오히려 무용이 치유 받아야하는 것이 아닐까, 등의 생각을 했어요. 결국 저는 춤은 가치가 있다, 춤에게는 죄가 없다는 결론이 났어요. 단지 우리의 방식이 잘못된 거죠. 서양에서 폐기처분한 것을 우리는 늦게 받아들이고 있는 모습도 문제라고 생각하고 반성했고요. 우리 각자의 것을 해야 하는데 말이죠.

제가 커뮤니티댄스를 한다고 하면 그게 순수예술이냐는 물음도 있고, 제가 어려운 무용 테크닉을 못해서 쉬운 길을 택했다고 생각하기도 하더라고요. 저도 발레, 현대무용, 한국무용을 배웠지만 인류 보편의 춤을 찾고 싶었어요. 그것이 무용을 전공해 배운 안무가의 역할이라고 생각했고요. 그래서 춤은 누구나, 어디서나 출 수 있으며 무엇이든 출 수 있다는 것을 발견했습니다. 저는 일반인과 작업을 할 때도 즉흥으로 일단 접근해요. 그들을 통해 문명이 발달하고 예술가와 관객이 분리되면서 우리 모두에게는 내재된 창조성이 사라졌다는 것을 알게 됐고요. 오늘날 사회에서는 더욱이 누구나 예술을 할 수 있다고 생각하는 시대인데, 춤추는 예술가와 박수치는 관객을 분리시키면서 예술이 춤을 사람 사이를 멀게 한 것이죠. 많은 공부를 통해 저는 춤은 무한하고, 위대하다는 것을 느낍니다. 현장에서 작업하면서 자연스럽게 느끼게 됐습니다. 이 시대 사회의 많은 문제에 대한 처방은 바로 춤이라고 생각해요.

장은정: 제가 대중과 직면했을 때, 물론 이전까지 제가 해온 것이 잘못된 것이라고 생각하지는 않지만 30년간 고답적으로 해온 예술에 대해 되돌아보게 됐지요. 어쩌면 제가 치열하게 해왔기 때문에 자연스럽게 이 영역으로 올 수 있던 것 같고요. 저는 최초로 춤을 시작한 그 날 후로 지금 오히려 뭐라고 설명하기 어려운 어떤 행복감을 다시 느껴요. 사람들과 경험하는 것이 제 작업에 오히려 좋은 영향을 미치고 도움 됩니다. 이 사회의 창작자로서 돈은 받아 내 공연을 올리는 게 어떤 의미가 있는지 다시 생각해보게 됐고요. 지원금을 위한 공연, 공연을 위한 공연도 사라진 지금 오히려 저는 더 편안하고 행복해졌어요.

3-4년 전부터 커뮤니티댄스 붐이 일어나 극장이 상주단체에게 요구하는 등 우후죽순 하죠. 그곳에 있는 무용가들에게는 혼란일 수도 있어요. 아직 활발하게 춤을 춰야하는데 말이죠. 제가 경험한 바에 의하면 일반인들을 대할 때 우리는 엘리트 의식을 내려놔야 합니다. 좋은 가이드가 돼야지, 가르치겠다는 생각은 버려야 하고요.

공동체 의식 끌어내기 작업 '같이'와 '가치'의 소통

임수진: 문화예술계에도 대중정책이 반영됨에 따라 지원제도가 커뮤니티댄스를 요구하고 있는 점도 있죠. 그래서 이 분야를 마치 유행처럼 단순하게 생각하는 경향들도 보이는데요. 커뮤니티댄스의 진정한 가치에 대해 더 집중해서 이야기해 보

죠. 과거 전통사회에서 공동체 내에서 전문가와 비전문가 구분 없이 이루어졌던 민속춤이 현대사회에서 전문가와 대중의 만남으로 이루어지고 있습니다. 무엇보다 작업을 하실 때 하나의 공동체로서, 어떻게 수월한 소통을 이뤄내고 계신지 궁금합니다.

장은정: 커뮤니티댄스라는 것은 어떤 지역이나 계층, 취향이 모여 공공의 것을 나누는 것이죠. 저는 몸, 춤, 삶을 함께 나누어보자는 마음으로 시작했죠. 공동체 사람들과 만나기 위해 웹사이트에 모집공고를 내면 신기하게도 사람들이 여러 가지 동기를 가지고 찾아오더라고요. 저는 나이나 직업에 개의치 않고 이름짓기 작업부터 시작해요. 이 장소에 들어오면 무조건 그 이름으로 부르는 거죠. 그러면 사람들끼리 얘기를 편하게 나누게 되고 마음도 금방 열려요. 물론 시간이 걸리는 사람도 있지만요. 나중에는 말조차도 하기 싫어해요. 몸의 맛을 알고 나면 사람들이 몸을 움직이지 않고는 견딜 수 없어 하죠. 그러고 나니 참가자뿐만 아니라 저의 삶의 질이 달라지더라고요. 내가 춤을 추었다는 사람이라는 것이 감사했어요.

윤덕경: 커뮤니티 댄스를 만들어가는 관계에서, 제 생각에는 소통이 가장 중요하다고 생각해요. 소통의 어려움은 각자 다른 정서와 감성, 다른 삶의 맥락 때문에 서로가 존재하는 모습을 이해하지 못하는 것에서 오죠. 내 존재와 생각이 존중받기 위해서는 남들도 나를 똑같이 존중해줘야 합니다. 장애인과 마찬가지로 비장애인도 각자 다른 몸짓과 표현에 한계가 있지요. 서로를 이해하고 상호적인 소통이 있어야 이 작업이 가능합니다. 일단 장애인들의 자신을 표현해보고 싶은 깊은 열망에 소통의 가능성이 열려있습니다. 두려움과 현실적 어려움을 극복하고 싶은 의식이죠. 여기에 공동의 목표가 있고요. 처음에는 쑥스러워하지만 그 안에 열정은 어마어마해요. 제가 감히

손을 대도 되나 싶을 정도로요. 하지만 저는 춤의 아름다움을 다른 사람과 나누고 싶어요.

임수진: 특히 장애인과의 소통을 위해서는 더 많은 정성과 노력이 필요할 것 같다는 생각이 든다.

윤덕경: 사람들의 인식이 많이 바뀌었어요. 장애인들의 인식부터 달라졌죠. 저는 춤 작업 할 때 일반 무용수와 똑같이 대해요. 가장 중요한 것은 인식이에요. 무용전공자들도 각자의 어렵고 부족한 부분이 있고 약점이 있기에 잘하기 위해 노력하는 부분이 있잖아요. 저는 본래 키가 작아서 동작을 최대한 크게 움직여요. 이처럼 장애인들도 자신의 단점을 극복하기 위해 노력을 하고, 저 역시 최대한 장애인들의 움직일 수 있는 부분을 최대한 아름다움으로 주지시키고 당당히 무대에 오르게 합니다.

엘리트 내려놓은 '참여' 형 대중문화로서의 춤

임수진: 사람들은 대중산업에 영향을 받죠. 우리나라 사람들이 대중적으로 하는 여가생활이라고 해도 영화 관람이나 독서 등 수동적이고 정적인 것들이 대부분이죠. 춤이 과연 대중문화, 문화생활로서 어떤 미래를 갖게 될지, 어떻게 생각하시는지요. 무용의 대중화라는 말에도 여러 속성들이 있습니다. 어떻게 보시나요.

장은정: 한 학자의 말에 의하면 '지식인들이여, 아마추어로 돌아가라'는 말이 있어요. 여기서 말하는 아마추어는 전문가보다 기술적으로 뒤떨어지는 사람을 말하는 것이 아니라, 기존의 질서나 통념을 흔들 수 있는 사람을 뜻하죠. 우리가 아마추어들을 계속 만나면서, 워크숍을 진행하고 그들이 공연의 주체가 되도록 합니다. 이들은 크게 성장해 나가고 있고요. 피나 바우쉬의 커뮤니티 연계 작품도 부퍼탈이라는 작은 도시에서 일

어난 것인데, 우리나라에는 그런 장소들은 있지만 이를 운영할 체제가 없어요. 물론 또 다른 무용 대중화 양상도 있듯, 무엇이 옳고 그르다 할 수 없이, 모든 것이 시작 단계인 겁니다. 지원금 자체도 순수예술은 예산이 깎이고, 오히려 커뮤니티 영역에 더 관심이 쏠리고 있죠. 저는 무용이 우리 사회에서 조용히 스며들었으면 좋겠어요. 입소문 퍼지듯이.

윤덕경: 한 공간에서 공동체적인 훈련을 너무 형식적이지 않게 함께 작업을 하는 것이 커뮤니티댄스가 아닐까, 생각해요. 그러려면 전문가들이 철저한 계획을 가지고 비전문가와 엮이고 잘 스며들어 작업해야 합니다. 그러나 우선해서 대중의 문화로서 커뮤니티댄스는 참여입니다. 잘하고 못하고가 아닙니다. 원하는 사람은 모두 참여해야 합니다. 그렇지만 작품은 대중에 대한 책임이기도 합니다. 처음엔 자리를 마련해서 오고 앉아서 구경하고 구경하면서 자기생각을 표현하고 직접 참가해서 관여하고 이상적으로는 대중에 의해 기획되고 주도되는 형태 등으로 다양한 시도가 필요할 것으로 생각됩니다.

최경실: 무용과는 없어져도 춤은 살아남아있을 거라고 믿어요. 저는 사람들의 몸 안에는 용을 쓰고 있는, 살고 싶다는 갈망이 있다고 느껴요. 옛날에는 그것이 스포츠로서 드러났지만 이제는 그러한 수치를 재는 것이 아니라 예술로서, 엘리트의식이 담긴 예술이 아니라, 주체적인 자신을 표현할 수 있는 예술의 춤이 되었으면 해요. 그런 열망을 즉각적으로 표현할 수 있는 곳이 몸이라고 생각합니다. 그리고 그것이 춤으로 갈 수 있는 방향을 잡아주는 것이 중요해요. 이것이 시대적인 흐름이죠. 21세기가 몸의 시대라고 하는데, 실상 우리는 몸에 대해 자각하지 못하고 있다고 느끼고요. 육체와 정신을 분리해 생각하는 심신이원론적 몸의 인식은 모든 행동과 태도, 지향점을 다르게 파장시키죠. 춤추는 사람들이 몸에 대한 통찰을 다시 한

다면, 진정한 춤이 대중에게 다가오지 않을까 생각해요.

임수진: 현재 2015년임에도 불구하고 과거 이성주의에 빠져 있는 생각이 아직까지 남아 있죠. 선생님들께서 커뮤니티댄스를 하시면서 그런 사고의 전환을 가져올 수 있을 것 같아요.

최경실: 꼭 음악을 틀어놓고 마구 움직인다고 해서 그것이 다 춤춘다고 할 수는 없어요. 한 아카데미에서 온 한 일반인께서 저에게 그런 질문을 했어요. "여기서 추는 춤이 클럽에서 추는 춤과 뭐가 다릅니까?" 하지만 거기에서 저희의 역할이 필요한 것 같아요. 춤으로 이끌어내는 안내하는 과정이 필요한 거예요. 그런 내면화 작업 후의 무브먼트는 자신의 춤을 추고, 자신을 인식할 수 있게 하기 때문에 굉장히 달라지죠.

대중문화로서의 춤 활성화로 재정적 자립

임수진: 대중문화로서 춤이 활성화가 된다면 이는 곧 경제력으로 이어질 수 있겠죠. 여가 활동을 위한 소비가 당연히 이루어지듯이, 춤을 위한 소비 역시 이루어질 거라 기대할 수 있습니다. 현재 재정적인 부분이 어떻게 이뤄지고 있나요?

윤덕경: 개인 작업은 혼자 하지만, 이것은 타 공동체와 어울려야하니 정부에서 지원해주는 범위 내에서 하게 되죠. 능력이 되면 후원을 받고요. 정부에서 앞으로 문화복지에 더 관심을 가져주기를 바라는 마음입니다.

장은정: 일단 저도 공공지원금으로 시작했고요. 공연이 계속되면서 여건이 훨씬 좋아지고 있어요. 저희는 재미있는 건 공연티켓비를 후불제 형식으로 받아요. 그렇게 해서 저는 지금까지 공연하면서 한 번도 벌어보지 못한 금액을 벌기도 했어요. 입장한 관객보다 훨씬 더 많은 액수일 때도 있고요. 우리 무용계에서 부끄러운 일이지만, 유료티켓을 사서 공연 보는 관객은 정말 적잖아요. 공공지원금도 있지만 극장에서 선뜻 장소

를 내주는 것도 참 좋고요. 작년에는 한팩에서 프로그램을 제작해주셔서 좋은 조건에서 공연하기도 했습니다.

최경실: 저는 지원금을 받지 않고, 1년간은 재능기부를 했어요. 문화재단 춤바람 프로젝트를 진행했었는데, 끝나고 공동체에서 계속 해달라고해서 이어 하게 됐어요. 제가 돈을 받을 수는 없는 공간이기 때문에 어쩔 수 없었죠. 저는 지원금을 받아본 직이 없네요. 지방에 갈 때는 받지만 그 마저도 시민들과 개런티를 나눴고요. 수원의 인문학 프로젝트에서도 지원금을 받아 했었는데, 제가 워크숍만 해도 될 것을 욕심내 작품까지 만들어버리니…(웃음) 그렇게 되면 재정적으로는 힘들어지더라고요. 이제는 스튜디오를 내서 일반인들 가르치는 수업도 하고요. 기부를 받아 연구소도 만들게 되었어요. 사람들이 좋아하다보니 자연스러운 문화가 형성된 것이 아닐까 싶어요.

커뮤니티댄스를 바라보는 시선과 비평가의 역할

임수진: 근현대 우리나라의 비평가와 무용가의 밀접한 소통은 순수예술로서의 무용이 발전하는데 있어 가잔 큰 역할을 했다고 볼 수 있습니다. 반면 커뮤니티댄스는 비평가보다는 대중, 관객과 밀접한 소통으로 이뤄지고 있는데요. 이에 비평가들의 역할도 조금 변화하게 되겠죠. 작업 하시는 데에 있어 비평가들에게 바라는 점이 있으시다면 말씀해주세요

윤덕경: 저는 평이 있어야한다고 봅니다. 꼭 무용공연에 대한 평만 말하는 것이 아니라, 사회전반을 바라보는 시각이 필요한 것이죠. 우리나라 문화계 전반을 섭렵한 사람이 글을 써서 여러 매체에 담겨야 하죠. 제가 작업하던 초창기에 봤던 기억나는 평이 있는데, "기존에 작품과 별 다를 바 없어 보여 또 다른 가능성을 보았다."고 씌여 있었어요. 그 말이 큰 용기가 됐어요.

최경실: 관심이 필요한 거죠. 평론가와 무용가는 함께 건강하게 성장해야합니다. 평론가는 사람들의 주의를 환기시키는 중요한 역할을 지녀요. 하지만 커뮤니티댄스같은 경우에는 억지로 만들어낸 것이 아니라 시민의 요구가 담긴 것이고 시대의 흐름이 담긴 것이기 때문에 너무 분석적인 설명에만 치우치지 않았으면 해요. 무대에서의 현상만 분석하는 것보다는 영역을 확장해야 하지 않나. 잃은 몸 회복. 경제에만 치중.

장은정: 단순 무대예술이 아니라, 우리가 이 작업을 왜 하게 되었는지 그 맥락을 읽어내고 이해하고 글을 써주었으면 해요.

무용은 사라져도 춤은 남을 것 춤 보급의 길 찾아

임수진: 앞으로 세 분의 계획에 대해 들려주세요.

윤덕경: 교육과 함께하는 가능성을 크게 보고 있습니다. 2015년에는 다섯 개의 학교와 단체에서 원하는 장애인을 대상으로 무용교육을 계속하고 10월에는 이들과 비장애인들이 함께 하는 공연무대를 마련할 것입니다. 이를 위해 장애인들을 지도할 무용수들의 사전교육과 과정 과정마다의 피드백을 위한 워크숍, 4월에는 사전계획과 지도를 위하여 특수교사들을 포함한 교육과정 관련 전문가 지도 무용수 등의 연찬회를 마련해서 준비하겠습니다.

최경실: 작년에 워낙 작가적인 작업을 못해서 올해는 그 부분에 집중하려고요. 춤의 방법론을 잘 만들고 싶어요. 또 문화센터같은 곳에 하나의 교육프로그램으로서 커뮤니티댄스가 들어갈 수 있도록 사람들에게 보급하는 길을 찾고 싶습니다.

장은정: 바비레따는 10년 정도 해보자는 생각으로 시작했어요. 올해가 5년째고 다양한 사업들도 하겠지만, 이제쯤 짚어봐야 할 과제에 대해 다시 생각해 보게 돼요. 그들이 몸을 찾고 삶의 질이 높아진 것은 확실해요. 그런데 이 다음 숙제에 대해서도 고민해 봐야 하더라고요. 제가 그들은 건드려놨는데, 이제 어떻게 해야 할지 말이죠. 그 다음을 고민하는 한 해가 될 것 같고요. 저의 궁극적인 꿈은 지방 어느 곳에 캠프가 있어 사람들이 춤을 배우러 오는 것이죠. 그곳에 저희 같은 선생님들이 있고, 그곳이 춤의 장이 될 수 있도록 말이에요.

임수진: 긴 시간 좋은 말씀 감사합니다. 우리 민족이 잃었던 '일상에서의 춤을' 찾아 보다 정신적으로 풍요로운 삶을 이뤄내는 시대가 어서 왔으면 좋겠습니다. 그것을 이뤄내는 길목에서 세 무용가분들의 지속적인 노력 부탁드립니다.

장애인 문화예술운동을 확산시키려면

이철용(장애인문화예술진흥개발원 이사장 · 전 국회의원)
윤덕경(장애인문화예술진흥개발원 부이사장 · 서원대 교수)
박주영(윤덕경무용단 지도위원)
반호정(윤덕경무용단 단원)
김하림(윤덕경무용단 단원)
사회 조은경(〈춤〉 주간)

일시: 2016년 10월 29일 오후 3시
장소: 〈춤〉지 편집실

조은경: 장애인문화예술진흥개발원 20주년을 축하드리며, 이번 10월 13일 용산아트홀대극장 미르에서 있었던 〈또 다른 가족과 함께하는 일곱 번째 협업무대〉 공연 잘 보았습니다. 20주년의 부제랄까요 "이제 희망이 보입니다." 또한 깊은 의미로 다가왔습니다. 오늘 이 자리에 국회의원을 역임하신 이철용 이사장과 윤덕경 예술감독, 공연에 참가했던 무용단의 박주영 지도위원과 반호정, 김하림 씨와 함께 복지를 넘어 또 하나의 예술로 자리매김하고자 하는 장애무용에 대해 이야기를 나누어 보려고 합니다.

이철용: 춤지에 오니 조동화 선생님 생각이 납니다. 조동화 선생님께서는 1960년대부터 무용 평론을 하시고, 또 많은 활동을 하셨죠. 그 당시에는 우리나라 예술계에서 무용이 각광받는 장르가 아니었는데도 조동화 선생님께서는 선구자셨어요. 1976년에 춤지를 창간하셨죠? 그 후 40년의 역사를 갖고 권위와 전통을 가진 무용 잡지로 이어온 탄탄한 기반을 구축하셨습니다. 모양만 화려한 것을 찾는 여느 잡지와 달리 춤지는 일본의 오래된 잡지인 '춘추문예'와 비슷한 권위가 살아있어요. 그런 면에서 우선 경의를 표합니다. '장애인문화예술진흥개발원'은 줄임말로 '장문원'입니다. 장문원에서 고집스럽게 무용에 애정을 쏟게 된 계기가 있습니다. 저는 춤에 대한 전문가는 아닙니다만 제가 장애인이기 때문에 살아오면서 자연스럽게 터득한 경험과 스스로 학습을 통해 춤을 접하게 됐습니다.

시각장애인이나 언어장애인과는 달리 저와 같은 지체장애인들은 몸짓이 불편하니까 춤을 추기도 힘들고 아예 엄두를 내지 않지요. 춤은 팔과 다리 등 몸짓이 기본인데, 지체장애인들은 팔과 다리가 불편하거나 동작이 안 되니까 움츠러들고 주눅이 듭니다. 그래서 장애인에겐 춤은 멀다고 생각하게 됩니다. 이를테면 장애인이 되면서부터 춤을 잊어버리게 됩니다.

저의 개인적 경험입니다만 저에게 주눅 든 것에서 해방되고 회복할 수 있었던 계기가 있었는데, 아주 오래전 그러니까 제가 20대 초반이었어요. 교회 수련회에 참가했을 때 밤에 모닥불을 피워 놓고 캠프파이어를 하는데, 그때 너나 할 것 없이 모두 춤을 추는 거예요. 달빛과 모닥불만이 유일한 조명이니까 자신의 핸디캡이 노출되지 않아서인지는 모르겠으나 어쨌든 자연스럽게 춤을 추게 된 거고. 저절로 춤을 춘거에요. 그렇게 한 번, 두 번 춤을 추다보니 슬그머니 자신감이 생겼고, 이전에 있었던 대중 공포증이라든가 카메라 울렁증 등이 사라졌어요.

이후에 제가 정치계로 진출했는데 춤을(몸짓) 찾은 것이 많은 도움이 된 거 같아요. 정치는 말이지 않습니까? 말을 하려면 마이크를 잡아야 되는데, 만약에 제가 춤을 추지 않았더라면 마이크를 못 잡았을 거예요. 춤은 사람을 거듭나게 하고, 나아가 인성을 계발하는 부분에서 춤의 치료 효과를 높은 평가를 줄 수 있습니다.

분명 우주도 춤으로부터 시작됐고요. 우주가 생기기 이전을 무극(無極)이라고 하고, 우주가 생성된 이후를 태극(太極)이라고 합니다. 태극에서 음양이 나오고, 음양에서 오행의 줄기가 나오고 드디어 살아 숨 쉬는 생명이 생깁니다. 생성, 팽창, 소멸 등의 모든 과정은 한마디로 '움직임'의 시작과 끝이에요. 그러니까 무용의 반대, 춤의 반대 개념은 굳음, 정지, 멈춤, 죽음이지요. 그런 의미에서 춤은 모든 생명의 시작이고 근본입니다.

처음 장애인문화예술진흥개발원을 만들면서 윤덕경 교수님과 의논을 했어요. 솔직하게 말씀 드리자면 윤 교수님은 제가 정중하게 끌어들인 거지요. 윤 교수님에게 장애인에게 있어 춤에 대한 당위성을 진지하게 얘기를 나누면서 '장애인들에게 잃어버린 춤을 회복시키는 선구자가 되어 달라고 부탁을 했지요. 윤 교수님은 저의 부탁을 흔쾌히 받아들였어요. 윤 교수님과 의기투합해서 장문원을 정식으로 개원하였고, 첫 작품으로 [우리 함께 춤을 추어요]라는 작품을 만들면서 장애인, 비장애인 모두 다 같이 어울려 춤을 추자는 의미에서 [우리 함께 춤을 추어요]를 장문원의 첫무대로 꾸몄습니다. 그 다음 해에는 장애인을 자녀로 둔 어머니의 아픔을 그린 [어-엄마 우으섯다]를 공연했어요. 마침 그때 윤 교수도 춤을 시작한지 30년 된 해

로 그렇게 시작 했는데 벌써 강산이 두 번 바꾸는 20년을 맞이했습니다.

춤은 장애인에게 선택이 아니라 필수입니다. 그래서 장애인들에게 춤 보급을 더 많이 했으면 좋겠다는 꿈을 갖고 있습니다. 그리고 거기서 욕심을 하나 더 내자면 장애인 공연시설과 편의시설 확충입니다. 윤 교수님이 20년 동안 장애인과 비장애인이 더불어 춤을 추는 '춤 보급 운동'을 많이 하셨고, 공연을 하면서 공연장 시설과 편의시설 장애인 이동권 등의 문제 해결을 위해 음으로 양으로 많은 노력을 했어요.

윤 교수님과 주변 뜻있는 종교인, 법조인, 의사, 교수 등이 동참한 장문원은 장애인 체험대회를 진행하면서 정부당국에 장애인 이동권 확보를 위해 20년 동안 무언의 투쟁을 해 왔고요. 장애인은 집에서 나와 공연장까지 가는 길은 모두 덫이고, 곳곳이 장애물입니다. 장애가 문제가 아니라 장애인들이 길에서 만나는 장애물 등이 더 큰 문제이고 슬픔이라는 거예요. 윤 교수님을 비롯해서 여러 사람이 휠체어를 타고 대학로에서 종로 5가까지 가는 체험을 하면서 눈물을 훔쳤던 윤 교수의 모습이 지금도 생생합니다. 장애인 체험 행사를 통해서 공연장의 편의 시설을 확대하려는 노력을 기울였고, 무대를 더욱 더 열정적으로 만들어야겠다는 의지를 다졌던 알찬 계기가 됐지요.

그래서 자화자찬을 하자면, 우선 공연장에 편의시설을 설치하게 만드는 일등공신 역할을 했고, 아울러 춤이 전문 무용수만의 전유물이 아니라 누구나 춤을 출 수 있다는 춤 대중화 이를테면 장애인에게 잃어버린 춤을 찾아준 발판을 만들었다는 사실입니다. 장문원의 업적에 대해 공로는 인정해 줘야 마땅할 것 같습니다.

지금 춤의 메카인 춤지에 와 있으니까 든든하고 기분이 매우 좋습니다. 장문원이 지금까지 말씀드린 우여곡절의 파란만

장한 과정을 통해서 여기까지 왔습니다. 조금 더 욕심을 내자면, 이제는 장애인 중에서 좋은 무용수가 나와서 오히려 비장애인들을 끌어들이는 당당한 춤꾼이 나왔으면 하는 바램입니다. 윤 교수님과 만날 때 가끔 이야기를 주고받는데요. "장애인 중에 천재 예술가를 발굴해서 키우자"라는 이야기를 자주 나눕니다. 장애인 가운데 헬렌 켈러, 스티븐 호킹 박사 같은 이런 사람을 하나 만들어 내면 우리가 이 세상에 태어난 보람이 있는 거라는 얘기를 주고받습니다. 그런 꿈을 가지고 느리지만 소처럼 여기까지 왔고 앞으로도 전진할 것입니다.

사회자: 창립 계기를 여쭤보려고 했는데, 이미 말씀을 다 해주셨어요.(웃음) 지난 20년 동안 장애인에 대한 다양한 법 제도가 확충되어왔습니다. 1990년대까지는 장문원처럼 개인적인 노력에 의해 단체가 만들어지고 유지됐어요. 다행히 2005년에는 장애인예술인 및 장애인 예술정책이 입안됐고, 2008년에는 국가에서 장애인 예술지원 사업을 했고, 2009년에는 문화관광체육부 내에 장애인문화예술부가 신설됐습니다. 또 2010년에는 복권 기금에서 장애인 예술지원 사업을 본격적으로 실행하게 되죠. 이제는 이렇게 조건이 많이 좋아졌지만, 20년 전에는 그런 지원이 전혀 없이 시작하셨던 것 같아요. 그동안 어떤 어려움이 있었는지 궁금합니다.

이철용: 노무현, 김대중 정권 이전에 이미 장문원을 발족시켰고, 그 뒤 차기정권 때도 장애인을 위한 법을 만들어달라고 많은 요청을 했지요. 특히 장애인 전용예술극장을 만들어달라는 요청을 수없이 요구했어요. 지금도 계속 요구하고 하고 있는 부분이 있는데요. "어린이 방송 프로그램에 장애인을 출연시키라"는 것입니다. 장애인과 비장애인이 더불어함께 사는 공동체를 만들기 위해서는 어렸을 때부터 함께 어울리는 통합 교육을 해야 합니다. 그럼에도 어느 방송의 어린이 프로그램을 봐도 장애인 어린이가 출연하는 프로가 보이질 않아요. 그래서 이 문제를 빨리 풀어 달라고 정책입안자들을 만날 때마다 호소합니다. 머지않아 반드시 실현 될 거라고 봅니다.

그나마 법제화 된 건 굉장히 잘 된 거고요. 여기 전에 예총 자리에 이음센터가 생겼잖아요? 그 건물의 계획안부터 설계까지 사실은 우리 장문원에서 입을 뗀 것이고 단초를 제공했습니다. 장애인 예술센터 기획안과 설계까지 이미 오래전에 청와대에 전했어요, 그로부터 한참 뒤에 꿈틀대더니 이음센터가 세워졌지요. 저의 장문원의 입장은 누가 하든지 장애인 문화예술 센터가 생기는 것은 매우 바람직하고 좋은 겁니다. 꼭 김 서방이 안 해도 좋고. 박 서방이 하든, 이 서방이 하든, 모로 가든 거꾸로 가든 장애인이 혜택을 누릴 수 있으면 좋다는 생각입니다.(웃음) 장문원은 이십년 동안 걸어왔던 것처럼 좌고우면하지 않고 정한 목표를 향해 갈 것입니다. 내년부터는 서서히 공연 횟수도 늘려야겠다는 욕심을 부려봅니다.

사회자: 예산 지원 등이 시기별로 좀 달라졌나요?

이철용: 똑같아요.(웃음) 아니 예산이 오히려 올해는 외형은 많은 것 같으나 실제로는 어디로 갔는지 줄었어요. 그래도 장문원에서 개의치 않고 장애인문화예술을 비장애인과 함께하는 시도는 지금까지 여러 가지 의미 있는 일을 꾸준히 진행했습니다. 제가 1988년에 우리나라 최초의 장애인 국회의원으로 당선됐는데 그 여세를 몰아 장애인 복지를 획기적으로 탈바꿈시켰습니다. 싸움닭이라는 별명을 들어가면서 사생결단 의정 활동을 한 덕이지요. 국회의원 임기를 마치고, 최초로 문화관광부에 장애인문화예술진흥개발원 법인을 신청했어요. 그런데 그때는 장관도 장애인 문화 복지라는 것에 대해서 이해가 부족했는지 문화관광부 장관도 "장애인복지는 보건복지부에 가야지 왜, 여길 왔느냐"라고 물을 정도로 문화 복지라는 정책

이 낯 설었던 시절이었지요. 그래서 제가 장관에게 자초지종을 상세하게 아주 오랜 시간 설명을 해드렸어요. 그러면서 우리나라 최초로 장문원 법인이 탄생된 겁니다. 이후 장애인 문화예술 운동이 확산되면서 서서히 매년 법제화가 이루어진 것이지요.

느리지만 고무적인 발전을 쭉 이뤄왔는데, 여기에 큰 공로자가 바로 윤덕경 교수입니다. 훈장을 받으려고 문화복지에 헌신한 것은 아니지만 솔직하게 인정받고 싶은 마음은 간절합니다. 윤 교수님이 대통령 표창은 받았지만, 사실 훈장을 받아도 몇 개는 더 받아야 될 판인데 아직 훈장을 못 받은 게 많이 아쉽습니다. 공로로 봐서는 충분하다는 얘기죠.

사회자: 윤덕경 선생님께서 장애인문화예술진흥원과 함께 장애인이 문화를 보고 즐기는 것을 넘어서서 이제는 같이 협업해서 작품을 만들어 내는 작업을 해오셨어요. 장애인 무용에 있어 아주 큰 발전을 이루셨죠. 먼저 자기소개부터 하고 20주년 기념 공연 이야기를 해보죠.

이철용: 저는 장애인문화예술진흥개발원의 이사장을 주책없이 20년 동안 맡고 있는 이철용입니다.(웃음)

사회자: 1988년에 국회의원을 하셨고, 1996년에 장애인문화예술진흥개발원을 개원하셨죠? 그런데 이철용 이사장님께서는 어떤 장애를 갖고 계신가요?

이철용: 저는 지체장애 3급입니다. 사실 누구나 다 장애를 갖게 됩니다. 여기 계신 분들도 늙어가면서 저절로 장애를 겪게 될 것이고 선천적인 장애는 통계적으로 보면 10% 정도에 불과하지만, 저의 견해는 약 95%가 후천적 장애라고 봅니다. 약물 남용, 산재사고, 교통사고, 공해, 환경오염, 산모에 대한 예방 미흡, 신생아에 대한 관리 미흡 등이 모두다 장애 발생의 원인이지요. 그래서 캐나다 등 선진국에서는 장애인 비율을 전

국민의 15%로 잡아요. 그런데 후진국일수록 장애인 수치비율을 낮게 잡는 경향이 있습니다. 유엔에서 권장하는 건 12%인데, 보통 10%로 잡아요. 그나마 우리나라는 등록 장애인만 통계로 잡기 때문에 4~5% 밖에 안 돼요. 그 숫자만 해도 몇 백 만이에요.

말이 쉬워 20년이지, 윤덕경 교수가 강산이 두 번 변하는 동안 장애인들과 함께 무용을 했다는 것 하나만 보더라도 정말 대단한 사건이에요. 그러면서 본인이 제자들과 고민하면서 노력하면서 창작 작품을 끊임없이 만들고 언제 했는지 쏠로 작품과 제자들과 공연하고 정말 쉼 없이 노력하는 교수라 봅니다. 혼자 춤도 비장애인들을 대상으로 가르치는 것도 힘들 텐데, 장애인을 훈련시켜서 무대에 올린다는 것은 어떤 면에서는 극기입니다. 그런 점에서 저는 늘 미안하고 고마울 뿐입니다. 그래도 앞으로 지금까지 해온 것만큼 쭉 이어나갔으면 좋겠고, 이제는 더 많은 사람들이 동참해서 확대해 나갔으면 좋겠습니다.

그리고 아까 장애인 체험대회를 했다고 말씀드렸는데, 우리나라는 아직도 장애인 이동권이 전혀 보장이 안 돼 있거든요. 저상버스도 안 돼 있고, 아직은 휠체어를 타고 공연장에 가려면 힘들어요. 이런 것들이 빨리 완벽하게 보완됐으면 좋겠어요.

박주영: 저는 현재 윤덕경무용단 지도위원으로 있습니다. 어릴 적부터 윤덕경 교수님께 무용을 배우고, 이화여대를 졸업한 후엔 줄곧 윤덕경무용단에서 계속 활동하고 있습니다. 장문원과의 인연은 1996년 개원기념 공연 때부터이니 올해로 저도 20년이 되었네요. 오늘 와보니 윤 교수님은 말씀안하시고 오히려 더 많은 생각을 정리하고 계신 듯...

무용단은1989년 만들어 1990년부터 본격적으로 창무회에

서 회장도하시고 창무춤터까지 운영하시면서 그러한 역량으로 윤 교수님이 가지고 있는 모든 것을 유감없이 발휘하신 거 같았습니다. 초기에는 서울 청주 그리고 전국으로 해외까지 정말 많은 공연을 다니기 시작하였습니다. 하루가 멀다 하고 다른 생각과 일을 할 수 없을 정도로 정말 오로지 춤만을 위해 서울 제자들이 전부 청주 가서 연습을 하던 시기가 좋았던 거 같아요.

하루는 시간을 잊은 채 열심히 연습하는데 대학교 수위아저씨께서 '제발 오늘은 그만 연습하시고 낼 하라고' 그런 때도 생각이 납니다. 지금도 열정적이시지만 그때도 지금도 마찬가지셨던 거 같아요. 저희가 공연준비나 행사 준비하려면 벌써 다 계획을 세우고 계시고 그러면서 오늘까지 같이 활동한 기간이 30년이 넘는 거 같았어요. 제 기억에 장문원에서는 개원이전에 1995년부터 이철용 이사장님의 대본으로 '땅'작품을 하기 시작했던 게 기억이 납니다. 그동안 윤 교수님의 작품세계와는 전혀 다른 메시지가 강하면서 사회에 이슈가 된 작품이 기억에 남네요.

반호정: 저는 대학 때 교수님 제자가 되어서 인연이 되었죠. 대학 때부터 가르침을 받았고, 교수님과 함께 공연활동을 하면서 자연스럽게 장문원 활동을 접하게 되었어요. 지금은 이화여대 대학원에 재학 중이면서, 교수님이 하시는 일이 너무 뜻깊고 의미 있다고 생각하여 교수님과 함께 장문원 일을 하며 지도와 출연을 하고 있어요. 아마 12년 된 거 같네요. 제가 대학교 입학 하자마자 그 당시 무용계가 특히 대학교가 축소되고 한참 어려운 시기라 그런데도 불구하고 기억에 남는 건 이럴수록 여러분들이 더욱 열심히 하는 게 무용계와 스스로를 한발 더 앞서갈 수 있다 계기가 된다는 교수님의 말씀이 기억나며 저는 울산이 집이지만 활동하기 위해 서울에서 지금까지 교수

님하고 활동하고 있습니다.

사회자: 반호정 씨는 이름이 특이해서 제가 기억을 하고 있는데, 지난해 영국문화원에서 주최한 장애인 무용가 마크 브류의 워크숍에 참여하지 않으셨나요? 그때 소감이 기억에 남아요.

윤덕경: 때를 같이하여 2016년 장문원에서는 무용캠프를 계획 중에 마침 조은경 편집장님께서 추천해 주셔서 영국의 장애인무용수 마크브루의 춤 세계에 관심을 가져 무용수들이 참가하게 되었습니다.

워크숍에 참여한 반호정은 (이대석사과정)으로 윤덕경무용단에서 장애인과 비장애인이 함께하는 많은 공연에 참여하게 되었고, 본인이 춤을 추다 보면 주변예술에 대한 관심도 생기고 그로 인하여 다른 장애인 춤동작에 관심도 갖게 되리라 생각되어 독려를 했답니다. 그동안 반호정제자는 장문원에 다양한 작품에 출연이 계기가 되어 사회이슈로서의 장애인 인식과 권리라는 사회 참여적 성격을 띤 무용작품도 하게 되었고 장애인 예술가들과 공동 작업을 통한 크로스오버 창작무용작품에도 출연하게 되었습니다. 작년에는 필리핀에 서하는 국제학술대회에서 "장애인 무용공연작품을 통해 바라본 장애인 문화예술활동의 방향성" 이란 논문도 발표하여 스스로 역량이되 서서히 다가가는 모습이 대견해 보였습니다. 그때마침 그 당시 반호정 제자는 마크 브루 워크숍에 참여하면서 독특한 그들 나름대로 몸짓에 대한 또 다른 방법론을 알게 되었다고 하였습니다.

그때 또 다른 참가자 김해인은 장애인문화예술진흥개발원 사무국에서 간사로 일하면서 2년 전 휠체어장애인무용수와 함께하는 콜라보레이션(Colloboration with Disabled Artists) 공연에 출연하면서 휠체어장애인에 대한 몸짓표현에 관심이 깊어가고 있

었으면서 휠체어와 무용수와의 공간의 대비를 느낄 수 있었다고 들었습니다.

반호정: 네 윤 교수님이 마크 브류 남자 장애인과 매니저가 와서 워크숍을 한다고 연락이 와 가서 참관하였는데 진지하고 동작 하나 하나에 예리한 통찰력에 저희가 작업하는데 많은 도움과 함께 배웠습니다.

김하림: 저는 이철용 이사장님으로 인해서 무용을 시작하게 됐어요. 초등학교 때 이사장님께서 교수님을 소개시켜 주셔서 무용을 시작해서 어렸을 때부터 공연을 많이 다녔어요. 그런데 어렸을 때는 뭣 모르고 하라는 것만 해서 장애인을 주제로 한 공연의 내용이 잘 와 닿지 않았어요. 하지만 오랫동안 함께 공연하고 대학을 졸업하고 보니, 사회적으로 기여하시는 교수님과 이사장님께서 참 대단해 보였습니다. 공연에 함께 간 친구들과 주변사람들은 내가 생각하는 이상으로 장애인과 함께하는 공연에 너무 많은 관심과 무용계에서 이렇게 까지 장애인과 함께 멋지게 기획되고 추진하는 줄 몰랐다 하기에 제가 참여하면서 의무감도 책임감도 도 느끼기 시작 했어요. 대학교 때까지는 학업에 열중하느라 같이 활동을 못 하다가 제가 사회생활을 (무용학원) 하기 시작하면서 바쁘지만 어느 다른 행사보다 장문원공연은 교육적이며 이거야말로 순수예술이라 생각되어 앞으로 열심히 하고자 해요 작년부터 본격적으로 정기적 회의와 교수님한테 지도 받고 다시 특수학급이나 방과후 학생들한테 지도하며 이후 총공연 연습으로 들어가는 단계로 장문원 행사는 진행되고 있어요.

사회자: 그러면 20주년 공연 얘기부터 좀 해볼까요? "장애를 넘어 미래를 넘어 세계를 향한 몸짓"으로, 20년 발자취 동영상도 상영했고, 청소년장애인합창단, 관현맹인전통예술단, 비욘드예술단, 특수학급 고교생 등 출연진이 눈길을 끌었습니다.

윤덕경 교수께서 예술감독을 맡았었죠?

윤덕경: 이번 20주년 공연은 그동안 무대에 올렸던 공연을 다시 한 번 되돌아보고 정리를 한다는 의미를 담았습니다. 공연은 그 동안의 공연 하이라이트 부분만을 발췌해서 재구성하였습니다. 하지만 주제만 재구성이지 거의 새롭게 연출하게 되었습니다. 시작은 합창과 첼로로 초청팀으로 구성하였고 이어 나아가 20년 동안의 공연영상물을 7분정도로. 초기무대로시작하여 공연을 압축하였고 사진자료와 연습과정과 토론회 언론과 방송에서 한 외부인 인터뷰기사 등 일일이 자료들은 올 초부터 제자들과 사진체크 이사들과는 영상자료체크 등 하나씩 20주년 행사를 준비했습니다. 최진규선생님의 열성으로 영상작업을 수없이 만나서 이메일로 수정작업하여 영상제작물을 만들었어요. 내레이션 성우로? 배우로? 고민하다 장문원 이사장님이 직접 하시는 게 좋을 거 같아 적극 추천한 결과 관객반응이 좋았답니다.

본격적인 20주년 공연의 주안점은 장애인이 주인공이 되고 비장애인이 옆에서 참여하는 무대를 만들려고 했습니다. 문제는 비장애인인 전문 무용수가 춤을 더 잘 추니까 포커스가 비장애인 무용수에게 갈 수 있다는 거예요. 최소한 출연을 줄이려 했지만 아이들인 경우는 앞에서 없으면 불안해지기에... 그래서 그 부분을 조화롭게 잘 조절하고 조합시켜서 공연을 연출하는데 신경을 썼습니다. 장문원의 목적과 취지는 장애인들에게 좀 더 좋은 무대에서 아름답게 돋보임을 위주로 가능하면 전문무용수들은 보조해 주는 역할을 하고 이번 공연에는 감동적이며 관객에게 연령대를 넓게 잡아 초등학생부터 50~60대까지 연령대를 다양하게 장애인들을 출연시켰어요.

한편 다양한 스타일로 무대를 꾸미고 싶었습니다, 관객이 또 보고 싶어 내년에도 후년에도 올 수 있는 감동의 무대로 만들려고 출연진부터 스텝진 장문원 이사들의 뒤에서 행정적인 면, 후원해 주신 분, 지도해 주신 분 너무 많죠. 다 같이 노력했습니다.

앞서 잠깐 얘기 했지만 초청팀으로 이사장님께서 소개해 주신 '에반젤리' 합창과 첼로 연주를 넣었어요.

본격적인 무대로는 네 작품으로 첫 번째는 시각장애인들로 구성된 관현맹인전통예술단이 "춘앵무"의 연주를 맡았고, 윤덕경무용단 출연으로 궁중무용의 대표적인 "춘앵무"를 일반민속무용도 아니고 궁중 무용을 하는 게 쉽지 않거든요. 특히 "춘앵무"는 박자나 춤사위가 맞추기가 어려운데, 20주년 축하의 의미도 있고 해서 연출을 고집했습니다.

시각장애인들로 구성된 관현맹인전통예술단이 우리 단체와 3년 정도 같이 했는데, 호흡도 맞고 이번에는 제가 창사까지 부탁을 해 처음에는 조금 난감해 했지만 연습 때는 서로 음원을 주고받아서 연습해 연주도 아주 잘했습니다. 그런저런 우여곡절을 거쳐서 "춘앵무"가 무대에 올려 졌어요.

두 번째 프로그램인 "하얀선인장"은 저희가 2010년에 처음 국고지원을 받은 공연이에요. 문화체육관광부에 장애체육과가 만들어진 이후 2009년부터 우리 단체가 사업에 참여했고, 그때 했던 작품이 한 시간짜리 한국창작작품으로 "하얀선인장"이에요. 그 당시 문화관광체육부에서 "하얀선인장" 공연을 최우수평가와 홍보물로 제작하여 활용한 것도 기억나네요. 그 공연의 하이라이트는 여성 무용수 두 명과 2명의 지체장애자가 휠체어를 타고 춤을 추는 4인무이지요. 그게 사람들의 마음에 가장 기억이 남는 장면이라는 평을 들었습니다. 이 하이라이트를 초연 때 했던 장애인 두 분을 참여시켰는데, 초연이후 지난 7년 동안 항상 우리 공연에 기꺼이 참여를 원해서 지금까지 함께 무대를 꾸미고 있습니다. 박주영, 반호정 씨가 공연 지

도를 하고, 또 공연에도 참여했습니다.

다음에 "아리랑 팩토리"는 작년에 특수학급학생을 위주로 한 시간 짜리 긴 창작 작품이었지요. 아이들이 참여하는 부분은 초등학생과 중학교 고등학교 특수학급 일반장애인 전문무용수 라이브 정가 등이 참여했어요. 이 공연은 연이어 3년째 하고 있는데 처음에는 너무 힘들어서 또 공연할 수 있을까라는 생각이 들기도 했지요. 그런데 아이들이 춤의 새로움을 알게 되면서 기대보다 훨씬 잘해 주었고, 특수학급의 담임교사들께서 너무나 희생적으로 아이들을 지도해주셔서 지금까지 계속 이어지고 있습니다. 이번 공연에는 출연한 아이들도 바뀌고 하이라이트만 하는 거라 사실 작품을 거의 새롭게 만들다 시피 했어요.

이번에는 학생들 위주로 하면서, 살짝 살짝 티가 안 나게 중간 중간에 제자들이 들어가서 자연스럽게 연결시켜 관객들에게 매끄럽고 더욱 세련된 공연을 보여줄 수 있게 나름 열심히 구성했고 연출했습니다. 과정은 힘들지만 좋은 결실을 맺을 때 보람과 기쁨이 큽니다.

마지막에는 콜라보레이션 공연은 "누구라도 그러하듯이"를 공연했습니다. 바리톤 황영택 성악가와 기타리스트, 피아노, 해금, 함께 어우러지면서 저의 독무와 같이 어울리는 구성입니다. 거의 완성되어가는 과정에 이사장님이 대금과 북이 들어가면 공연이 더 풍성해 진다고 섭외를 해 오셔서 당황 했지만 무대에서 훨씬 멋진 콜라보레이션이 되었습니다. 이 모든 것은 여러 사람들이 합심해 노력한 결실이라고 여겨집니다. 하나 더 저희 장문원 초기 공연에 참여해 주신 해성스님이 계셔요 청각장애인 지도로 유명하신 스님도 이번 마지막공연에 특별히 수화로 무대를 장식해 주셨답니다.

사회자: 아주 감동적인 무대였어요. 단순히 장애인이 등장

하는 공연이어서가 아니라 예술적 감동을 느낄 수 있었어요. 직접 출연하시고 장애인들을 지도하신 분들에게 어떤 점이 좋았고, 어떤 점이 어려웠는지 듣고 싶습니다.

박주영: 초기에는 장애인을 소재로 한 무용작품 '어 엄마 우으셨다'를 이철용 선생님의 대본인 작품으로 전국을 다니면서 순회공연을 하였고 이 작품으로 독일과 미국 등 해외공연을 비롯하여 지방 곳곳에 소외 지역까지 많은 공연을 하였습니다. 가는 곳 마다 눈물과 마음의 박수소리를 들을 때 춤추는 보람을 느꼈습니다. 그동안 꾸준히 매년행사를 해왔지만

제가 기억에 남는 건 아무래도 제가 춤을 추니까 윤 교수님께서는 새로운 기획으로 제자들을 비롯하여 주변무용가들에게도 소외계층이나 장애인 쪽 부분의 작품을 추천받아서 저희 장문원에서 주최하기 시작하였습니다. 윤 교수님은 한국 창작무용을 하시지만, 타 분야에서도 다른 교수님들께 제자들을 추천받아서 국립극장 달오름에서 공연을 하기 시작했습니다. 그렇게 장애인을 소재로 한 공연을 몇 년동안 지속해왔는데 제가 지금 기억에 남는 단체는 판토마임을 하신 이두성의 "새 새 새" 작품과 장애인과 함께 출연한 김은규 무용단, 김영희 선생님의 제자인 무트댄스의 김은정, 지제욱무용단, 현대무용의 김영희무용단 이혁, 전주현, 양숙이, 박덕상무용단, 오명희 선배인 홍미영 선배님 등 저도 포함하여 총 20여개의 단체가 한국 무용뿐만 아니라 Ballet, 현대무용까지 외부초청가를 모셔서 지속적으로 해오고 이후 장문원에서 "또 다른 가족과 함께"라는 타이틀로 협업을 하기 시작했습니다. 장애인 단체들과 비장애인단체들과 몇 번 회의를 거쳐 연결 시켜 본격적인 협업을 시작하게 되었습니다.

최근에 기억에 남는 건 뮤지컬배우 김의신이 시각장애인 휠연극팀과 현대무용 뮤지컬팀이 가장 열정적으로 작업에 임한

것도 기억에 남습니다.

질문하신 어려운 일은 다들 예술가와 현장에서 춤추는 사람이다 보니 공연에만 열심이지 행정이나 홍보에 미비해요 항상 교수님이 하나하나 일일이 지시를 하시지만 작업하다 보면 못 미치는 게 많아요. 안타깝고 놓치는 부분도 많고요 우리가 진작 했으면 더 좋았을 텐데 할 때가 많죠. 제가 춤추면서 사무 일을 직접 해보니 그래도 진행하다 보면 보람도 있고 인생의 또 다른 면을 배우는 부분도 많습니다. 그러다보니 스승님이지만 참고 인내하시는 거 보면 대단하신다는 생각도 나름 많이 합니다. 그 외에 장문원에서는 질좋은 공연을 위해 장애인과 미팅 현장과 주변에 계신 분들을 모셔다가 토론과 공연, 또 교육과 이어지는 무용실습을 지속적으로 해왔습니다. 이후 장문원을 재정비하여 새롭게 태어날 시기에 제가 사무국에서 일을 하였기에 항상 윤 교수님과 이사장님께서 내실을 기하는 사업으로 추진하였습니다.

그동안의 장문원 공연 중에 제가 가장 기억에 남는 작품은 "하얀선인장"입니다. 저희가 무용경험이 전혀 없던 지체장애인들을 처음으로 가르쳐 무대에 함께 오른 작품이거든요. 사실 휠체어 댄스에 대한 지식이 없던 상황이었고 그때 서울대학교 학생 두 명이 휠체어 댄스를 같이 하게 되었어요.

사회자: 휠체어를 타는 서울대 학생인가요?

박주영: 네. 그 서울대 학생 두 명을 비롯해 지체장애인들이 8명 출연했고 전문무용수들까지 총 22명이 참여해서 공연했는데, 그 때는 거의 1년 여 동안 정말 열심히 준비해서 올린 기억이 나네요. 그 과정을 설명드리자면 윤 교수님과 저희는 정말 많이 마음속으로 열 두 번도 울었을 거예요. 끝까지 용기주시고, 인내하고, 감사한 마음으로 하라고 하셨기에 저도 마지막까지 최선을 다했어요.

반호정: 맨 처음 장애인무용수들을 무대에 올린 작품이 "하얀선인장"인데요 그때에는 처음에 장문원 게시판과 여러 복지재단 장애인홈페이지에 장애인무용수 지원자 모집한다고 공고를 냈어요. 하지만 장애인 무용에 대해서 전혀 알려진 게 없으니 다들 겁을 먹어서 지원하는 사람이 거의 없었어요. 그래서 여기저기 참여할 사람이 없는지 물어보고 지인들에게 소개받고 해서 무용수를 모은 거예요. 일부는 이사장님이 이런 사람에게 연락해 보라고 소개해 주시기도 했어요. 그래서 우리가 정말 무에서 유를 형성한 거예요. 어쩔 때는 장문원사무실로 '우리나라도 장애인 무용하는 데가 있습니까?' 하고 연락이 오기도 했어요.

솔직히 외국에는 장애인을 위한 복지시설이나 공연장시설이 잘되어져 있으니 우리나라보다 장애인무용 쪽으로 인식이 깨어져있거든요... 중국이나 영국 등 유명한 장애인무용단을 보면서 감탄도 하고 우리나라의 장애인 예술 환경에 대해서 다시 한 번 생각하게 되었지요... 휠체어 하나 편하게 다닐 수 있는 극장이 손꼽힐 정도니깐요... 장애인이 연습할 수 있는 연습장 찾기는 하늘에 별따기구요...

그래도 요새 몇 분 휠체어무용으로 하시는 분들 보면 제가 알기로는 그동안 스포츠댄스하는 분들이 무용 쪽으로 하는 걸로 알고 있어요. 그런 분들은 아무래도 순발력도 있고 휠체어도 잘 다루시잖아요. 그런데 저희 장문원에서는 춤도 처음 정말 무에서 유를 창조했다 할까요 그 당시는 내가 왜 이걸 하나 하는 고민도 혼자 했어요. 교수님과 이사장님이 용기를 주시고 격려하시고 저도 같이 하다 보니 부모의 감사함과 여기까지 움직이고 춤을 내가 가르칠 수 있다 라는 정신만으로도 감사하다는 마음이었어요. "하얀선인장" 연습할 때부터 교수님과 우리들은 작품하면서도 울고 음악 들으면서도 울고 처음에는 가능

할까 했는데 역시 윤 교수님의 작품세계는 파고파고 들어도 또 나오는 완성된 작품보고 와... 하면서 울고 장애인과비장애인이 슬픔장면도 기쁜 장면도 또 울고 이렇게 시작된 거 같아요.

박주영: 연습도 연습이지만 앞서 호정 후배가 얘기했듯이 장애인분들을 연습하는 장소가 젤 힘들었어요.

그런 환경들 때문에 더 불편하고 힘이 들었던 것 같아요. 정말 장애인들이 연습할 수 있는 무용공간이 별로 없었어요. 그 당시 저희 무용단 연습실은 지하여서 장애인 무용수들을 업고, 안고 나르고, 휠체어도 들어서 날랐고요. 또 그 분들이 이동이 불편하니 저희가 노원으로, 서울대로 이리저리 오가던 기억도 나네요. 그땐 정말 1년 동안 저희도 열심히 하고, 장애인무용수들도 열심히 따라와 주셨어요. 연습할 때 휠체어에서 내려오는 안무부분을 꺼려해서 저희도 난감했던 때도 있었지만, 막상 작품을 올리고 나니까 그 분들이 너무 감동스러워하셨어요. 이번 20주년 팸플릿에 윤 교수님 인사말 끝부분에 제자들이 휠체어를 들고 나르고 하는 부분을 보면서 여러 가지 감회가 떠올랐어요.

윤덕경: 그 당시 작품 마지막 안무 단계에 고민을 했어요. 이분들을 무대에서 아름답게 자연스럽게 관객에게 어떤 메시지도 줘야할까 장애인들의 유형이 다르잖아요. 그래서 장애인들의 유형에 맞춰서 장애인들이 자신의 모습을 있는 그대로 보여주자는 거였어요. 연출가에게 그 이야기를 했더니, 연출가가 '그건 불가능합니다'라고 난색을 표하시더라고요. 그래서 '나는 그렇게 생각 안한다' 장애인과 비장애인이 무대를 같이 하지만 결국 자신이 가지고 있는 모든 감정과 몸짓을 무대에서 가장 솔직하게 표현하자는 거예요. 그러니까 장애인들이 정직하게 있는 그대로를 드러내는 무용을 하면 그럴수록 본인도 할 수 있다라는 자신감과 대담함 또 무대인이 느끼는 무대에 대한 희열도 느끼고, 보는 사람들이 감동을 하고 불편하다고 생각되지

는 부분은 과감히 조명이나 소품 전문무용수가 도와줘 협업하여 그게 정말 의미있는 무대라 생각했어요. 전체 구성은 걱정 말라하고요

그런 면에서 저는 관객들에게 우리의 있는 그대로의 모습을 솔직하게 보여주고 싶다고 생각인거죠. 그런데 어떻게 보면 좀 잔인할 수도 있겠지요. 그래도 용기를 내서 저의 의견과 예술관을 던졌어요. "휠체어의 모습을 보여줘도 좋지만, 마지막 하이라이트로 여러분의 있는 그대로의 모습을 관객한테 보여주면 어떻겠느냐"고 했더니 돌아오는 반응은 호응이 아닌 난색이었습니다. 참여한 장애인 무용수 한분이 난감한 표정을 지으면서 "그건 좀 그렇잖느냐?"라고 되묻더군요. 그래도 저의 의견을 굽히지 않고 "휠체어에서 내려오는 것도 괜찮은 것 같다"라고 주장을 펼쳤어요. 처음에는 멈칫 하다가 이내 수긍하면서 좋다고 결심을 하더군요. 그만큼 저를 신뢰했던 거죠.

사실 처음에 무용지도를 시작할 때는 장애인 등 더러 몇몇 참가자들이 '혹시 저 사람들이 혹시 우리를 이용하지 않나? 라는 등의 생각을 하기도 했다고 간접적으로 듣기도 했어요. 저의 귀에 그런 소리가 간혹 들려왔거든요. 그래서 제가 어디 가서 말할 데도 없고 이사장님께 가서 말씀을 드렸어요. 그랬더니 이사장님께서 "윤 선생, 그런 거 신경 쓰지 마세요. 지금은 당연히 그런 의심을 할 수 있지만 나중에 그 사람들이 우리 마음을 다 알 거예요"라고 하셨어요. 그 말에 용기를 내어 지금까지 열정을 다해 나왔어요. 저의 제자들도 그분들과 동고동락을 하다시피 힘겹게 연습을 했어요. 수개월이 지나고 나서보니 선생님들 먹으라고 간식도 가져오는 등 살갑게 다가 왔어요. 진실로 저의 마음을 알아주는 것 같아 가슴이 뭉클했고 뿌듯했습니다. 시간이 지나면서 장문원이라는 단체는 정말 순수하게 자신들과 같은 마음을 지녔다는 걸 알게 된 거지요. 그렇게 해서

공연 마지막에 휠체어에서 내려와 각자가 할 수 있는 동작을 전문무용수들과 함께 했어요. 제가 동작을 조금 보완해 주었을 뿐인데 기대 이상 열심히 했어요. 무대에 올려지기까지의 과정을 하나하나 얘기하면 눈물과 웃음이 무용수들이 휠체어를 들어올리는 일, 한땀 한땀 채워나가듯 세심한 배려와 인내심! 한계를 넘나드는 의지와 기다림! 남자 무용수는 아이들을 안아서 무대 앞으로 데려가는 등 무대를 완성시켜 나가는 일은 한마디로 고행이에요.

반호정: 공연 참가자 중에는 하체가 완전히 마비돼서 스스로 소변도 못 보는 사람들도 있었어요. 그렇기 때문에 휠체어에서 내려오는 것이 진짜 큰 용기가 필요한 일이었어요. 그래서 우리도 선뜻 얘기하지 못하고 교수님도 엄청 고민을 많이 하셨어요. 관객들도 의아해 할 수 있고, 연출가 선생님도 정말 안 될 거라고 하시면서 다르게 풀어보자고 하셨지요. 그렇지만 안무자이신 교수님께서 한 번 해 보자, 정말 예술적으로 승화시킬 수 있을 거라고 말씀하셨어요. 그래서 용기를 내서 했는데 나중에는 그분들도 저희들에게 용기를 주어서 정말 고맙다고 좋은 추억이 되었다고 몇 번이고 말씀하시더라구요. 정말 많은 것을 느끼게 해준 작업이었어요. 공연이 다 끝나고 서로 약속이나 한 듯이 끌어안고 울고불고 스태프들이 근처로 얼씬도 못할 정도로 끝 무대는 울음바다가 되었어요.

사회자: 자기 자신을 솔직하게 표현하는 일종의 세례였던 듯하군요. 참여한 장애인들이 그 공연 이전과 그 이후가 달라졌을 것 같습니다. 그 작품이 [하얀 선인장]이었고, 두 분은 20주년 공연에 다른 작품도 하셨죠?

박주영: 저는 [아리랑 팩토리], [하얀 선인장], [춘앵무] 등 세 작품을 했어요. [아리랑 팩토리]는 주로 아이들과 학생이 출연해서 출연자를 최소화하려고 했어요. 왜냐하면 작년에 참여했

던 아이들이 아니라 새로운 아이들이 와서 다시 처음부터 가르쳐야 했거든요. 그리고 아무래도 발달장애 아이들이어서 연습했던 장소가 아닌 다른 무대에서 공연하면 충동적인 행동도 할 수 있어요. 그래도 가르쳤던 선생님들이 또 같이 하면 아이들이 안정되더라고요.

사회자: 학생들이 스무 명이 넘던데요 어느 학교 학생들인가요? 특수학급에서 따로 수업을 받나요? 다 직접 가서 가르치셨나요?

박주영: 물론 직접 다 지도를 했죠. 작년에는 각 학교기관마다 무용지도자가 윤 교수님한테 주1회가서 무용교육을 받고 다시 각 기관에 가서 가르치고 후에 합동으로 같이 무용연습을 했죠. 학생들은 모두 서울여고, 영등포 여고, 문래청소년수련관의 희애뜰 특수반 아이들이예요.

윤덕경: 학생들은 오전에는 통합수업으로 일반 학생들과 같이 하고, 오후에는 특수반 수업을 따로 해요. 이때 무용강사가 각 학교에 가서 무용수업을 지도하고 학생들도 아주 적극적으로 참여했어요. 작년에는 수도여고, 성심여고, 온양여고까지 참여했어요.

이철용: 공연을 마치면 참여했던 분들을 모시고 바로 강사와 안무가와 무용지도자가 평가를 합니다. 특수학급 교사들의 후일담에 따르면, 이번에 공연에 참여했던 학생들의 부모가 우리 아이가 무대에 올라갈 거라고는 상상 못했다면서 소리 내어 울더라는 거예요. 무대에 서면 실수하지 않을까 조바심을 가졌는데 오히려 아주 잘하는 걸 보고 감격했다고 이구동성으로 얘기 하더군요.

청소년장애인합창단 '에반젤리'를 이끄는 대표인 광명성당 홍창진 신부님이 공연이 끝나고 저를 만나자마자 여러 사람이 있는 자리에서 "오늘은 대성공입니다"라는 거예요. "뭐가 성공

이냐"고 물었더니, "아이들이 무대에서 신나게 춤추며 훌륭한 무대에서 즐기고 노는 것만 보여줘도 성공인데, 오늘 보니까 진짜 아이들이 좋았다"고 하면서 기쁨을 감추지 않는 거예요. 그러면서 "정말 애쓰셨다"고 격려를 해주더군요. 그런저런 위로의 말 한 마디에 그동안 얼어붙었던 마음이 봄눈 녹듯 싹 녹아내리지요. 윤 교수님도 그런 보람으로 지금까지 쉼 없이 왔을 거예요.

오늘 윤 교수님과 무용지도 선생님들이 말을 아끼시는데, 진짜 고생을 많이 하셨습니다.

공연을 준비하면서 들이는 시간과 노력, 땀 등 그 과정은 정말 옆에서 보니 이루 말할 수 없었어요. 그런 부분에서는 이사장을 맡은 저의 입장에선 정말로 고맙고 감사한 마음이 큽니다. 윤 교수님과 그의 제자 분들의 땀과 희생, 헌신적인 사랑이 없으면 무대가 가능하지 않았을 거예요. 어쨌든 아이들이 신나게 무대에서 긴장하면서 잘 할려고 애쓰는 모습이 성장해가고 무대를 알아가는 과정 그 자체가 춤의 역사를 새로 만드는 무대였습니다. 그 역사를 만들기까지 윤 교수와 더불어 무용선생님들의 큰 노고에 이 자리를 빌려 다시 한 번 감사를 드립니다.

사회자: 근데 아마 이 세 분의 목표는 거기서 더 나갈 것 같아요.(웃음)

윤덕경: 그렇죠. 이제 이분들이 잠재된 능력이 있다는 걸 제자들은 배우면서 가르치면서 동시에 많은 경험과 함께 실제현장에서 무대까지 가는 과정을 거쳤기에 앞으로 이런 기회가 주어진다면 서슴지 않고 잘할 거라 생각됩니다. 어디서도 배우거나 경험하기란 쉽지 않을 거란 생각도 들어요. 장애인이든 비장애인이든 정말 똑같다 생각 합니다. 정말 인식에 차이라 생각해요 무대를 통해서 춤의 깊이를 알듯이 앞으로는 후진들한테도 나름대로 자신들의 예술관으로 체계적인 방법으로 좋은 조

건에서 지도 할 수 있게 해 줘야 한다고 생각합니다.

박주영: 초기에는 교수님이 하시는 거니까 저희야 뭣도 모르고 시작했죠. 처음에는 장애인들과 함께 공연하지는 않았고, 장애인과 소외계층을 소재로 해서 공연을 했어요. 그때는 무용수들이 몸이 불편한 역할도 했었는데, 사실 저희는 어린 마음에 하고 싶지 않다는 생각도 했었어요. 교수님 눈치만 보고 역시 교수님도 배우시지 않았을텐데... 연구를 하셨는지 저희한테 안무하시면서 전에 작품하던 방식으로 차분히 하나씩 동작에 이미지를 설명하시면서 시범을 보이시며 작품은 진행됐어요. "어- 엄마 우으섯다" 작품에 할머니 역할은 선미경 선생과 철이 역할은 이애현 선생이었어요. 그 당시 두 분 다 서원대 강사로 나오셨는데 옆에서 보니까 정말 잘하셨어요. 엄마 역할은 윤 교수님이셨고 그 당시 저희는 수화도 배우고 연극하는 분모셔 극적인 부분도 지도받고 정말 작품 하나하기 위해 교수님은 최대한 동원하고 할 수 있는 부분은 많은 준비를 했어요. 시작은 윤 교수님이 직접 스튜디오에서 녹음도 하시어 내레이션 수화를 하면서 오프닝을 시작했어요. 다들 깜짝 놀랐어요. 그 당시 스텝진은 최고의 음악작곡과 연출 무대 의상 제가 알기로는 20년 전에 한 시간 작품에 음악작곡 천만 원 무대 세트 천만 원 의상은 유명디자이너 그 외 저희와 교수님은 작품에만 신경 쓰고 나머지는 스텝들이 다 알아서 한 기억이 납니다. 공연을 한 회, 두 회하면서 관객들이 너무 좋아하고 감동받는 걸 보니까 우리가 여태까지 잘못 생각했다는 걸 느끼게 됐죠. 그렇게 거듭되면서 저희들도 인식이 바뀌면서 여태까지 온 것 같아요.

이철용: 우리가 갤러리에서 그림을 보면서는 잘 안 울잖아요? 그런데 음악을 들으면 눈물을 많이 흘리거든요. 또 무용 공연을 보면서도 눈물을 흘리는 건 흔하지 않지요. 그런데 윤 교수님이 꾸미는 무대는 관객들로 하여금 눈물을 흘리게 만듭니다. 눈물을 흘렸다는 것은 감동을 받았다는 증표지요. 그런 면에서 한국창작무용의 귀재라는 이름값을 톡톡히 하고 있는 윤 교수님은 대단한 무대 연출가이면서, 시대정신을 놓치지 않는 진정한 이 시대의 춤꾼임엔 틀림없습니다. 이 자리에 함께 한 무용지도 선생들의 노력과 땀은 아주 위대하다고 여겨집니다. 하루아침에 이뤄지는 무대가 아니기 때문에 더욱 위대하고 값집니다.

사회자: 장애인 학생들이 함께 공연을 하는데, 연습을 오랜 기간 동안 열심히 했을 것 아니에요? 그 연습 과정에서도 달라지는 게 있을 테고, 공연 끝나고 나서도 좋았던 게 있나요? 변하는 게 있나요?

박주영: 우리가 3년 동안 영등포여고, 서울여고와 함께 공연을 했는데, 처음에는 선생님들이 그렇게 호의적이지는 않으셨어요. 부모님들도 마찬가지고요. 그런데 첫 무대 끝나고 나서 선생님들이 많이 바뀌셨던 것 같아요. 그 다음부터는 먼저 하겠다고 원하고, 앞으로 계속 하기를 원하셨어요.

학생들도 처음에는 무용을 무척 생소해 했어요. 그런데 처음에는 낯설어하고 선생님과 가까이 하지도 않던 아이들이 오랫동안 함께 살 부딪히면서 연습을 하니까 굉장히 잘 따르게 됐어요. 또 작품을 무대에 올리고 나면 아이들이 더 밝아지고, 다음부터는 연습 성과도 더 좋았어요.

그런데 우리가 처음에 시작할 때는 학교뿐만 아니라 마포장애인복지관을 비롯해서 여러 곳의 아이들을 가르쳤어요. 그 아이들 중에는 몇 번 안 가르쳤는데도 두각을 나타내는 아이들도 있어요. 그런 아이들은 무용을 계속 하면 좋겠다는 생각도 들었어요.

반호정: 저도 [춘앵무], [하얀 선인장], [아리랑 팩토리]에 출연했는데 힘든 것보다 걱정이 많이 됐었어요. 저는 솔직히 이

렇게 크게 공연을 만들어서 우리가 과연 잘해낼 수 있을까 우려가 됐어요. 제가 작년과 올해 학교에 나가서 지도를 많이 했거든요. 그런데 작년에 가르쳤던 아이들은 졸업해서 다 취업을 나갔고, 다시 원점에서 아이들을 가르쳐야 하는 거예요. 다시 시작해야 되는구나 싶었는데, 시간은 점점 흘러가고 마음이 조급해지면서 걱정이 되기 시작한 거죠. 그런데 아이들은 이런 내 마음을 알아주지 않고, 하루 가르치고 그 다음날 가면 다시 원점으로 돌아가기도 했어요. 아이들 상황이나 마음은 잘 알지만 너무 속상한 거예요. 게다가 제가 스스로를 잘 다스리는 성격도 아니어서 아이들에게 화도 내고 달래기도 하면서 지도했어요.

그런데 걱정과는 다르게 공연 때 너무 잘해주더라고요. 한 아이는 자폐가 엄청 심해서 정말 아무것도 못했었어요. 도는 것도 못 하고, 발 디딤도 못 하고, 친구들 따라가는 것도 못했어요. 하지만 부모님께서 따라다니면서 잘 돌봐주고, 아이도 참 순하고 해맑았어요. 또 하고 싶어 하는 의지도 있어요. 그래서 공연에서 뺄 수 없었고 끝까지 같이 해서 무대에 올랐는데, 무대에서는 너무 잘하는 거예요. 어머니가 공연 보시면서 막 우시고 좋아하셨어요. 우리 선생님들한테 감사하다고 말씀하셨지요. 아이도 공연 끝나고 와서 부끄러워하면서도 저에게 고맙다고 하더라고요. 그 아이가 발음도 똑바로 못해서, 그 전에는 저에게 말을 한 마디도 안 했었거든요. 그런데 저한테 고맙다고 하면서 꽃다발을 주는데, 그 때 마음이 좀 찡하더라고요.

사회자: 얼마나 연습한 거예요?

반호정: 계획은 일 년 전부터 교수님과 같이 캠프와 연결해서 공연을 같이 하기로 했는데 예전에 비해 기금도 너무 늦게 결정되고 많이 삭감도 되었고 오히려 저희가 많은 걸로 우리가 알고 있는 장애인문화예술기금이 다 어디로 간건지? 유독 올

해는 행사를 추진하는데 어려웠어요. 이번에는 20주년이라 작년부터 저희는 준비를 했었는데 부족한거는 이사장님과 장문원이사분들이 후원을 해주셔 그런대로 할 수 있었어요. 공연은 6개월 정도 연습했어요. 처음 2개월은 일주일에 한 번 모여 회의와 지도자들 연습과 지도할 내용 지도받고, 이후 4개월은 각 학교에 나가 지도해 주고 공연 두 달 전부터는 합동연습으로 매주 오전은 지도자 연습과 오후에는 각 학교 학생들과 교사들이 참여하여 합동으로 모여 문래청소년수련관에서 총연습을 했어요.

박주영: 학교에서 하면 학생들 시간에 맞춰줘야 해요.(웃음)

사회자: 한 번 가면 몇 시간 정도 하시나요?

반호정: 2~3시간 정도 하죠. 학교마다 연습을 따로 해야 하니 한 학교에 일주일에 1번 가지만, 여러 학교에 가야 하니 일주일에 2~3번 가야 하죠. 총연습할 때야 한꺼번에 모여서 같이 연습하는 거죠. 마지막에는 토요일도 일요일도 교수님이 오라 하면 무조건 연습하는 걸로 알고 있어요. 전에는 어림도 없는 일이죠. 약속한대로 끝내야 되고 교사들도 딱 본인 시간만 참가하고 학생들도 끝나면 다들 바빠요. 역시 무대도 여러 번 서고 몇 년 하다 보니 교사들도 학생들도 잘하려고 다들 잘 따라줬어요. 작품안무가 연습 안 되면 교수님도 그렇지만 저희도 애가타고 안타깝죠.

이철용: 애쓰셨습니다. 과정이 굉장히 중요한 것 같아요.

김하림: 저는 [춘앵무], [아리랑 팩토리] 두 작품에 출연했어요. 초등학교 때 장애인을 소재로 하는 작품에 출연을 했었는데, 그때는 교수님께서 하시는 일이니까 뭣도 모르고 참여했어요. 그래서 작품의 주제에 대해서 심오하게 생각을 해본 적이 없어요. 그런데 작년부터 제가 많이 변했다는 걸 느꼈어요. 작품에 참여한 장애인 아이들이 바뀌는 것도 중요하지만, 제가

바뀌는 것도 중요하다고 생각해요.

사실 저는 평소에 장애인에 대한 생각을 단 한 번도 해본 적이 없었어요. 그런데 아이들을 가르치고, 간접적으로나 직접적으로 장애인들을 대하고 가르치면서 장애인에 대한 생각이 바뀌었어요. 또 우리가 장애인들과 같이 공연을 해도 장애인 시설이 어떻게 돼있는지 볼 기회는 없잖아요? 공연하기 바쁘니까요. 장애인에 관한 여러 작품에 투입되면서부터 공연을 하기 위해 공연장에 가는 날이면 극장에 장애인 시설이 얼만큼 배치되었는지 나도 모르게 눈여겨보게 되었어요.

그리고 무엇보다 부모님께서 정말 좋아하세요. 저희 어머님이 이번에 공연을 처음 보셨는데 굉장히 좋았다고 말씀하셨어요. [춘앵무는 팸플릿을 보지 않고 공연만 봤을 때는 관현악단 단원들이 맹인들인지 전혀 모르셨대요. 그런데 공연을 보니까 단원들 모습이 좀 달라보여서 팸플릿을 자세히 보고 맹인악단이라는 것을 알고 놀라셨다는 거예요. 게다가 궁중 무용을 하니까 더 대단한 거죠. 사실 악사 분들께서 몸이 불편하시니까 소통하기가 좀 힘들었는데, 그래도 서로 마음이 통해서 공연을 무사히 끝냈습니다.

[아리랑 팩토리]는 제가 작년에도 참여했는데, 이번에는 작품이 좀 변형됐어요. 저는 '희애뜰'이라고 문래청소년수련관에 초등학생들을 맡아서 가르쳤는데, 작년에 비해 아이들이 많이 변한 게 눈에 보였어요. 구체적으로 작년에 공연에 참가한 아이들 같은 경우는 자신감이 향상 된 모습을 볼 수 있었고, 더불어 본인들도 일반인처럼 무대에 오를 수 있다라는 것을 많이 느낀 것 같아요.

윤덕경: 문래청소년수련관에서 장애아동을 대상으로 '방과후 아카데미, 희애뜰'이라는 방과후 수업을 해요. 방과 후에 문화예술 활동을 하는 거죠. 그런데 아이들이 신청을 너무 많이

해서, 20~30명씩 몰린다고 해요. 우리가 희애뜰에서 3년 정도 몸동작을 지도했는데, 평가가 무척 좋습니다. 발달장애 초등학생들이에요. 출연은 2년째인데, 거기 어린이들은 이번에 다섯 명 참석했지요.

반호정: 그런데 여자 아이 중 한 명이 집중력이 너무 떨어지고 산만해서, 항상 조금 하다가 저에게 그만 하면 안 되냐고 하고 했어요. 그런데 그 아이가 공연 끝나고 나서 또 하고 싶다고 얘기해서 좀 놀랐었어요. 그럴 때 보람을 느끼죠.

사회자: 참 많은 노력을 하셨는데, 우리가 잘 몰랐네요. 윤덕경 선생님께서는 한국춤 창작에서는 확고한 자기 세계를 갖고 계시는 최고의 안무가이신데, 이렇게 경계를 넘는 작품을 안무하실 때는 어떤 점에 중점을 두시나요? 중요하게 생각하는 부분이나 창작할 때 주의점 등을 털어놔 주세요.

윤덕경: 어려운 질문인데요. 제가 처음 장애인을 소재로 한 작품을 할 때는 비장애인들의 장애인에 대한 사회의 인식을 개선해야한다는 당위에서 시작했지요. [우리 함께 춤을 추어요]나 [어- 엄마 우으섯다] 같은 작품이 그런 경우죠. 장애인을 소재로 창작 춤을 안무하면서 사람들이 장애인에 대해 좀 더 관심을 갖도록 하는 거죠. 다르게 표현하면 인식개선과 함께 장애인 권익을 위한 작품이 되겠죠.

하지만 저는 평소에 생각하고 다듬었던 작품과 저의 춤 세계 즉 춤 정신을 바탕으로 하려는 것일 뿐 장애를 소재로 한다고 해서 특별하게 요란하게 꾸미고 치장하고 더 잘해야겠다는 욕심을 앞세우려는 것은 아니에요. 그리고 그 전에는 주로 자연이나 사람 등 아름다움을 주제로 했다면, 이제는 우리사회를 직시하는 것 사회적 약자, 소외된 이웃 그리고 복지사각지대에 내몰린 동시대를 살아가는 우리이웃들의 애환을 주제로 삼으려는 노력을 했어요. 사실 이철용 이사장님한테 영향을 많이

받았어요. 처음에는 이사장님이 대본을 다 써주셨는데, 처음에 100장 가까이 되는 원고를 받았어요. 제가 장애인들의 삶에 대한 이해가 부족했고, 당사자가 아니라 그분들의 고통을 잘 몰랐기 때문이지요.

1994년에 제가 청주에서 [빈산]이라는 작품을 했는데, 그때 이사장님께서 제 작품을 보셨어요. 그 뒤 저에게 대본을 주시면서 작품을 해달라는 부탁을 하셨지요. 그런데 제가 장애인에 대해서 잘 모르는 등의 이유로 받아들이지 않았는데, 이사장님께서 끈질기게 설명하고 설득하면서 무대를 만들어보자고 하셨죠. 한편 저의 마음 한구석에 늘 사회문제를 다뤄봐야겠다는 충동이 일기도 했던 때였습니다. 그동안 내가 좋아하고 관심을 둔 세계를 표현해 왔다면 이후엔 사회구성원의 한사람으로 교육자로서 세상에 대해서 눈을 돌려보고 관심을 둬야 하지 않을까? 라는 의문과 갈등이 일어났던 시기였거든요. 우리 무용계도 우리끼리만 즐겁게 하지 말고, 다른 분야의 사람들과도 더불어 교류하고 소통하고 함께 가야된다는 거죠. 사람의 일은 모든 것이 때가 있다는 말처럼 때가 돼서인지 이철용 이사장님도 만났고 저자신도 춤 세계관을 좀 더 넓혀야겠다는 고민을 하던 시기였고 이래저래 장문원과 인연을 갖게 됐어요. 이런저런 인연과 사연이 모아져 장문원에 열정을 쏟기 시작했어요. 준비하고 마음을 다잡고 해서 탄생시킨 첫 작품이 바로 [우리 함께 춤을 추어요]였어요. 대본을 받아들고 혼자 울다가'아니야 이건 안 돼' 했다가, 또 보고, 또 던져 놓는 등 여러 번 지웠다 썼다 갈등하던 끝에 결단을 하고 춤 작업을 시작했어요. 작품을 만들면서 한편으론 조금 전 말씀 드렸던 아르코 극장에서부터 종로 5가까지 휠체어를 타는 장애인체험에도 동참했고, 일본 나고야에 장애인 부모와 함께 하는 프로그램에도 같이 참여해서 갔어요. 나름 장애인들과 가깝게 하려는 노력을 열심히

했죠. 컨벤션 센터에서 2년마다 한일 교류를 하더군요. 제자들과 동행해서 직접 눈으로 현장을 보고 행사에 참여해보니까 마음이 다잡아지더군요. 이를테면 작품에 대한 열정과 의지가 확고해지고 어디선가 마음속으로부터 열정의 열기가 달아오르는 등 고집과 오기가 충전되는 등 내 자신이 완전 타인처럼 완전 달라진 기분이 들었어요. 성공한 시각장애인 초청해서 워크숍을 개최하는 등 장애인의 삶에 대해 많은 것을 느끼고 배우는 등 공격적인 경험을 살렸어요. 그런 과정에서 많은 영감을 받고. 한편 수화 선생님을 모셔다가 제자들과 함께 수화교육을 체계적으로 배웠고, 배운 수화를 몸짓으로 만들어 무대에서 활용하기도 했어요. [우리 함께 춤을 추어요]라는 작품을 보면 처음을 수화로 시작하고, 중간 중간에 수화를 춤으로 만든 동작이 나옵니다. 그 장면을 만드느라 나름 많은 연구와 고심을 했고요. 그 어느 창작작품보다 많은 시간과 노력을 했어요.

무엇보다 중요한 것은 장애인들을 소재로 하거나 함께 하는 작품도 그동안 제가 작품을 만들 때와 마찬가지로 무대는 아름다워야 한다는 저의 생각으로부터 시작했고요. 또 장애인이라고 소규모로 하거나 축소하거나 대충하거나는 저의 춤 정신엔 맞지 않았기에 그래서 그동안 추구 해왔던 그 정신 그대로 나의 창작세계연장선으로 무대를 유지하는데 총력을 기울여 왔어요. 제자들부터 인지상정이라고나 할까? 누구나 그렇듯 다 좋은 무대에 서고 싶어 하고, 누구나 아름답게 표현하고 싶어 하잖아요. 처음부터 저는 장애인들도 좋은 무대에서 같이 공연하는 걸 원칙으로 정하고 시작했어요. 물론 그렇게 하려면 저도 무척 힘들죠. 왜냐하면 천 석 되는 무대에서 공연하려면 전문 스텝들이 다 나와야 해요. 요즘은 극장에 있는 사람만 가지고는 공연을 못 하잖아요. 사실 그게 다 돈이에요. 제가 좋은 무대라고 생각하면 좋은 무대인 거고, 장애인들에게도 좋은 무

대에 세워주자는 원칙을 굽히지 않았던 것이에요. 좋은 조명을 받아야 보는 사람들도 더 감동을 받을 수 있는 거니까요. 그런 점에서 저의 창작 세계와 장문원에서 추구하는 작품 세계는 동일하다고 감히 말씀 드리고 싶어요.

사회자: 돈 문제만 **빼면** 참 좋을 것 같아요.

윤덕경: 그렇죠. 돈 문제 **빼고**는 다 좋아요. 아무래도 어렵죠. 제자들에게도 누누이 "우리가 좋은 일 하는 거니까 그냥 봉사하는 마음으로 하라"고 말해요. "너희들은 부모님 잘 만나서 좋은 환경에서 무용을 하고 있으니, 우리가 좀 힘들더라도 같이 하면 그 사람들이 얼마나 좋아하겠냐"라고 이야기 했죠. 또 부족한 부분은 이사장님이 뒤에서 도와주시고요. 이사장님은 어디 가서 돈 받고 돈 얻어내는 것은 싫어하시거든요. 우리 나름대로 하는 게 좋지, 여기서 몇 억 받고, 몇 천 받고 하는 것도 다 빚이라는 거죠. 사실 저도 그 말씀에 전적으로 동감하고요. 그래서 그냥 우리 장문원의 힘으로, 또 무용단 단원들이 한 마음으로 함께 하고 있습니다. 그래서 크게 떠벌리지 않고 요란하지 않고 지금까지 묵묵히 걸어온 것 같습니다.

사회자: 무용계가 장애인 문화 쪽에 관심을 갖게 된 건 사실 윤덕경 교수님 영향이 많았어요. 앞서 가는 예술세계를 가진 분이 관심을 가지고 이끌어왔기 때문에 많이 알려진 거죠. 이번에 〈1회 대한민국 장애인국제무용제〉(9월 8~10일)가 있었잖아요? 그 공연 중에 스페인 무용가의 공연을 보니 정말 그 사람만이 할 수 있는 독특한 공연을 하더라고요. 이제는 장애인 공연도 우리가 그냥 봐 준다는 차원이 아니라, 장애인 예술가들도 자신들이 예술작품을 만들어 나간다는 생각을 했어요.

그런데 제가 윤덕경 선생님이 아니었으면 그런 세계가 있다는 걸 몰랐을 것 같아요. 장애인 무용 공연이 있고, 장애인과 장애인이 아닌 사람이 같이 하는 공연이 있다는 걸 알았죠. 또

장애의 종류도 많다는 걸 알았고, 장애인 공연도 휠체어만 생각하는데 또 그게 아니에요. 그런 면에서 '또 다른 가족'이라는 말을 어떤 의미로 쓰셨는지 알 듯합니다.

이철용: 공연이나 무대를 한 송이 꽃이라고 한다면, 윤덕경 교수가 뿌리이고, 제자들은 가지와 잎이고, 바람과 태양의 역할은 춤지와 정부인데, 춤지와 정부당국의 기여와 역할에 따라 아름다운 문화예술의 꽃을 피울 수 있겠지요. 가족은 '하나'라는 개념이거든요. 우리가 아무리 까불고 '너는 너의 길, 나는 나의 길' 따로따로 간다고 하지만, 하늘 아래 땅 위에 살아가는 우리 모두는 같이 살 수 밖에 없어요. 즉 더불어 살 수 밖에 없으니 춤도 어울려 출 수밖에요.

춤 제목 하나하나를 살펴봐도 엄청나더군요. 윤 교수가 20년 동안 해 온 업적이 엄청난 분량이더군요. 이번에는 7분 정도의 영상 자료로 장문원의 활약을 짧게 소개했지만, 다 소개하면 한국춤 역사에 새로운 이정표를 만들어낼 수 있을 거예요. 그래서 윤 교수의 춤 정신을 내가 정리해야겠다는 욕심이 은근히 생기더군요. 그런데 아마 춤 잡지에서 할 것 같은 불길한 예감이 들어요.(웃음)

아무튼 윤 교수님 같은 경우는 좀 독특해요. 처음에 보니까 일 하는 게 깐깐하게 느꼈었는데 시간이 지나면서 굉장히 꼼꼼하다는 것을 발견했어요. 내가 [우리 함께 춤을 추어요] 대본을 건네주면 그냥 덥썩 받는 게 아니라, 체험도 하고, 시각장애인을 불러서 강연도 듣고, 시찰도 나가보고 하면서 나름대로 확신을 다지면서 일을 시작하더군요. 그러한 진지한 모습을 보고 상당히 완벽한 춤 예술가라는 생각을 했어요. 그래서 이 분 같으면 장문원에서 계속 같이 일할 수 있겠다고 생각했는데, 그 판단이 옳았지요. 20년 동안 호흡을 맞추면서 지금까지 이어왔습니다.

오늘 여기 오니까 좀 마음이 놓여요. 전통과 권위가 있는 춤 잡지인 '춤지'에서 새로운 춤의 세계, 한국 창작무용의 귀재가 아닌 무용의 한 장르를 또 하나 구축해내는 그런 춤 정신을 하나 만들어내면 좋겠다는 생각이 들었어요.(?)

장애인을 무대로 올려 춤을 추게 한다는 것 자체가 춤의 새로운 역사이고 춤의 혁명이라고 봅니다. 장애인에게도 춤을 추게 할 수 있다는 확신과 춤은 비장애인만의 전유물이 아닌 모두의 것이라는 진실을 천하에 밝혔다는 점입니다. 사랑이란, 없는 것에서 있는 것을 찾고 있는 것에서 없는 것을 찾는 것이 진정한 사랑이라고 합니다. 춤에서 장애인을 찾고 장애인에게서 춤을 찾는 것이야말로 진정한 사랑이라고 봅니다. 사랑의 춤 정신을 선포하고 실천한 윤덕경교수야 말로 무용의 한 장르를 구축한 진정한 사랑의 춤꾼이라고 자신 있게 말할 수 있습니다. 윤 교수님의 춤 정신이 한 알의'춤추는 알갱이'가 되어 쭉정이는 사라지고 알갱이만 남아 그 힘으로 막힌 세상이 뻥 뚫어져 소통하는 더불어 역사가 일어나기를 간절히 소망해 봅니다.

사회자: 외국의 경우 장애인 단체, 장애인 예술세계가 분명하게 돼있더라고요. 종목별로 많이 있어요. 문화에 대해서도 장애인들의 기본권을 확실하게 보장해 주니까요.

윤덕경: 네, 그런 게 잘 돼 있죠. 지난번에 외국에도 많이 나갔다 온 학생이 홈페이지를 보고 장문원에 전화를 걸어서 "우리나라도 이렇게 장애인들이 무용을 하는 데가 있습니까?"라고 물어왔어요. 외국에는 장애인 무용 단체가 많은데 우리나라는 이제 시작단계에 불과해요. 물론 장애인들에게 춤을 가르치는 다른 단체도 있고, 초등학교에서 아이들을 가르치기도 합니다. 그런데 우리 같은 협회가 아니라 완전히 특수교육 시설이에요. 무용단으로서는 우리가 시작을 했는데, 세월이 20년 넘

게 지났으니 이제는 우리 제자들이 이어서 해야죠.(웃음)

이철용: 앞으로 더 활발하게 할 계획을 갖고 있어요.

사회자: 그러면 한 가지만 더 질문할게요. 윤덕경 선생님께서는 춤의 예술성을 어떻게 확보를 하실 건지요? 지난해 한국 춤협회의 〈한국춤 제전〉에서 [아리랑] 공연을 하셨는데, 아주 좋은 공연이었어요. 윤 선생님께서 앞으로 다루고 싶은 주제나 하시고 싶은 작품이 있으신가요?

이철용: 미리 터트리면 안 될 텐데 잡아놓은 게 있어요.(웃음)

윤덕경: 어떻게 될지 모르는데요.(웃음) 제가 내년에 개인 발표를 한 번 해야 되는데, 고민하고 있습니다.

이철용: [춤추는 알갱이]라고 제목도 다 정해놨어요. 우리가 빵을 반죽할 때 밀가루에 효모가 들어가거든요. 그걸 누룩이라고 하잖아요. 그런데 밀가루는 창대하나 효모는 지극히 미미하잖아요.(웃음) 이 미미한 누룩이 빵 전체를 다 부풀게 만들어요. 그러니까 윤 교수의 춤의 정신이 이 어지러운 세상에 딱 들어가 효모 작용을 통해서 잠자고 있던 굳어진 사람들을 춤추게 하여 부드러운 세상을 만드는데 기여를 한다는 의미이지요.(웃음)

사회자: 그 춤의 정신이 뭔지요?

이철용: '춤추는 알갱이'의 정신은 사회적 약자나 문화, 예술 분야에 소외된 사람들을 다 끄집어내서 하나로 만들어가는 거예요. '어울림'이라는 것은 너 틀리고 나 틀린 게 아니에요. 너와 나는 약간 다를 뿐이고, 그러니까 같이 가자는 것이지요. 무용은 나만 추고 너는 와서 구경만하라는 게 아니라, 너도 추고 나도 추는 어울림이예요. 그래서 윤 교수님이 인사말에서'나의 몸짓, 너의 몸짓, 더불어 몸짓'라고 했는데, 그게 윤 교수님의 춤의 정신이라고 봅니다.

우리는 예술이라고 하면 자꾸 어디 높은 데서 끌어내는 것이라고 보는데, 그게 아니라 지극히 소소한 것이 하나로 어우

러졌을 때 그것이 참 예술이 아닌가 싶어요. 그래서 진정한 예술은 삶이지, 삶과 다른 것은 더 없을 것 같아요. 경계가 있고 편견과 차별의 벽이 있는 건 예술이 아니고, 예술의 힘으로 그걸 무너뜨리는 거예요. 장애인, 비장애인의 경계를 무너뜨리고 차별과 편견의 벽을 허물어서, 지구별이라는 공동체에서 빈부의 격차와 많고 적음의 격차, 배우고 안 배우고의 격차, 있고 없음의 격차를 다 허무는 거죠. 그렇다고 공산주의처럼 같이 살자는 게 아니라, 함께 춤을 추자는 거예요. '너는 너의 춤, 나는 나의 춤, 그리고 더불어 춤' '어울림 춤'

윤덕경 교수가 걸어온 길은 그야말로 예술 그 자체지요. 삶이 가장 귀한 예술이라고 한다면, 윤덕경 교수의 춤 정신은 그 자체가 예술이라고 저는 그렇게 믿고 있습니다. 아주 영악하게 출세하려는 게 아니라 그냥 묵묵히 다른 길을 안 보고 예술의 외길을 걸어왔잖아요? 그래서 윤 교수님의 삶 자체가 예술이라는 생각을 갖게 만들지요. 이 시대에 보기 드문 모범적이고 성실하고 야무진 진정한 사랑의 춤꾼이라고 봐요.

사회자: 장문원이 20년 동안 오면서 감사해야 될 분들도 많을 것 같은데, 이 자리를 빌려서 특별히 언급할 분들이 있으신가요?

이철용: 많죠. 우선 관객으로서 찾아오시는 분들이 없으면 우리 공연이 불가능하거든요. 그분들에게 우선 감사를 드립니다. 그 다음에 진정으로 감사드려야 할 분은 그 동안 공연을 끌고 온 윤덕경 교수와 그 제자들입니다.

또 눈에 보이게 보이지 않게 특수학교 선생님들이 헌신적인 노력과 봉사를 해주셨어요. 아이들 옷매무새를 만져주고, 목이 쉬어라 아이들을 지도하고, 무대 뒤에서 동분서주하는 교사들의 노력이 없었으면 힘들었을 거예요. 이런 것들이 다 고맙죠. 고맙지 않은 게 없어요.

그래서 공연에서 춤추고 신명나게 노는 아이들이 꽃이라고 한다면, 그 꽃을 피우기 위해서 땅 속을 헤매는 뿌리인 윤 교수와 가지와 잎으로서 태양을 찾아서 꿈틀거리는 제자들의 역할이 있지요. 또 거기에 태양과 바람이 있어야 되는데 '춤지'가 바람이 되든 태양이 되든 큰 역할을 기대합니다. 다른 분들도 함께 참여하셔서 관심을 가져 주셨으면 좋겠어요.

이제는 장애인 문화예술에서 무용 장르가 확산되고, 국제 대회까지 갈 정도로 많이 활성화됐습니다. 하지만 정작 무용계에서는 윤덕경 교수 외에는 장애인을 소재로 한, 또는 사회적 약자를 소재로 한 무용이 확산되지 않고 있어요. 그런 면에서는 주객이 좀 전도된 것 같습니다.

서울시 교육청, 경기도 교육청을 비롯해서 전국 교육청 직원들이 이걸 봐야 된다는 거예요. 장애인 교육의 칼자루를 쥐고 있는 교육 공무원들이 보고 인식 전환을 해야 합니다. 제가 조만간 서울시 교육감이나 경기도 교육감을 직접 방문해서 만나려고 합니다. 이번 20주년 공연, 또 그 전의 공연 자료를 갖다 주려고 합니다. 일단 교육청 직원들부터 그런 자료와 공연을 보고, 장애인들이 무용 공연을 만들 수 있게 해달라고 부탁하려고 합니다.

사회자: 지금까지 이야기를 쭉 들어보니, 장문원의 계획은 두 가지로 나눠지는 것 같아요. 하나는 장애인, 비장애인이 협업하는 공연과 다른 하나는 교육을 통해서 장애 학생들을 예술가로 키워 내는 거죠. 이 양쪽을 같이 끌고 가시면서 좋은 역할을 하시길 기대하겠습니다. 그럼 마지막으로 하시고 싶은 말이 있으면 해주세요.

반호정: 공연은 우리가 준비하지만 아무도 관심을 가져주지 않으면 의미가 없을 거예요. 늘 우리 공연에 관심 가져주시고, 많이 보러 와주시고, 응원해주시면 감사하겠습니다.

박주영: 이사장님이 정말 고생한 사람들은 따로 있는데 칭찬은 우리가 받는다고 말씀하셨어요. 그동안 공연을 위해서 정말 고생하신 분들이 많은데, 공연이 끝나고 나면 칭찬은 저희가 많이 받아서 그 말이 가슴에 와 닿더라고요.

김하림: 현실적으로 말씀드리면 예산 문제로 교수님께서 고민을 하시는 걸 제가 몇 번 봤거든요. 그래서 이런 뜻깊은 공연에 나라에서 예산을 더 해줬으면 하는 바람이 있습니다.(웃음)

윤덕경: 저는 지금 이순간도 제가 춤을 추기 잘했다 생각하며 부모님께 감사드리며 가족에게 감사하고 또한 장문원이 있었기에 이러한 다양한 예술작업도 가능하다고 생각합니다.

춤은 사람의 마음을 움직이는 가장 직접적이고 아름다운 예술 중에 하나이기 때문에 저와 제자들은 장애인이든 비장애인이든 무한한 상상의 에너지를 연습과 무대를 통해서 발휘할 것입니다. 그래서 이런 자리에서 꾸밈없이 진지하게 소통할 수 있는 제자들이 있기에 더욱 든든하고 끝으로 이렇게 20주년을 격려해 주신 춤지가 있기에 더욱 힘이 납니다.

박주영: 전체적으로 예산이 많이 줄었는데, 그나마 우리 단체는 여태까지 해온 것을 많이 인정받아서 다른 단체에 비해 많이 받았어요. 그래도 우리는 좀 더 큰 규모로 하고 싶은 욕심이 있어서 좀 힘들었죠.

사회자: 기금은 많이 모였나요? 김보연 씨가 열심히 홍보하시던데.(웃음)

이철용: 아니요.(웃음) 그건 그냥 얘기만 한 거예요. 와서 참여해 준 것만 해도 고맙죠. 배우들이 와서 홍보이사로 참여하고 사회까지 본다는 건 쉽지 않은 일이죠.

반호정: 어떤 공연 보러 가니까, 티켓팅할 때 조그마한 봉투를 주더라고요. 티켓비는 알아서 지불해 달라고 하는 거죠. 이런 저런 아이디어를 생각해 보고 있습니다.

조은경: 오랜 시간 감사합니다. 앞으로 30주년 50주년, 장애를 이기며 문화예술의 품격을 높여온 장문원의 기념공연이 이어지기를 기대합니다.

창작무용의 문법과 표현 언어를 찾아서

이상일 무용평론가

윤덕경무용단의 제2회 정기공연에서 유심히 보아야 할 것은 [신 기본]이라는 춤 본이다.

안혜임과 이혜진의 작품들도 신진들의 창의력과 기량으로 우리를 즐겁게 할 것이지만 윤덕경 교수의 [신 기본]은 창작무용에서 활용되는 기본 틀로서의 문법과 무용언어를 선보인다는 뜻에서 큰 의미를 가질 수 있을 것이다.

나는 한국무용 가운데 창작무용의 비중을 높이 평가한다. 전통무용의 전승에서 예술적인 변형을 가져 온 최승희의 신무용도 넓은 의미에서 창작무용이라 할 것이고 오늘날 무대에 오르는 대부분의 현대무용이나 발레 또한 그것이 안무자의 개인적 창의력에 의한 무대발표인 한에서 모두 창작된 무용, 곧 창작무용이다.

그럼에도 불구하고 유독 한국무용가운데 70년대 이르러 전통무용의 보존과 재현과 학습에서 벗어난 창의적인 안무방식의 작품발표를 통틀어 '창작무용'이라고 부르게 된 까닭을 나는 알지 못한다. 어쩌면 그것은 한 시대의 추세였는지도 모를 일

이다. 최승희의 '신무용' 이름붙이기에 따라 전통의 변용을 통틀어 '신무용'이라 부른 것처럼 70년대 창무회의 창작무용 이름붙이기에 따라 새로운 안무로 만들어진 춤들을 창작무용이라 부른 것도 시대의 추세였던 것이다.

그러나 그들이 어떤 무용언어로 창작무용을 만들어 내었는지에 대한 무용적 문헌이 별로 남아 있지 않다. 최승희의 무용기본이나 김매자의 춤본이 무용의 자모가 될지 모른다. 또 다른 한국 무용가들의 잇따른 발표회도 있을 것이다. 연구회와 토론회가 무용적 문헌과 업적으로 쌓이게 될 날을 우리는 기다려 본다. 그런 기대 속에 윤덕경 교수의 신기본이 선을 보인다. 자모를 엮어 한글을 만들고 그 문법에 따라 문장의 표현력이 갖추어진다면 무용적 기본 틀이야말로 한국무용의 창작을 위한 설명 가능한 첫걸음이 된다.

창작 무용가들이 그들 창작무용의 기본적 문법을 제시하지 않으면 관객들은 그 무용형상이 무엇을 뜻하고 왜 그렇게 해석되어야 하는지 의아해 할 것이다. 나는 윤덕경 교수의 학구적 업적이 무용창작의 해답이 되거나 적어도 논의의 대상에서 떠올라 한국무용의 위상을 한 단계 지적으로 높여 나가리라고 믿는 것이다.

1995.

높이에 담긴 안무자의 춤의 철학 '빈산'

고석림 무용평론가

1990년 12월 멕시코의 모렐리아 시에 있는 오깜보 극장에서 나는 사흘 동안 하루에 한 번씩은 윤덕경 안무의 '산'을 관람했다. 유네스코 멕시코지부 주관 국제무용총회의 공연 스케줄과 토론에 참석했던 윤덕경무용단의 현지 활동에 필자는 우연히 증인이 되었던 것이다. 그 작품과 필자 간에 보이지는 않았지만 연으로 연결되어 있었던가. 월간 춤과 사람들에 연재되고 있는 화제작으로의 기행을 집필하기 위해 받은 '빈산'의 자료 속으로 그 연이 발견되다니!

그 당시 윤덕경의 '산'에서 필자는 그렇게 고통스런 이미지, 몸부림치며 울부짖는 사람의 소리를 듣지 못했었다. 왜 그랬을까? 춤으로는 눈이 없어서 폭은 세상에 볼 수 있는 나이에 도달치 못해서였을까? 그런 이유도 있었을 것이다.

그리고 제목 때문이었다.

'山'에서 우리는 보통 인간의 마음을 차분함으로 달래는 초록색을 읽고 '빈 山'에서는 황량한 메마름이 있는 황토색을 떠올린다. 윤덕경이 작품 '산'을 1989년 11월 11일 문예진흥원대

극장에서 초연하고, 그 이듬해의 재공연 때부터 '빈산'으로 개명을 했다. '빈산'이 되면서 작품은 드디어 의도했던 메시지가 배인 제목을 갖게 되었던 것 같다.

춤 작품 '빈산'의 원전은 저항 시인 김지하의 시 〈빈 산〉이었다.

김지하는 이 시에서 국가 폭력에 의해 황폐화된 사회와 개인을 아무도 더는 오르지 않은 산, 우리가 죽어 상여로도 떠나지 못할 아득한 산, 더 이상 아무도 찾아가지 않은 외로운 산으로 표현하고, 끊임없이 해방의 몸부림과 투쟁을 통하여 불꽃으로, 내일의 한 그루 새 푸를 솔로 태어날 것을 제안하고 있다.

춤과 음악을 구분 않는 우리 춤으로의 회귀

윤덕경은 뜻밖에도 정약조 궁중음악 리듬을 '빈산'에서의 춤이 따라갈 음악으로 삼고 있었다.

김지하가 풀뿌리 같은 민중을 표현의 대상으로 삼았는데, 윤덕경은 민중을 억압할 위치에 있던 계층의 사람들이 즐기던 음악, 궁중정재를 바로 그 민중의 몸부림을 표현할 리듬으로 선택을 했다. 주제를 부각시키기 위해 이런 아이러니한 선택을 의도적으로 했는가 하는 점을 안무자에게 확인 해보지는 않았지만, 재미있고 또 의미 있는 선택이었다. 창작용이라면 당연히 새로운 것이어야 한다는 보통의 기대를 깨어버린 선택은 우리나라 춤에서 춤과 음악이 구분되지 않았던 원류로의 회귀를 의미하기도 했다.

표현적으로 이 작품의 메시지는 작품의 도입부와 끈의 두 장면에 실려 있다.

구음이 끝나자 엎드렸던 군무수들이 무릎을 꿇은 채 시선은 허공을 향하며 상채만 세워 뒤로 젖히는 도입부의 군무 동작과 끝 장면에서 암전이 되었다가 불이 켜지면 외로이 서있는 군

무수들, 이 두 장면에서 윤덕경이 기대하는 "미래"의 이미지들이었다. 김지하가 노래했던 민중의 "미래"였을까? 아니면 그의 인생에 산처럼 우뚝 버텨주었던 항상 고마운 그러나 이제 흰머리를 한, 빈산 같은 존재(아버지일수도 있을 것이다.)에게서 받는 허무한 이미지를 표현한 것이었을까? 어스름한 조명 아래서 무릎을 꿇은 채 상체를 곧추 세워 허공을 응시하는 무용수들은 뭔가 기다리는 이미지를 연출했다. 필자는 바로 그 장면에서 태평양 상 칠레 땅 이스터 아일랜드에 있는 기석상 모아이의 이미지를 떠올렸다. 현대인들은 육지로부터 3800㎞나 떨어진 외딴 이스트 섬에 어째 그 거대한 돌로 된 석상들이 하늘을 보며 도열해 있는가 하는 것에 남다른 호기심을 느끼고, 기 거석상들은 "우주에서 오는 어떤 인물 - 미래"를 기다리고 있는 불가사의적 모습이라고 해석한다. 한국의 무용가가 만든 이미지에서 "미래-희망"을 기다리는 모아이 같은 이미지를 연상하는 필자가 너무 비약을 하고 있는 것일까?

암전 이후 마치 산에 심어진 푸른 솔나무처럼 무용수들이 서 있는 마지막 장면, 이 장면은 빈산이 이제는 더 이상 빈산이 아니라 나무가 있는 산이 된 모습을 나타내고 있다. 시에서 김지하가 얘기하는 "불꽃일 줄도 몰라라 내일은 한 그루 새 푸른 솔일 줄도 몰라라"는 "민중이 기다리는 세상"을 표현한 것이 아닌가 싶다.

작품은 전체적인 구도에서 보면 하나의 일관된 논리의 씨퀀스를 갖고 있었다. 안무자는 땅에서부터 시작하여 점점 하늘로 솟는, 높이 개념을 부각시키면서 작품을 전개했다. 그 땅이 산 아래의 땅 일수도 있고, 빈산의 바닥일 수도 있었다. 땅에 기면서 사는 미물을 표현으로 첫 씨퀀스가 시작되어선 네 발로 걷는 동물, 두 발로 서서 걷고 뛰는 직립인간으로의 진화 과정을 상상케 하는 형상의 변화가 감지되고, 더 나아가서 땅에서 더

치솟아 날려는 의지까지 보이는 이미지가 작품 속에 있다. 땅에서 꿈틀거리는 형상들이 엎드려 기는 자세에서 곧추 세워질 때까지 보여주는 높이적 변화는 시간 개념과 자연 진화의 현상을 성명하려 하는 것으로 이해가 되었다. 이 진화는 원시적 황토색깔에서 초록색으로 변해가는 빈산의 외관적 변화일 수도 또 인간이 태어나서부터 성장하면서 정신적으로 성숙되어지는 내면적, 변화를 상징할 수도 있는 다의성을 띄고 있었다.

한국춤도 Out으로 춘다

동작적으로는 땅위에 사는 동물들의 형상과 기고, 걷고 서는 동물들이 하는 행위를 모방한 것들이, 또 주위의 모든 동작들이 전통춤의 기교에 접목되고 춤 동작화된 것이 보여 졌다. 발을 뻗었다가 손목을 힘을 빼서 손을 턱 떨어트리는 동작은 흔들림과 힘의 낙하라는 이미지와 토끼의 귀 같은 동물 형상적인 이미지를 동시에 만들고 있었고, 치마를 잡고 올리는 동작은 나는 새의 날개 펴기를 표현한 것처럼 보였다. 그리고 염불 장단에 맞춘 동작을 하는 등 전반적으로 동작들은 "느림"을 의식적으로 많이 추구한 것들이었다.

그런데, 동작적인 면에서 필자가 '빈산'에서 느끼는 특유한 인상은 윤덕경의 창작 춤이 "한국춤이나 동양 춤은 In이다"라고 하는 통념을 깨고 더 큰 동양적 스케일을 추구한다는 점이었다. 인도네시아나 태국의 춤을 보면 "동양 춤은 In이다"라고 하는 일반적 정의는 옳지 않음을 알게 된다. 필자가 동작 전문가는 아니지만 윤덕경은 한국춤에도 자연스럽게 Out으로 하는 동작이 얼마든지 있다는 것을 보여주면서 전통에 기반을 둔 창작 춤 언어를 넓히는 노력을 했다고 생각되었다.

'빈산'에서의 무대미술은 하나의 미술품이었다.

미니멀 아티스트들이 그리는 그림, 선과 색만 있는 그림인

데 실로 짠 거대한 캔버스였다. 이 무대미술이 주는 첫인상은 "도시적"이었다. 빌딩들을 그린 것은 전혀 아닌데도 필자는 빌딩이 즐비한 서울 소공동 거리를 떠올렸다. 빌딩 사이로 무심한 바람만 지나가는 황량하고 차가운 빌딩 숲이 나무 한그루 없는 벌건 황토색의 황량한 빈산 같았기 때문이다. "빈산"과 "도심"이란 단어에는 밀도적으로 정반대의 개념이 물론 있긴 하나 "황량한"이라는 동직적인 이미지도 있다고 생각되어 틀린 느낌은 아닐 수 있다고 생각된다. 현대적 공허함을 기하학적으로 푼 도시적인 무대미술은 춤의 분위기를 더해 준 요소였다.

작품 속에서 옷은 날개였다. 당의의 선을 이용한 무대의상, 넓은 치마폭으로 새의 날개 이미지를 만들게 한 디자인과 응용이 인상적이었고 작품 속 춤 이미지를 한껏 보완 해주는 요소였다.

감정고조 느낄 클라이맥스는 없어

음악적으로 볼 때 이 작품에는 고저가 없었다. 상황의 전환은 구음, 대금, 장구, 징 등 악기의 소리 변화를 통해 구분을 할수는 있었지만, 정악적 리듬의 특성을 유지하려다 보니 고저도 속도의 변화도 미미했다. 이렇게 음악적으로 클라이맥스가 없는 것은 작품의 춤 적 표현에도 큰 영향을 주었다. 결과적으로 '빈산'에는 감정의 고조를 느낄 수 있는 클라이맥스가 없었다. 음악의 변화에 따라 약간의 속도감이 더해지는 동작/상황이 있긴 했지만 춤으로 감정을 고조시키지는 못해 관객들은 아마도 감성보다는 이성으로 춤을 관람했을 것이다. 또한 작품 속에 등·퇴장이 거의 보이지 않았고 무대의 구성이 너무 정형적이었다.

이 모두 안무자가 정악적 궁중리듬을 음악으로 선택을 하면서 예고된 의도이긴 하지만 안무자는 "창작공연"에 거는 새로움에 대한 기대를 인정하고 좀 더 대담한 구성을 시도했을 수가 없었을까 하는 생각이 들었다.

불교적인 무(無)가 '빈산'을 창작하던 윤덕경의 머리에 있던 이미지 일까? 〈빈산〉은 진짜 산이 아니라 안무자의 우주관의 상징으로 선택한 주제였다. 땅에서 기는 것에서부터 점점 더 높이 올라가 보았더니 無로 해석된 세계가 있더라 하는 나름의 철학을 땅을 꺼안고 하늘로 뻗는 표현들을 통해 전달하려 하지 않았을까?

정악만을 이용한 창작 춤, Out 동작하는 한국춤 등 윤덕경 나름의 특유한 시도가 끝부분의 구음처럼 빈-산으로만 끝나지는 않기를 바라는 마음이다.

〈춤과 사람들〉 2003.5

민감(敏感)한 통찰(洞察)과 잔잔한 의식(意識)

— 윤덕경의 「고요한 시간, 그 깨달음」

김경애 무용 평론가

2004. 5. 13. 오후 7시 충주문화회관, 무대공연 지원 작품, 윤덕경과 동무용단의 한국창작무용공연을 보았다. 윤덕경은 93년 태평무 이수, 창작 춤 운동의 모태인 〈창무회〉 대표. 신촌 창무춤터의 운영대표. 수문장으로 알려져 있고, 중진 한국춤 작가다. 활동 1기 = 창무회(84~90), 〈빈산〉 활동 2기 = 95부터 장애인을 위한 춤활동, 활동 3기 = 서원대학교 교수, 윤덕경무용단(89~현재), 화제의 주요안무작 = 86 '가리마', 87 '사라진 울타리', 89 '빈산', 90 '날씨 때때로 맑음' '매혹', 95 '땅', 96 '우리 함께 춤을 추어요', 97 '어-엄마 우으섯다', 98 '빈자리', 02 '고요한 시간, 그 깨달음', 95년의 학위논문 〈한국창작무용의 표현에 관한 동작학적 연구〉 주목할 활동 2기의 작품 '어-엄마 우으섯다' '우리 함께 춤을 추어요' 등에서 갈 길을 예감하였고 앞으로 노인문제를 접근하여 심도 있게 다룰 작정이라 한다. 줄곧 전통 춤의 현대화, 인간 존중, 자연 사랑을 화두로 사랑 나눔이란 공동체 의식의 일환으로 소외계층의 삶(장애인 주제 같은)을 춤으로 승화시켜 미학과 지평을 넓혀 왔다. 바로 한국춤 창작에 힘을 기울였다. 1990년대에 황병기 선생과의 만남에서 춤 양상

이 변화 1995년 이후는 장애인에 대한 시각의 전환부터 인생 관조의 경(境)과 공동체적 삶의 미학을 표출하게 된다. 주목할 윤덕경의 이번 메시지. "나는 어디로 가고 있는가? 우리는 모두 무한 경쟁 속에서 허겁지겁 달리고 또 달린다. 명예의 욕망을 위해 더 갖기 위해 숨이 턱에 닿아 달린다. 나이 들면서 점점 더 아름다워지는 자연 주위의 형상들, 빠름 속에서 못 보았던 주변 풍경들, 잊혀졌다. 아름다운 사연들... 오래 전 어느 지인과의 '여유로움의 미학'에 관한 혼을 한 후 '위파사나'라는 불교수행법에 관심을 갖게 되고 이번 작품의 동기가 되었다." 즉 무한 경쟁 속에 살고 있는 현세의 업을 소홀히 한 채 '춤살이'에 매달려 살아온 나 자신을 되돌아 본 기회를 갖게 된 것이다. 이는 바로 통찰이고, 나이테이고 나를 멀리서 바라보는 통찰과 자세이랄까. 2002년 5월 16일 충북 보은 문화예술회관에서 초연한 작품이다. 이는 무용극도 아니고, 상황무대로 아니고, 바로 의식의 춤이다. 윤덕경은 왜 재연하면서까지 이 작품에 애착을 지닌 것일까? 일반으로 발표한 작품 중에서 애정이 깊고 자신이 있을 경우 리바이벌 의욕이 발동한다. 구조 변경, 업 그레이드 각도에서 이번 춤을 본다. 작품의 뒤안길에 숨은 철학을 요약하면 '빠름은 빠름이 아니고, 느림은 느림이 아니다.' 우보(牛步)천리가 생각난다. 또 '질주로 치닫는 무리여! 걸음을 멈추고 돌아보라!' 가 메시지다. 느림의 미학을 불교적 칼라로 대비시켜 인생을 찾는 작업이다. 구체적 작품 구도는 제1장 「있는 그대로, 멀리 바라보기」 제2장 「질주의 시대, 망상의 광풍」, 제3장 「통찰, 해탈, 맑은 물로 나타내기」, 제4장 「생로병사, 깨달음의 세계 그 조용한 환희의 기쁨」이다. 심은 대로 거두는 법, 걸음을 잠시 멈추고, 제동 없는 질주시대에 합(合)도 화(和)도 미루고 살아 온 나는 이제 바삐 걷는 걸음보다 조용한 기쁨을 택한 윤덕경의 술회가 춤과 함께 전도(傳導)되어 온다.

한 인간, 또 다른 인간이 제1장 「멀리서 바라보기」를 예고하듯 춤을 추고 사라진다. 침침한 속에 인간 군(7명)의 좌상(挫傷)이 강한 이미지를 풍기며 다가온다. 당당한 모습, 뚫어져라 뭔가를 응시하면서 옹골지게 독특한 몸짓과 동(動)언어를 보여준다. 이와 대비로 상수 앞쪽에 한 춤꾼이 7인의 군 사이를 천천히 지나 걷기 시작한다. 누워있던 군은 답하듯 한사람씩 일어서고, 조용히 사라진다. 잔잔한 방울소리를 타고 4+2인이 더 가세한다. 모두는 뛰고뛰고 쓰러지고, 재빠른 체향 돌리기. 땅에 누워 꿈틀거리기 한다. 모두 통찰과 의식의 포즈들이다. 장면이 바뀌어 2인의 남의 그로테스크가 연출된다. 사찰입구의 사천왕 모습에 대담한 마스크와 헤드커버를 썼고 장삼을 뿌리면서 다이나믹한 동작의 구사가 시원스럽다. 열 두발 상모를 연상케 한 리본을 놀림도 삽입된다. 제2장 「망상의 광풍」으로 넘어간 것 같다. 군무희들은 하수 쪽에서 들고, 조상의 춤꾼들 역시 포즈를 취하고 있다. 묵직한 목청의 독경소리가 에코효과로 증폭되어 들리면서 바라를 든 한 춤꾼이 등장한다. 이어 6인의 바라를 쥔 춤꾼들이 합세하여 함께 춤추기 시작한다. 그들의 바라춤은 우리 눈에 익은 요란한 쇳소리 내기는 줄이고 번쩍이는 빛의 발산에 중점을 두었다. 망상의 광풍을 대신한 것으로 보여진다. 바라군들과 반대쪽 상수에 윤덕경의 모습이 보인다. 진한 녹색과 살색 주조(主調)에 팔 끝과 치마 끝이 농담(濃淡)효과염(染)으로 된 중후한 느낌의 의상이 차분함을 배가 시키고 있다. 이제 3장 「통찰, 해탈」로 넘어간 것 같다. 여전히 바라는 크게 소리를 내지 않는다. 하수 쪽에 반달꼴로 선 바라춤꾼, 상수 쪽에 윤덕경의 모습으로 대위적 포즈로 대치하여 춤추고, 4방위에 바라 쥔 4명 그 중앙의 윤덕경은 함께 율동감 넘치는 춤을 춘다. 5인이 좌우로 이동하면서 추는 구성은 아름다웠다. 4인이 사라지고는 윤덕경의 맨손 독 춤이 있고 다음 한

청년이 등장, 잠시 두 사람의 춤 뒤따라 경쾌한 북소리를 반주로 4남과 12인의 여군무로 변한다. 이때의 춤은 '춤 속의 춤'으로 신명이 넘치고 군무희들의 치마 끝 농담염의 물색 치마로 보아 '맑은 물로 나타내기'임을 짐작케 한다.

하늘에서 아름다운 조형미가 가미된 연꽃들이 하강하여 중천에 장식으로 걸려 있고 무대의 화사한 춤과 어울려 물속 용궁 같은 분위기를 연출한다. 장면이 바뀌어 연등행렬의 등장이다. 시계방향의 돌기와 S자형 돌기가 합쳐지고, 하늘의 연꽃과 교향곡을 이루어 지상낙원을 꾸민다. 묵직한 목청을 독경소리가 에코효과로 증폭되어 들리면서 무대 후면을 좌우로 가로지르며 '생로병사' 삶의 모습을 리얼하게 담는다. 색동옷에 통통 튀는 아이의 모습 구식 차림의 신랑과 신식의 신부가 지나가고 지팡이에 의지한 꼬부랑 할멈과 할배의 해학적 모습이 그려진다. 이때의 '인생이 살면 몇 천 년을 사는가'부터 시작하여 '아리랑'을 테마로 한 우리 곡조의 반주음악이 새로웠다. 연꽃을 쥔 춤꾼이 뒤따르고 하늘에서는 큰 연꽃 한 송이가 피어있다. 그 아래에서 펼쳐지는 치마를 흔들며 추는 종곡은 16명에서 20명의 대단원 군무로 발전되고 깨달음의 세계 조용한 환희의 기쁨에 찬 끝을 고한다. 출연자 남자 10명, 여자 18명의 대군단의 무대. 그중 박덕상, 조진국 등 남자와 신은선, 홍미영, 김수진. 문재희, 김지영, 김현애 등 여자 춤꾼들은 돋보였다.

무용전문지 〈댄스 포럼〉 2004. 6

우리 춤 발전에 밑걸음이 되고 있는 숨은 공로자

김경애 무용 평론가

윤덕경은 용산구의 춤 무대 개척에 남다른 열정을 보여 왔다. 잘 만들어진 춤 공연장의 잘 만든 무대가 중요한 것은 더할 나위없지만, 개척자로서 춤 무대를 확장해가는 노력은 또 하나의 실험성으로 가치를 인정받는다. 윤덕경의 지구력 있는 이러한 정진은 우리 춤 발전에 밑걸음이 되고 있는 숨은 공로자라 할 만하다.

'하얀 선인장'은 신체 장애아들을 무대에 직접 출연시켜 윤덕경무용단 단원들과 함께 무대를 만든 작품이다. 신체 장애아들이 출연함에도 불구하고 안무자는 작품으로서 의욕을 갖고 멀티미디어를 동원시켜 입체적인 무대를 만들었다. 영상과 장애아들의 휠체어의 장치효과 등 안무자의 공력(功力)이 드러난다. 특히 용산문화예술회관의 신축극장의 낯선 무대를 춤 공간화하는 노력은 이 휴머니즘의 무대 완성과 더불어 춤의 사회적인 기능을 돌아보게 한다.

신체불구의 아픈 이들과 전문무용수들의 한 무대는 성공에 대한 기대치를 낮게 둘 수밖에 없는 제작인데, 안무자의 노련한 무대 운영 경험은 적절하게 장애자들과 전문무용수들의 역할을 분담시켜 무대효과를 배가 시킨다. 기량 있는 무용수들의 춤과 감동을 주는 장애아들의 참여 노력, 그리고 시각적인 연출력은 선인장을 통한 상생의 춤을 효과 있게 보여준다.

무용전문지 〈댄스포럼〉 2010. 10

장문원의 장애예술인 융 · 복합공연과 한국 유스발레스타즈 창단공연의
어려운 길, 그리고 무용극의 정세성에 대한 물음

이상일 무용평론가

장문원의 장애예술인 융 · 복합공연〈가족〉

또 다른 〈가족〉 모구 함께(10월 20일 (토) 용산아트홀 대극장)는 장문원, 곧 장애인문화예술진흥개발원(이사장 이철용)이 주최한 '국고 장애인문화예술향수' 지원사업의 일환이며 서원대학교 윤덕경 교수가 총감독으로 진행한 옴니버스 스타일의 무용공연이다. 이 공연이 주목받는 이유는 장애인예술가와 비장애인 예술가들 협업이 이루어낸 예술장르 허물기 같은 최신 사조, 이른바 융 · 복합예술형태 공연작품이기 때문이다.

주제는 장애인, 비장애인 없이 우리 모두 가족이라는 큰 전제를 달고 있지만 4장으로 된 구성은 하나하나가 모두 독립되어 있다. 첫째 〈헬로, 마미〉(김현아 안무), 둘째 〈그립고-그립고-그립다〉(임건백 안무)는 의욕이 뚜렷하지만 셋째 〈하얀선인장〉(2010년 초연)에서 휠체어를 타고 나왔던 우화숙, 조현숙, 구경애, 임성신, 김영순과 윤덕경무용단의 박주영, 오명희 등의 장애, 비장애 구별없는 집체적 무용예술의 형상이 두드러졌다. 지체부자유한 예술가의 등장을 전제로 한 장애, 비장애인의 예술형태만 해도 힘든 작업인데 예술장르 사이로 오가는 크로스오버 형식에 감히 도전했다는 사실은 더욱 놀라운 일이다. 지난 세기에 화두였던 종합, 총체예술 형태를 거쳐 세기말의 포스트모던이즘의 해체, 짜깁기, 하이브리드 양식론 다음에 21세기에 들어와 통섭, 다원 그리고 융 · 복합예술 사조에 이르는 과정 속에서 아직 실험적인 이런 예술양식 장르 사이를 오가는 크로스오버형식은 예술의 종합화 내지 총체화를 겨냥하는 근본적 지향점이라 할 것이다.

윤덕경 안무의 〈내 안의 나, 그 안의 나〉가 그런 지향점을 지향한다. 자기 속의 나와 또 다른 나를 보며 아파하며 가족의 끈을 놓지 못하는 안무자가 데미 김의 미술과 작곡 겸 피아니스트 김영중 등과 더불어 예술양식 경계 허물기의 융 · 복합을 겨냥한다. 이 작품은 그냥 순탄하게 만들어진 작품이라는 인식을 전제로 출연자들이 모두 커튼콜을 받기 위해 단상에 서기 전까지는 장애, 비장애 예술인들의 구별이 나지를 않았다. 그림을 배경으로 윤덕경의 움직임이 원을 그리며 관객들의 시선을 빨아드리는 한편에 화가 데미 김의 붓끝이 호리즌의 영상으로 그려지고(그 곁에서 장애와 비장애의 두 아이가 그 작업을 바라보고 있다) 작곡가이자 피아니스트 김영중의 멜로디가 장애와 비장애 예술가의 협연을 부드럽게 가족애로 감싼다. 미술이면 미술, 음악이면 음악 분야의 장애인 예술가를 배려하는 것만으로는 장애인 예술향수가 부족하다. 그 분야에서 마음껏 재능을 발휘시키고 다른 장르의 예술가들과 교류할 수 있는 조건을 만들어내는 것이 비장애예술가들의 몫이 되고 국가나 사회가 베풀어나가야 할 의무가 되어 간다. 그렇게 작품이 완성된 다음 커튼콜에서 비로소 드러난 장애, 비장애 예술가들이 융 · 복합 협연은 그들의 노고 때문에 더욱 가슴 저리는 감동으로 다가왔다. 이쯤 되면 장애인문화예술향수 차원의 공연을 넘어서서 장애인 예술활동 지원이 국가적인 문화예술활동의 폭을 확대해 나가고 있음을 과시하는 나라의 품격과 관련된다고 봐야 할 것이다.

〈몸〉지 2012. 11

성성적적(惺惺寂寂)의 무용가 윤덕경

김예림 무용평론가

가을정취가 무르익던 지난 9월 28일 윤덕경 교수는 스승 신관철 선생의 〈수건춤〉을 공연했다. 이 무대는 창작 작업을 이어 오던 윤덕경 교수의 오랜만의 전통춤 공연이기도 했지만, 〈신관철류 수건춤〉이 올 해 1월 '전라북도 무형문화재 제59호 수건춤'으로 지정된 후 그 제자에 의해(서울무대에서) 처음 공연되는 것이기에 특별히 주목할 공연이었다. 〈신관철류 수건춤〉은 故 김보남(1912~1964)에게 국악양성소(당시 국악원)에서 사사받은 여러 장르의 춤 중에 가장 대표적 김보남류 춤으로, 근간이 살아있는 일정한 법도 안에서 신명을 절제하면서도 단아함을 유지하는 격조 있는 춤이다.

한국의 전통 춤은 격동의 시대를 거치며 서구문화의 유입 속에서 변형과 진화를 거듭해 왔다. 이 가운데 외부의 영향을 최소화하며 원형을 전승해 온 지역으로 정읍을 꼽을 수 있고 이 중심에는 명무 신관철 선생이 있다. 현재 보존되는 대부분의 전통춤은 조선시대 장악원을 1915년 이왕직 아악부가 인계 받은 후 수원 화성재인청 소속 김인호(1855~1930)의 춤 중 일부를 한성준(1874~1941)이 재현해냄으로써 그 맥을 이어 온 것

이다. 한성준이 재현한 스승 김인호의 춤은 당시의 정읍에 있던 호남 향제줄풍류의 시조 전계문(1872~1940)의 춤 지도가 없었다면 불가능한 일이었다고 한다. 한성준의 춤은 궁중 악사 출신의 김보남, 김천흥 등에게 이어졌고, 이 중 당시 서울 국립국악원에서 활동하던 김보남에게 사사한 신관철은 정읍에 뿌리를 내려 지금껏 춤의 순도(純度)를 지키고 있다. 과시용, 행사용으로 변질되지 않은 정통성의 순도는 그의 춤을 논하는데 매우 중요한 요소가 된다. 한국 전통 춤의 담론에 있어서 정읍 지역의 무악과 그 주체들에 대한 조명이 중요한 이유이기도 하다.

윤덕경 교수는 춤을 본격적으로 추기 시작한 중학생 때부터 신관철 선생에게 배우기 시작해서 교수 퇴임을 앞둔 근래 옛 스승의 수건춤을 다시 배우고 있다고 한다. 춤 인생의 중요한 순간마다 함께 한 사제지간이기에 깊은 인연이 아니라 할 수 없다. 윤덕경 교수가 춘 〈신관철류 수건춤〉은 단정한 가운데 장식적 요소들이 숨겨져 있는 섬세한 매력의 춤이다. 꼬고 비트는 동작 없이 담백한 발 디딤과 순리를 따르는 상체의 진행은 오랜 내공으로 만들어진 단순화이며, 그 사이사이 독특한 수건 놀림과 고혹적 시선은 은근한 화려함으로 드러난다. 쉽지 않은 춤이다. 이 쉽지 않은 춤을 윤덕경 교수는 담담히 스승이 자리한 객석을 향해 추었다. 어떤 관객도 느끼지 못할 교감이 두 사람 사이에서 이뤄졌으리라 여겨진다.

창무회와 윤덕경무용단 활동을 함께 하며 한국 창작무용 부흥의 중심에 섰던 윤덕경 교수는 일찍이 장애인문화예술 정착에 눈을 돌려 〈Beyond예술단〉을 창단하고 다장르 융합 공연을 시도해 왔다. 금년부터는 장애인문화예술진흥개발원(이하 장문연)의 이사장으로 취임하기도 했는데, 장애인을 위한 지속적 예술교육과 공연활동은 이제 그의 춤 철학 깊숙이 자리하고 있는 것 같다. 대자연과 우주, 종교, 철학에 이르기까지 큰 이야

기들을 작품 주제로 다뤄 온 윤덕경 교수의 정신적 스케일을 보면 주제뿐 아니라 장르, 국가를 뛰어 넘는 광범위한 예술세계를 품고자 하는 포용력과 도전정신이 읽혀지기도 한다.

사석에서의 윤덕경 교수는 잘 웃는 사람이다. 늘 긍정적 태도로 주위 사람을 편안하게 만들기도 하고 어느새 엄청난 추진력을 발휘한다. 그가 하는 일에는 자연스럽게 사람이 모이고 자발적으로 일을 맡아간다. 그가 춤과 사람을 대하는 공통된 자세는 작품 〈고요한 시간, 그 깨달음〉(2002)에서 '위파사나(통찰)'의 깨달음을 이야기한 것을 떠올리게 한다. 세상가치에 휩쓸리되 냉정하게 자기를 다스리는 깨달음에는 화이부동(和而不同)하지 않는 예술가, 교육자로써의 윤덕경 철학이 담겨 있다는 것이다.

최근의 윤덕경 교수는 여러 부분에서 변화를 담담히 받아들이고 있는 듯하다. 대학교수로 정년퇴임을 앞두고 춤 인생의 중간 정리가 될 화보집 출간을 준비하고 있고, 이화여대 무용과 총동창회장, 장문연 이사장 등 새롭게 맡은 직책에 대해 조용히 책임을 다하고 있다. 그러는 중에 비욘드예술단의 공연 등 무용가로써 지속해 온 활동들은 변함없이 유지하고 있다. 이순(耳順)을 훌쩍 넘은 무용가 윤덕경은 '성성적적(惺惺寂寂)'이라는 말을 떠올릴 만큼 여전히 활동적이면서도 고요한 안정감을 보여준다.

'성성적적(惺惺寂寂)'이란 마음이 고요하면서도 의식이 맑게 깨어있는 상태를 말한다. 불교의 명상에 관한 단어지만 예술가에게도 무관치 않다. 깨달은 상태를 유지하고 고요히 자기 작업을 이어가는 예술의 수행자에게 가장 이상적인 마음가짐일 것이기 때문이다. 이제 학교를 떠나 예술가로써 새 전환점을 맞이할 윤덕경 교수의 성성적적한 행보에 동시대 관객이자 후배, 춤 증인의 한 사람으로 따뜻한 박수를 보낸다.

가리마와 퍼머 머리

윤덕경 (무용가)

'옷이 날개'라는 말은 누가 처음 해도 여자들에 해당되는 말이지, 아무래도 남자들과는 조금 거리가 있는 말이다. 헤어 패션, 조금 과장한다면 시시각각 변화하는 여자들의 옷차림도 그런 말과 연관이 없는 것일 법하다.

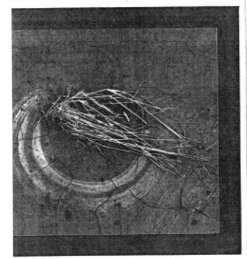

옷차림과 함께 또 하나 눈길을 끄는 것은 헤어 스타일이다. 길거리에 나서 보면 여자들의 머리 모양은 각양각색이다. 가리마를 탄 사람, 커트한 여자, 퍼머머리 등등.

한 여자의 일상 비밀은 바로 헤어스타일의 변화에 수시로 발생한다. 요즘이야 교복자율화와 함께 중고생들의 머리 형태도 구체가 환멸되었지만, 몇 년 전만 해도 단발머리 아니면 빡빡머리로 짧은 머리가 대부분이었다. 그러다 학교를 졸업하게 되면 나름대로 자신에 닮게 꾸미려 애쓰게 된다.

대체로 머리 모양은 한 여인의 성장 과정 또 그 속에서 나타나는 변화를 가장 잘 표현해 주고 있다. 널리 본다면 헤어스타일의 변화는 또한 그 시대의 정신과 문화를 상징한다고도 볼 수 있지 않을까?

요즘이야 머리 모양이 하도 다양해서 뭐라 한마디로 하기가 힘들지만 옛날에는 그렇지 않았다. 시대를 거슬러 올라가 보면, 우리 여인네들의 전통적인 모습은 가지런히 양쪽으로 가리마를 타서 쪽을 진 모습이었다.

나는 그런 여인네의 모습을 볼 때마다 가슴 뭉클한 향수를 느낀다. 서울 같은 대도시 거리에서는 사실 그같은 모습을 찾는다는 게 쉽지 않다. 감흥이 깨어지는 순간은 문득 회사 치마저고리를 입고 정성껏 머리를 빗은...

'가리마'는 작년 11월과 12월 이틀에 걸쳐 공연되었다. 얼마나 바라던 개인 발표회였던가, 그 속에는 나의 모든 면이 함축되어 있었고, 긴 시간 동안 땀흘린 결과였다. 이제껏 많은 사람들이 시도해 왔던 전통무용과 현대의식의 접목...

'가리마'도란 그 중의 하나이다.

여인이 갖는 삶과 성장 과정, 인간 존재의 자의식 확인, 문화적 전통의 소화와 재창조라는 복합적 요소를 가리마의 머리 모양을 통해 조명해 보려는 것이 안무 의도였다. 나는 그 머리카락을 무대에 확대하여 ...

(본문 계속)

○ (○)

符號化된 전통언어에 머물러서는 안돼

도리스 무도꼬 (Doris Rudko, 유버쓰 무용과 교수) / 尹德卿 (舞踊家, 한국무용)

Yun Tries to Develop Korean Dance With Modern Touch

By Sun Jae-hoon
Staff Reporter

Yun Duck-kyong is a founding member of Changmu-hoe, one of the largest traditional Korean dance troupes in the nation, and has played a leading role in developing Korean dance with a touch of modernity.

She has been under the shadow of Prof. Kim Mae-ja, organizer of Changmu-hoe. But, no one denies the possibility that Yun will be a next generation leader of Korean dance society.

Yun said: "The members of Changmu-hoe are able to devote themselves to their own experimental dance activities. They are given chances to choreograph dances so as to display their capabilities fully."

"I also have many chances to present my own works in disregard of my activities as a member of the company."

So far she has staged five shows of her experimental dance works.

Yun has built a career as a veteran dancer through numerous performances of Changmu-hoe in and out of the nation.

She served as chairwoman of the dance company from 1985 through 1988 and now Yun is in charge of choreographing dance works for the company.

"I am going to put the emphasis in my activities on developing and exploring my own world of dance this year," she said.

Prof. Kim Mae-ja was her teacher while she was attending the dance department of Ewha Womans University, and it is quite natural that her dance was strongly influenced by Kim.

But, now she has grown enough to display her characteristics in dance for the time when she takes charge of leading Korean dance society.

As a traditional Korean dancer, she is said to have a big and magnificent dance scale with well-restrained power. And she is estimated to have well covered the weak and indolent points of Korean dance through her tough choreography.

"The time when traditional Korean dance without a touch of modernity can be acclaimed, has already passed."

Dancer Yun Duck-kyong

There has to be a process of recreating traditional dance with the addition of modern taste and personal characteristics," she said.

"However," Yun said, "the creativity in choreographing traditional dance works should be firmly based on traditional dance itself."

She also warned against the recent trend of going free-for-all under the name of experimental dance by some dancers, saying that "there should be an outright limitation on the activities of creating artistic works."

Yun was a leading choreographer in the annual dance festival of Changmu-hoe which took place last November. Her major works were "Where Are You Now," and "Mountain 1989."

Changmu-hoe is composed of 65 members, all graduates of Ewha Womans University. It is the only traditional dance company which has overseas performances on a regular basis.

Radio Version of 'Chatterley's Lover' Controversial in UK

LONDON (AP) — Thousands of Britons started listening to "Lady Chatterley's Lover" as their bedtime story Monday night, complete with sexually explicit passages and four-letter words that have outraged antipornography campaigners.

The British Broadcasting Corp. decided to go ahead with its 15-part radio adaptation of the unexpurgated version of D.H. Lawrence's leading TV watchdog, Mary Whitehouse, to keep it off the air.

BBC Radio 4 not only broadcast the first part of Lady Chatterley's romp down the primrose path but preceded ...

cent titles include the James Bond thriller "On Her Majesty's Secret Service" and John le Carre's "The Russia House," read by the author.

Best Seller

Korea	United States
Fiction	**Fiction**
1. Sweeper to Saint – Baba Hari Das	1. Clear and Present Danger – Tom Clancy
2. Let Me Be Alone – Kim Yun-hee	2. The Dark Half – Stephen King
3. Are You Still Dreaming – Park Wan-so	3. Tales From Margaritaville –
4. A Falling Thing Has Wings – Lee	

개인 발표회 가진 창무회 회장
윤덕경

작은 몸짓 하나에도 온갖 감정이 표현되어야 한다고 믿는 윤덕경. 그녀는 춤이란 육체의 언어라고 말한다. 말하지 않아도 메시지를 전해야 하며 메시지에는 혼이 들어 있어야 한다. 그 춤을 위해 모든 것을 버려도 좋을 출연이고 싶어한다.

'세상이라는 무대에 춤추는 배우'

13페이지 컬러 르포 ✛ 소극장운동

무용인의 애정과 정열이 담긴 「창무춤터」

국내첫 무용 전용 소극장 연 윤덕경씨

▼「시민극장」과「창무춤터」는 같은 건물에 위치해 있다.

▲「창무춤터」에서 11월초 공연을 앞두고 맹연습중인 민경옥씨.

주간한국 1985.11.03

285

「한국적인 춤」 찾기…創作무대활발

86년 베스트5 무용

1位「沈淸」 古典文學 발레化 돋보여

- ◆평론가 5인이 추천한 무용공연 베스트5

「결혼과程…」 詩·무용·미술 共同作業 실험

「비디오와춤」 夫婦합작…비디오와 接木시도

「한 금 가지」 표현 領域의 확대가능성 보여

「가 리 마」 한국女人의 삶을 상징적 표현

현대무용가 10인

한국 현대 춤 작가전, 이…

한국 예술의 고찰

한국 무용의 어제·오늘과 내일

윤덕경
(청주대 교수)

1. 민속무용

탈춤에는 양주산대놀이, 오광대 놀이, 봉산탈춤, 북청사자놀이, 하회별신굿놀이, 관노가면놀이 등이 있다

Ⅲ. 현대한국무용

앞으로의 무용예술은 보다 한국적인 바탕 위에서 추구되어야 한다

◇윤덕경 안무의 한국창작무용「무늬」◇

창무큰춤판 **미술·음악·시…**

23~내달 1일 조선일보미술관 '충돌과 조화' 부제…5

이화순 기자 〈문화연예부〉

새로운 총체예술 실험장…"또다…

작 발표회

덕경·남정호 등

① 이정희의 (김한 영혼에 노래 I V)
자신에 거지 몸처고 이승을 떠나는지
나락에서 편안을 그렸다.
② 윤덕경의 (남녀 하제로 만남)
③ 김정태의 (독수제)

깊음'이라는 희망을 걸어 보고
싶은 것.
맹신자 보의 (나르브터 벌리)
는 "두엇인가 새로운 몸과 구름
듯고 싶어 하려던 저들을 시도하
나 다시 제자리로 돌아올 수밖에
없는' 현대여성들의 심리적 갈등

Choreographer Yun DK Presents 3 Works

Veteran dancer Yun Duck-kyong and her dance company will stand on the stage of the Munye Theater Nov 7-8 to conclude her 10-year career as a choreographer. She is now teaching at the Sowon College.

Yun, graduate of Ehwa Womans University, was active as a senior member of the Changmu Dance Company before becoming an independent dancer to re-establish her own dance world. She also formed her own dance company.

The coming performance is the first in seven years and attracts keen interest from dance lovers because it is a stage she will present what she has created in the last seven years.

Yun has been mainly active in overseas performances. She performed in Japan, Hungary, Germany, Mexico, Canada, Indonesia and China.

The works she will present in the performance are "Vacant Mountain," "Sound of Night," and "Invisible Gate," all choreographed by herself.

In addition to her dance performance, some 40 still pictures showing the performance of her other works will be displayed in the theater.

"Vacant Mountain," made in 1996, is based on the poem by famous dissident poet Kim Chi-ha. The work, highly acclaimed during her overseas performances, is to be first introduced before domestic dance lovers in the coming performance.

"Sound of Night" is a work to be danced with kayakum music composed by Hwang Pyong-ki. Hwang, who has been reluctant to play for others' performance, will play kayakum in person for Yun's dance.

"Invisible Gate," is a work which enabled Yun's company to win the top prize in the Shenyang Dance Festival in China last September. Fourteen other foreign dance companies competed in the festival.

Members of Yun Duck-kyong Dance Company rehearse for the scheduled performance by the company at the Grand Hall of Munye Theater Nov. 7-8.

랑데부

'매혹' 등 공연

윤덕경교수 中心양국제민속무용제 나들이

한국무용단 최초 공식 참가

10일~15일 20여國서 40여팀 熱演

'강강수월래', '태평무' 등 전통무용 공연

헝가리 세계무용축제 참가

◆ 윤덕경무용단의 공연될 '빈신'의 한장면.

9일, '강강수월래' 등 우리춤 선봬

공연
화제

Youn Duck-kyung and other members of her dance company rehearse for their scheduled performance in the Dance of the World Festival scheduled for Aug. 4-15 in Budapest. Some 500 dancers from 50 nations will take part in the festival.

Youn's Company to Participate In Budapest Dance Festival

The Youn Duck-Kyung Dance Company will participate in the Dance of the World Festival slated for Aug. 4-15 in Budapest, Hungary.

Workshops on 22 courses involving modern dance and ballet as well as traditional dance will take place together with performances by dancers from some 50 nations during the festival.

The festival, jointly sponsored by the International Dance Workshop of West Germany and Budapest Institute for Culture of Hungary, is part of a 10-year UNESCO program to develop world culture.

Yun's dance company will make two performances at 5 and 7 p.m. on Aug. 9 at the auditorium of the Pecs Arts Institute in Budapest.

The 15-member team will dance such traditional numbers as Kangkang Suwole, Taepyongma and Buddhist dance.

The festival will be a good chance to compare artistic capabilities between dancers from South America, Europe, Asia and the United States, Yun said.

"The members of my company are expected gain knowledge of up-to-date trends in world dance through their participation in the festival and will help them improve as stage performers," she said.

Yun, a graduate of Ehwa Womans University, is now a professor at Sowon University.

She is also a founding member of the Changmu Dance Company and contributed greatly to the development of traditional Korean dance. Yun served as chairman of the Changmu Dance Company.

Yun gained experience as a professional dancer under the direction of Prof. Kim Mae-ja of Ehwa Womans University. She choreographed many dance works which won critical acclaim both at home and abroad.

Her major dance works include "The Weather Clears Sometimes," "Mountain," "The Soul of a Dance" and "Disappeared Fence."

춤은 마음 움직이는 직접적 예술
장애·비장애인 머리·가슴 맞대고
함께 어우러져 사는 세상이 됐으면

"장애인 예술, 복지와 연결하는 시각 버려야"

윤덕경 인천장애인AG 총예술감독

대회중 무대 오를 창작극 총지휘
"비장애인 관심없인 활성화 더뎌"

김태훈 기자 af103@sbgye.com

"장애인문화예술, 非장애인 함께해야 발전할 수 있어"

내달 21일 인천장애인아시안경기대회 개막축하 〈어~엄마 우으섰다〉 공연

휠체어를 탄 우화숙(58·지체장애 1급)·조현숙(57·지체장애 2급)씨가 지난 13일 서울 용산아트홀에서 전문무용수 2인과 함께 춤을 추고 있다. 김현동 기자

5분 무대 3년 연습…발달장애 14명 마음이 춤췄다

장애·비장애인 '더불어' 공연 갈채
서울여고·영등포여고 특수학급생
함께 준비하며 움츠린 마음 열어
휠체어 테니스 대표 출신이 성악도

서울여고·영등포여고 특수학급생들의 전통 흥사위

홍상지 기자 hongsam@joongang.co.kr

희망찬 세상을 위한 공연

16일 서울 도봉숲속마을서
'장애청소년 몸짓합창'
윤덕경 교수, 예술감독 맡아

/ 김병학기자

4.

List of Works

Posters & Pamphlets
공연작품 연보
History

01

Posters & Pamphlets

The Festival of Korean Dance in '87 Celebrating International Dance Week.

'87 한국무용제전

87. 4. 27~5. 1 (오후 4 : 30, 7 : 30) 문예회관 대극장

▶ 주최 : MBC 문화방송·한국무용연구회
▶ 후원 : 문화공보부·국제무용연맹
국제무대예술협회·한국문화예술진흥원
▶ 협찬 : Kappa

창무큰춤판

첫째날〈금〉7:30
둘째날〈토〉4:30, 7:30
세째날〈일〉4:30

창무춤터

윤덕경의 춤판 撫魂

6월 12, 13, 14일

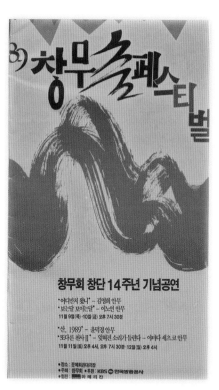

창무술페스티벌

창무회 창단 14주년 기념공연

"어디만치 왔나" – 김영희 안무
"보는달 보이는달" – 이노연 안무

11월 9일〈목〉·10일〈금〉오후 7시 30분

"산, 1989" – 윤덕경 안무
"또다른 천사 II" – 잊혀진 소리가 들린다 – 야마다 세츠코 안무

11월 11일〈토〉오후 4시, 오후 7시 30분·12일〈일〉오후 4시

▶ 장소 : 문예회관대극장
▶ 주최 : 창무회 ▶ 후원 : KBS 한국방송공사
▶ 협찬 : 아메리칸

4월 25일
● 김승근
● 김복선
● 오은희
● 김해경

4월 26일
● 정혜진
● 김명희
● 전미숙
● 임관규

4월 27일
● 문영철
● 오문자
● 윤덕경
● 전흥조

현대춤 作家 12人展

1991년 4월 25일~27일 오후 7시 30분 문예회관 대극장
주최 / 한국현대춤협회 후원 / 한국문화예술진흥원 한국방송공사

Festival Internationale
Tanztheater Bonn & Bielefeld Germany 1991
Youn Duck Kyung Dance Company KOREA

Bonn : 1991. 7. 27.
Brotfabrik Theater P.M 8 : 30
Workshop : 7. 22 → 8. 2
Beethoven Gymnasium
Bielefeld : 8. 4
Big Rudolf Öttker Halle P.M 8 : 30

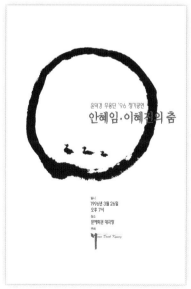

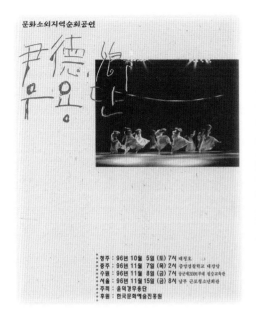

열정적으로 창작무용을 펼쳐온 윤덕경, 그가 춤살이 30년을 맞아 장애인을 자식으로 둔 어머니 눈물이 되어 우리 앞에 섰다

어-엄마 우으섯다
Oh- Mom Smiled Sweetly

[열정적으로 창작무용을 펼쳐온 윤덕경, 그가 춤살이 30년을 맞아 장애인을 자식으로 둔 어머니 눈물이 되어 우리 앞에 섰다]

어-엄마 우으섯다

일시 : 청주 · 1997. 9. 8(월) 7시 / 충주 · 1997. 9. 11(목) 7시

장소 : 청주 예술의전당 대극장, 충주 문화예술회관

Internationales Tanzprojekt Bielefeld und Hagen 2000
Youn, Duck-Kyung Dance Company

독일 빌레펠트 하겐 국제 무용제 2000

Performance : 09 Juli 2000 PM 8.00
Klosterplatz, Bielefeld

Workshop and Performance :
10 Juli 2000 PM 4.30-6.00
Rudolf-Oetker-Halle / Studio - Bielefeld
Dozent : Prof. Youn, Duck-Kyung

Performance : 13 Juli 2000 PM 8.00
Journalistenzentrum Haus Busch, Hagen

Unterstützung : The Korean Culture & Arts Foundation

Projektplan : Inter-Kult Korea

5개지역 순회공연
어-엄마우으섯다

Youn Duck Kyung
Dance Company
10 years
Anniversary

윤덕경 무용단 춤밭 가꾸기 10년 기념 공연
Youn Duck Kyung Dance Company Cultivating of a Dance field 10th anniversary performance

윤덕경 무용단

열정적으로 창작무용을 펼쳐온 윤덕경-
그가 춤살이 30년을 맞아 장애인을 자식으로 둔 어머니 눈물이 되어 우리 앞에 섰다

어-엄마 우으섯다

천안 1998. 10. 21. (수) 7시 · 충남학생회관
대전 1998. 10. 22 (목) 7시 · 우송예술회관
후원 : 서원대학교 · 한국문화예술진흥원
주관 : 윤덕경무용단 · (사) 장애인 문화예술진흥원
공연문의 : (041)881-1001 · (0431) 261-8952, 8956

♥ 장애인과 그가족은 무료이오니 주변의 많은 홍보바랍니다.

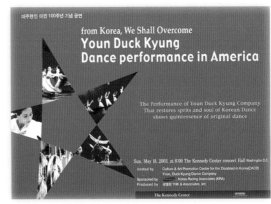

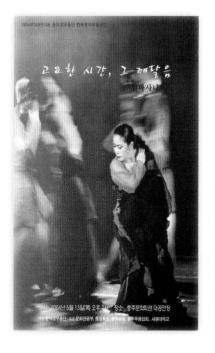

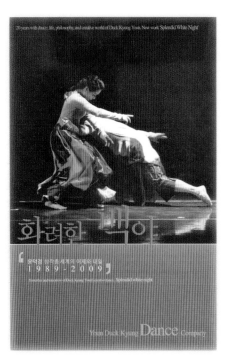

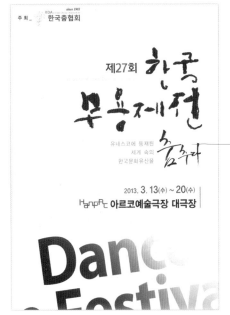

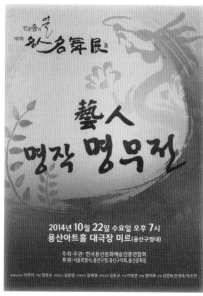

02

공연작품 연보

윤덕경과 창무회 활동

1981.04.04	창무회 제2회 정기공연 "소리사위" 세종문화회관소극장
07.	김매자 무용발표회 "사금팔이사물" 출연 국립극장대극장
07.	일본 쓰쿠바대학, 일본여성체육학회 주최 지도자 강습회 참석
1982.07.	독일 서독 베를린, 함부르크, 프랑크푸르트 순회공연
08.	미국, 뉴욕 대학 초청 워크샵 및 공연, 하와이 초청공연
1983.03.	김매자 무용발표회 "사금팔이사물", "불꽃일줄도 몰라라" 출연
07.	창무회 4회 정기공연 "연에 불타올라" 안무 및 출연
	창무회 정기공연 첫 안무작 "연에 불타올라" 문예회관대극장
1984.12.	창무회 회장 취임
1985.02..	미국, 뉴욕 공연 뉴욕 리버사이드 처치 10주년 기념 페스티벌 참가
03.	신촌, 창무춤터 대표
11.22~11.24	김매자 무용발표회, "꽃신"출연 문예회관대극장
1986.02.	미국, 뉴욕 리버사이드 처치 공연
08.11~08.12	윤덕경 개인발표회 윤덕경 · 춤 "가리마" 문예회관대극장
1987.05.31~06.01	제3회 한국무용제전 "사라진 울타리" 전통춤 강강술래를 새로운 시각으로 재조명, 문예회관대극장
06.11~06.13	창무큰춤판 "무혼" 창무춤터
1988.10.24	88서울올림픽 폐회식 "떠나가는 배" 공동안무
11.05~11.06	창무회 9회 정기공연 "사라진 울타리" 안무 및 출연 문예회관대극장
11.	창무회 정기공연 "사라진 울타리" 문예회관대극장

윤덕경과 무용단 활동

1989.12.	윤덕경무용단 창단
11.11	"산 1989" 창무회 상임안무공연 안무 윤덕경 문예회관대극장
1990.04.14	1990 한국무용제전 공동주제 자화상 "산 1989, 날씨 때때로 맑음" 문예회관대극장
04.27	한국현대 춤 작가전 "날씨 때때로 맑음II" 문예회관대극장
08.02~8.10	창무회 중국 북경 공연 "빈산" 안무
08.04~08.18	헝가리 "Festival Dance of World" 창작무용 "빈산" 전통무용
09.23	창무춤판, 시와 음악, 미술, 춤과의 만남. 윤덕경 춤판 "매혹" 조선일보미술관
10.19	제1회 정읍사 문화재 무용제 "날씨 때때로 맑음" 정읍체육관
10.	충북예술제 "빈산" 청주무심천 특설무대
12.	멕시코 국제무용 토론회 "International Conference On Dance Research" 전통춤과 창작무용 "빈산"공연
1991.04.27	현대 춤 작가12인전 "밤의소리" 문예회관대극장
05.04	제7회 한국무용제전 공동주제 내일의 흐름을 찾아 "내일은 이디 있지?" 국립극장대극장
07.27	독일 Bonn Brotfabrik Theater Festival Internationales Tallztheater Bonn Bielefeld Germany 1991
1992.03.26	제8회 한국무용제전 공동주제 춤, 생명 "가리마, 들숨 날숨" 호암아트홀
03.30	윤덕경 개인발표회 "가리마, 들숨과 날숨" 청주예술문화회관
07.	캐나다 "Festival Mondial de Folklore de Drummondvill" 초청공연 Culture center Theater
10.	제1회 충북무용제 "빈산" 청주문화예술회관
10.	인도네시아 International Festival of the Performing Arts in Jakarta 초청공연 Gendung Kesenian Theater
10.24~10.25	제14회 서울국제무용제 "보이지 않는 문" 문예회관대극장
11.21	창무예술원 개관축제 "빈산" 포스트극장
11.	도산 안창호 추모공연 "어떤 개인 날" 힐튼호텔
1993.04.	제10회 한국무용제전 우수레파토리 "빈산" 경기도 문화예술회관 대극장
04.08	한국무용연구회 주최 신인안무가전 윤덕경무용단 진현실 안무 "축제"
06.	중요무형문화재 제92호 강선영류 태평무 이수

08.	중국 광동성 심천시 동방신곡극장 개설 경축 초청공연 "태평무"
	중국국제문화교류센터 심천극장
09.	중국 심양 국제민속무용제 참가 중국문화부 심양시 인민정부 주최
10.07	도원성 자연예술제 "빈산" 공연 도원성미술관 조각공원
10.10	제2회 충북무용제 "사라진 울타리" 청주예술문화회관
11.07	윤덕경 창작무용 10주년 기념공연 및 사진전시회 서울문예회관
11.10	윤덕경 창작무용 10주년 기념공연 및 사진전시회 청주공군사관 내 성무관
11.26	한국무용협회주최 중견무용인 초청 "밤의 소리" 진해 시민회관
1994.03.30~04.01	윤덕경무용단 지역순회 공연 "보이지 않는 문"
	충주 문화회관, 대전 우송문화예술회관, 정읍 정읍사예술회관
04.	윤덕경무용단 정기공연 안무 진현실, 김운태 국립극장소극장
06.	서울정도 600주년 기념, 한국무용협회 주관 "빈산" 마로니에공원 야외상설무대
06.19	여성신문 주최 열린 문화제 "강강수월래" 올림픽공원 88마당 야외무대
07.~08.	프랑스 피레네 국제무용제 ,베트리에, 레띠에 등 13개 도시 순회공연
08.05	국제 조선족 무용학술대회 및 공연 "태평무", "한국, 중국, 북한" 중국연변호텔
08.30	바탕골 예술관 주최 바탕 · 춤 본향 중견인 이수자 초청공연 "태평무" 바탕골예술관
10.	제3회 충북무용제 "둘숨, 날숨" 청주예술문화회관
12.	한국무용협회 주최 "축제" 진현실안무 마로니에 공원 야외 상설무대
1995.04.02	청주 예술의전당 개관 초청기념공연 "보이지 않는 문" 청주예술의전당대극장
04.14	무용한국 창간 28주년 기념공연 "보이지 않는 문" 국립중앙극장대극장
04.15	윤덕경무용단 봄 정기공연 "들숨날숨","화사목","축제" 서울국립극장소극장
04.22	윤덕경무용단 봄 정기공연 "들숨날숨, 화사목, 축제" 충주문화회관
04.30	제11회 한국무용제전 "보이지 않는 문" 대구문화예술회관대극장
08.	'미술을 통한 자연과 환경 그리고 인간' 새로운 세기를 향한 몸짓 문의면 대청호
08.13	광복50주년 95세계한민족 축전 한민족 예술제 "빈산" 청주예술의전당
09.13	윤덕경무용단 청주공연 "신기본" 초연 청주예술의전당 대극장
10.	제4회 충북무용제 "태평무" 청주예술의전당 대공연장
10.14~10.18	제17회 서울국제무용제 "땅" 문예회관대극장
12.02	하와이 한국민속무용단공연 "밤의소리" 하와이 마미야극장
12.08	한국무용협회 공주지부 창립기념 중견무용인 초청공연 "밤의 소리" 공주문예회관

1996.03.26	윤덕경무용단 96정기공연 "안혜임, 이혜진의 춤", "신기본", "느낌표를 찾아서",
	"서머힐" 문예회관대극장
04.30	제12회 한국무용제전 "기찻길 옆 오막살이" 문예회관대극장
05.28	황병기 교수 초청 가야금의 밤 "밤의소리" 대덕과학문화센터 콘서트홀
08.	일본 한·일 장애인 국제교류대회 "태평무" 일본 나고야 컨벤션센터
10.	대청호 국제환경 미술전 전통춤 무심천
10.05	문화소외지역순회공연 서울남부근로청소년회관, 청주대청호, 충주중앙경찰학교
	대강당, 수원공군3591부대필승교육관
12.22-12.24	㈜장애인문화예술진흥개발원 개원 공연 "우리 함께 춤을 추어요" 문예회관대극장
1997.04.18~04.20	윤덕경 춤살이 30주년 공연 "어-엄마 우으섰다" 서울예술의전당토월극장
05.07~05.09	현대춤협회 주최 춤 작가 12인전 "달궁 달궁" 문예회관대극장
06.	제6회 충북무용제 "화사목" 김운태 안무 청주예술의전당대극장
07.	윤덕경무용단 지역순회공연 "어-엄마 우으섯다" 경기도문화예술대공연장
09.08~09.11	춤살이 30년 기념공연 "어-엄마 우으섯다"
	청주예술의전당대공연장, 충주문화회관
1998.03.17	윤덕경무용단 98, 봄 정기공연 "홍미영, 양진례의 춤", "신기본", "창", "일면탑"
	문예회관대극장
06.	제7회 충북무용제 "서머힐" 이혜진 안무, 청주 예술의 전당 대극장
09.	윤덕경무용단 98, 가을 정기공연 "홍미영, 양진례의 춤" 청주예술의전당대극장
09.09	동양일보, 충청지역 교수연합회 주최 제3회 충청무용제
	"지역문화의 활성화 방안" 토론 및 윤덕경무용단 "장고의 흐름" 공연
10.	결식아동을 돕기 위한 사랑의 무용제 - 태평무 청주예술의전당대극장
10.22	윤덕경무용단 지역순회공연 "어-엄마 우으섰다"
	충남학생회관, 대전우송예술회관
11.15	한국무용협회 주최 양진례의 "창" 용산공원 야외무대
11.22~11.23	현대춤안무가전 윤덕경 안무 "빈자리" 호암아트홀
1999.09.08	충청무용제전 태평무 청주예술의전당대극장
10.~11.	윤덕경무용단 춤밭가꾸기 10주년 기념 5개 지역 순회공연 신작 "어-엄마 우으섰다"
	서울국립국악원예악당, 가평문화회관, 장성군민회관, 군포시민회관, 대전선교회관
11.15	윤덕경무용단 춤밭가꾸기 10주년 기념 신작 "더불어 숲, 어-엄마 우으섰다"
	서울 국립국악원 예악당

2000.03.11	제16회 한국무용제전 "2000 탈" 문예회관 대극장
03.24	제1회 전통무용 수상기념 "태평무" 윤덕경 출연 청주예술의전당
07.	독일 Internationales Tanzprojekt Bielefeld und Hagen 2000 초청공연 및 Workshop 지도
10.21	윤덕경무용단 "태평무" 공연 계룡산 동학사조각공원
10.28~10.29	윤덕경무용단 순회공연 "어-엄마 우으섯다" "더불어 숲" 음성꽃동네사랑의연수원, 제천시문화회관
2001.03.25~03.26	윤덕경무용단 창작 춤 앵콜 공연 "땅의 소리", "빈산", "더불어 숲", "어-엄마 우으섯다" 동숭아트센터동숭홀
04.21	청소년을 위한 초청공연 "어-엄마 우으섯다" 대전학생회관
04.27	윤덕경무용단 창작춤 순회공연 "어-엄마 우으섯다" 성남시립청소년수련관, 대전학생문화회관, 화천문화회관
08.	일본 위원부 공연 김수진 출연 연강홀
09.25	장문원 "장애를 넘어 미래를 넘어 세계로 향하는 몸짓" 홍미영 안무 "열쇠와 자물쇠" 교육문화회관
10.24	윤덕경무용단 "태평무", "소고의 울림" 계룡산동학사 일주문조각공원
10.24	청주 MBC창사 31주년 기념 윤덕경무용단 초청공연 "태평무, 빈산, 신작 영목, 더불어 숲" 청주예술의전당대공연장
2002.05.16	윤덕경무용단 2002 무대공연 선정 작품 신작 "고요한 시간, 그 깨달음" 보은문화예술회관
05.21	부처님오신날 속리산 법주사 팔상전 탑돌이 불교의식 무용 재연 법주
05.28	월드컵 개최 기념전야제
06.	지역춤 젊은 안무가 초청 최은진 안무 "땅의 소리" 국립극장별오름
07.	청주기업체 초청 전통무용 공연 메리어트호텔
10.	장문원 주최 하나되는 세상 그리고 사랑의 몸짓 7년 오명희의 "존재" 서울교육문화회관
11.22	제17회 한국무용제전 참가 "몸풀기, 몸 만들기(신기본)" 국립극장 별오름
12.	한국무용연구회 주최 12회 신인안무가전 김수진 안무 "나목" 문예회관 소극장
2003.3.28	현대춤 작가전 "가리개 뒤에 나" 윤덕경 안무, 출연 문예회관대극장
05.	부처님오신날 속리산 법주사 "팔상전 탑돌이 불교의식무용" 법주사
05.	미주한인이민 100주년 기념 초청공연 전통무용 및 창작작품 "어-엄마 우으섯다", "더불어 숲"

워싱턴 Washington D.C The Kennedy Center concert hall,
달리 North Carolina Kenan Auditorium,
뉴욕 New York Flushing Town Hall

08.04	제14회 ISAPA 세계특수체육학술대회 개막식 초청공연, 서울올림픽파크텔올림피아홀
09.08	제18회 한국무용제전 '더불어 숲' 부산문화회관대극장
10.15	윤덕경 교수 창작활동 20주년 기념공연 "어-엄마 우으섰다" 괴산체육센터
12.	한국무용연구회 주최 제13회 젊은안무가전 개최 포스트극장 최정수 안무
2004.05.13	무대공연지원작 윤덕경무용단 "위파사나, 고요한 시간 그 깨달음" 충주문화회관
05.	부처님오신날 속리산 법주사 팔상전 탑돌이 불교의식무용 재연 법주사
07.25	2004 여름 페스티벌 "열린춤판 고요한 시간, 그 깨달음" 외 양평바탕골예술관
11.10	제19회 한국무용제전"위파사나, 고요한 시간 그 깨달음" 서울교육문화회관
11.22	"장애를 넘어 미래를 넘어 세계로 향한 몸짓" 서울교육문화회관
2005.05.	부처님오신날 속리산 법주사 팔상전 탑돌이 불교의식 무용 재연 법주사
05.	제25회 전국장애인체육대회 개·폐회식 출연 윤덕경무용단 외, 총괄안무 윤덕경, 음악감독 김수청, 청주종합운동장
07.	광복 60주년 평양 국제학술협회 – 태평무공연, 평양평화인민문화 궁전
10.04	무대공연지원작 윤덕경무용단 신작공연 "기쁨도 슬픔도, 넘치지 않고" 충주문화회관
10.16	제20회 한국무용제전 "기쁨도 슬픔도, 넘치지 않고" 성균관대600주년기념홀
10.27	장문원 주최 이철용 이사장 후원의 밤 "태평무", "어- 엄마 우으섰다" 서울힐튼호텔
12.	한국무용연구회 주최 제15회 젊은 안무가전 최정수 안무 포스트극장
2006.03.17~03.18	창무 한국 창작 춤 메소드 공연 "윤덕경무용단" 포스트극장
04.02	해설이 있는 우리춤 "기쁨도 슬픔도 넘치지 않고", "빈산" 경기도박물관대강당
05.	부처님오신날 속리산 법주사 팔상전 탑돌이 불교의식 무용 재연 법주사
06.07	제46회 한국의 명인명무전 "태평무" 윤덕경 출연 청주예술의전당대공연장
09.07~09.08	하나되는 세상 세계로 향하는 몸짓 "더불어 숲" 국립극장달오름
2007.01.28	창무회 30주년 기념공연 '역' 中 "물의 정거장" 윤덕경무용단 출연 아르코예술극장대극장
05.	부처님오신날 속리산 법주사 팔상전 탑돌이 불교의식 무용 재연 법주사
05.31	2007 대전 춤작가전 신작 "부는 바람에 귀 기울이며" 정심화국제문화회관

07.05~07.16	재단법인 마유즈미 민족무용문화재단 초청 "2007년 아세아 민족무용 교류회" 일본, 굼마현 잇다마지 공연장, 오타이지역 소갓꼬노(초등교방문), 후지사와 공연장, 동경 아카사카 극장, 동경 니혼바시극장, 이즈이나토리온천(동경-마쓰시도), 학습원대학극장(학습원 창립 100주년 기념회관)
07.18	댄스포럼 창간 8주년 기념 평론가가 뽑은 제10회 젊은 안무가전 박주영 안무 "마중물" 아르코예술극장
10.06	무대공연지원선정작 윤덕경무용단 한국창작 춤 공연 신작 "물러섬이 없거늘" 진천군화랑관
10.28	2007최승희 춤 축제 "춤 페스티벌-더불어 숲" 홍천문화예술회관
11.9	용산구 무용단 지원작 윤덕경무용단 한국창작 춤 공연 "전통춤과 한국창작춤의 어울림" 서울용산구민회관
11.21~11.22	춤과 사람들 주최 제7회 젊은 작가전 오명희 "지울수 없는 건 지울수 없는 것" 국립극장별오름
2008.05.	부처님오신날 속리산 법주사 팔상전 탑돌이 불교의식 무용 재연 법주사
06.24	제23회 한국무용제전 초청공연 "부는 바람에 귀 기울이며" 국립국악원예악당
07.06	2008 부산국제여름무용축제 "기쁨도 슬픔도 넘치지 않고" 해운대야외무대
08.03	일본 한·일 시민문화교류 조택원 안무 "만종" 윤덕경 특별출연 나가노마쯔시로(동계올림픽) 공연장
08~09	"나의 발견·춤 학습을 통한 가능성 함께느끼는 희망몸짓" 성심여고체육관, 영등포여고체육관, 문래청소년수련관대공연장, 서울여고체육관, 온양여중체육관
11.07	"윤덕경무용단 창작 춤 세계" 윤덕경, 박주영, 오명희 안무 용산국립중앙박물관 극장용
11.12	윤덕경 교수와 함께 하는 세대별 흐름의 창작 춤 세계 청주하이닉스문화센터아트홀
2009.04.11	2009 현대춤협회 주최 현대 춤 작가 12인전 "간지 사이로" 안무 및 출연 아르코예술극장 대극장
05.	부처님오신날 속리산 법주사 팔상전 탑돌이 불교의식 무용 재연 법주사
10.09	윤덕경무용단 창단 20주년 공연 신작 "화려한 백야" 및 대표 7작품 용산국립중앙박물관극장용
2010.10.16~10.17	문화체육관광부 주최 2010 장애인문화향수지원사업 선정작 "하얀선인장" 용산문화예술회관대공연장, 노원문화예술회관대공연장

11.13	2010 공연예술 창작기금지원 선정작 "윤덕경의 삶과 그리고 한국창작무용, 간지 사이로, 화려한 백야" 용산문화예술회관대공연장
11.28	한국춤의 얼 제11회 21세기 명무전 "태평무" 윤덕경 출연 용산아트홀대극장
2011.04.19	제25회 한국무용제전 한국무용연구회 30주년 기념 전야제 초청공연 윤덕경무용단 "화려한 백야" 아르코예술극장대극장
05.17~05.19	한국문화예술위원회지원 장문원 개원 15주년 기념 "하얀선인장" 총예술감독 및 안무 서울노원문화예술회관대공연장, 청주문화예술회관대극장, 서울마포청소년수련관, 중랑청소년수련관, 서울시립청소년복지관
06.04	윤덕경무용단 우리가락 우리마당 "전통과 현대가 어우러지는 춤 세계" 국립청주박물관야외무대
2012.04.06	한국무용연구회 주최 유네스코등재된 세계 속의 한국문화유산을 춤추다 중 강릉단오제를 재해석한 윤덕경무용단의 "하늘이 열리는 날" 아르코예술대극장
09.05	두리춤터 안무가로 보는 한국창작춤의 흐름 "윤덕경의 창작 춤 세계 슬픔도 기쁨도 넘치지 않고" 두리춤터 블랙박스
10.20	장문원 주최 "장애인예술가와 전문무용가가 함께하는 또 다른 가족과 함께" 총연출 및 안무, 출연 용산아트홀미르홀대극장
12.14~12.16	김매자의 춤 인생 60주년 공연 "봄날은 간다" 윤덕경 외 출연 아르코대극장
2013.03.13	제27회 한국무용제전 개막식 초청공연 '세계 속의 한국문화유산을 춤추다' 강릉단오제를 재해석한 작품 "해가 뜨는 날" 윤덕경 안무 및 출연 아르코예술극장대극장
11~12	장문원 주최 2013년 장애인 예술 인재양성 프로젝트 아름다운 몸짓 더불어 숲 "푸른공기의 춤" 노원예술회관대극장 · 마포청소년수련관 · 동대문청소년수련관 · 보라매청소년수련관 순회공연
2014.10.01	"장애인 예술가와 함께하는 콜라보레이션" 무대 총예술감독 및 안무 용산아트홀대극장미르
10.21	2014 인천아시아경기대회 아시아를 향한 융복합 창작무용공연 "어-엄마 웃으셧다" 인천선수촌내야외무대, 문래청소년수련관대강당
10.22	명민명무전 예인 명작 명무전 "부는 바람에 귀 기울이고" 윤덕경 안무, 출연 용산아트홀대극장미르
2015.04.08	광복70주년 기념 한국무용제전 참가 윤덕경무용단 싸이클 "아리랑과베사메무쵸" 아르코예술대극장

06.06	한국춤협회 광복 70주년 기념공연 천고독도한령 출연 독도
10.01	청주시립무용단 20주년 기념 청청춤춤 초청공연 박시종 안무 윤덕경 출연
10.14	"저너머 비욘드예술단이 펼치는 융복합무대" 총 예술감독 및 안무 아리랑 Factory 용산아트홀대극장미르
2016.04.13	한국무용제전 30주년 기념 개막공연 "해를 마시다" 윤덕경 안무 및 출연 아르코 예술대극장
08.04	덕수궁 풍류 국가무형문화재 종목을 중심으로 전통국악공연 "태평무" 출연 덕수 궁정관헌
10.13	2016 장애인 문화예술 협업 지원 장문원 20년 기념공연 "이제 희망이 보입니다" 총예술감독 및 출연 용산아트홀대극장미르홀
12.28	창무회 창작춤 40주년공연 폐막 갈라공연 "해를 마시다" 윤덕경 안무 및 출연 포 스트극장
2017.06	장문원 주최 "자연과 함께하는 몸짓캠프" 총예술 감독, 도봉숲속마을대강당
09	영남춤축제 최은희 춤 초청공연 출연 "해를 마시다" 국립부산국악원연악당
09.28	테마가 있는 한국춤 시리즈, 이 시대의 명무전 "신관철류 수건춤" 공연 두리춤터
11.02	서울문화재단과 장문원이 주최한 협업 무대 한국창작춤과 라이브드로잉이 함께 하는 "춤추는 알갱이들의 화려한 외출" 총예술 감독 용산아트홀대극장미르

서원대학교 체육교육과(전 무용학과) 교수

중요무형문화재 제92호 강선영휴 태평무 수석이수자

전라북도 무형문화재 제59호 수건춤 전수자

비욘드예술단 예술감독

윤덕경무용단 대표

㈜장애인문화예술진흥개발원 이사장

㈜한국춤협회 명예회장

㈜장애인문화예술원 이사

청주 시립예술단 운영위원

청주 체육회공정위원회 운영위원

청주 남북교류위원회 위원

⤳ 학력 ⤳

1972.02	동덕여자 중 · 고등학교 졸업
1976.02	이화여자대학교 체육대학 무용학과 졸업
1983.02	이화여자대학교 교육대학원(한국무용전공) 졸업
1995.02	건국대학교 대학원 체육학과 무용전공 박사학위 취득

1988.10	88서울 올림픽 폐회식 안무 표창장
1988.12	서울올림픽대회 기장체육부장관상
1989.12	서울올림픽대회조직위원회 표창장
1997.04	장애인복지 분야 대통령표창장
1997.09	문화체육부장관 장애인문화예술활동지원 표창장
2003.10	장문원 주최 문화복지 향상과 이와 관련된 예술 활동에 이바지 "평화인권대상"
2005.05	제25회 전국장애인체전 보건복지부장관 표창
2007.08	용산예술인총연합회 문화예술인상
2010.11	한국문화예술교육총연합회 주최 "한국문화예술 공헌상
2011.12	문화체육관광부 국가발전과 문화 창달 기여 표창장
2012.12	지역사회발전을 위해 헌신 봉사한 용산구청장 표창장
2013.12	장애인문화예술진흥개발원의 장애인 인재 양성 프로젝트 공로상
2014.07	서원대학교 추천 인재교육양성분야의 교육부장관 표창장
2015.04.	제29회 한국무용제전 작품 아리랑 아홉 고개 중 "아리랑과베사메무쵸" 우수상
2016.09	2016 전국문화예술단체총연합회 예총예술문화 공로상(무용 부문)
2016.12	장애인먼저실천운동본부 주최 "장애인먼저실천상" 대상 수상 윤덕경무용단 대표 윤덕경
2017.01	한국무용연구학회 주최 2016년 학술대상수상

1984.12	창무회 및 창무춤터(무용전용 소극장) 대표
1987.05	㈔한국무용연구회 이사
1988.10	88서울올림픽 폐회식 공동안무
1989.12	윤덕경무용단 창단
1989.09	서원대학교 무용학과 교수
1991.03	㈔한국무용협회 이사
1991.03	㈔충북예총부지회장

1993.06	중요무형문화재 92호 태평무 이수자 지정
1996.12	㈜장애인문화예술진흥개발원 부이사장
2003.05	미국 노스캐롤라이나 명예 시민
2005.05	전국장애인체육대회 개, 폐막식 총괄안무

✤ 저서 ✤

- 안무언어의 제요소 〈자클린 로뱅송〉 – 윤덕경 옮김
- 춤 사랑 (알기 쉬운 무용의 이해) – 윤덕경 지음

✤ 논문 ✤

- 한국무용의 지도계획에 관한 연구(석사학위 논문)
- 한국창작무용의 표현에 관한 동작학적연구(박사학위 논문)
- 사자춤에 나타난 상징성(1991 건국대학교 한국무용 연구)
- 춤에 나타난 동물의 모방과 상징성(1993.2 서원대학교 예술문화연구소)
- 한국창작무용의 감정표현에 관한 동작연구(1999 한국무용연구)
- 한국창작춤을 위한 몸풀기와 몸만들기의 실체(2000 한국무용연구회, 2001 서원대학교 예술문화연구소)
- 장애인 문화 복지를 위한 무용공연의 기여(2002 서원대학교 예술문화연구소)
- 장애우의 문화향수 실태와 장애우를 주제로 한 춤 공연(2002 한국무용연구회)
- 속리산 법주사 팔상전 탑돌이에 대한 연구(2003 한국무용연구회)
- 한민족 전통춤 연구의 방법론적 과제(2004 서원대학교 미래창조연구소 한국무용연구회)
- 일제강점기 한민족 전통춤의 변화와 정체성(2005.2 서원대 미래창조 연구소)
- 한국춤 연구에 관한 맥락적 고찰(2006.11 한국무용연구회)
- 한국 전통 춤 전승과 보존에 관한 현황과 과제(2010 한국무용연구회)
- 장애인 문화 예술 참여에 대한 실제와 그 가능성(2011 한국무용연구회)
- 한국춤 문화유산을 적용한 공연예술 활성화연구(2012 한국무용연구회)
- 한국 창작무용의 정체성과 그 가능성(2015 한국무용연구회)
- 한국춤 공연예술에 기여하는 문화유산 – 한국무용제전을 중심으로 – (2016. 한국무용연구회)

❧ 학술발표 ❧

1990.12   제3회 멕시코 국제무용토론회(MEXICO MORELIA)

                "International Conference on Dance Reserch"

1997.09   장애인문화복지 정책개발을 위한 토론회

                "춤공연을 통해 본 장애인문화복지"

                아카데미하우스

1999.   주제발표 – 한국무용학 연구를 위한 실제 방법론적 접근 –

                "한국창작무용의 동작표현에 관한 연구" 한국무용연구

2004.02   불교의식무용의 춤사위 실제와 내재된 형식의 미

                주제발표 – 한국무용학 연구를 위한 실제 방법론적 접근 –

                "법주사 팔상전 탑돌이에 관한 연구" 한국무용연구

08   국제학술회의 중국연변대학과 서원대학 주최

                "동북아지역합자과 민족문화의 발전"

                중국연길시뉴코아호텔

2005.02   한민족 전통 춤 계승 현황과 연구방법론적 과제

                – 한국무용학 연구를 위한 실제 방법론적 접근 –

                "한민족 전통 춤 연구의 방법론적 과제"

07   일제 강점기 한민족 전통춤의 변화와 정체성

                평양국제학술회의

10   광복60주년학술회의 "불교의식무용의 춤사위 실제와 내재된 형식의 미"

                중국 연변대학민족연구원

2006.11   한국무용연구회 25년간의 활동성과 현대 예술의 흐름

                – 연구회의 25년 성과를 중심으로 –

                "한국무용연구의 흐름과 발자취"

12   강원무용연구회 무용학술심포지엄 남북한 무용교류의 실제와 현황

                주제발표 – "뿌리깊은 나무는 바람에아니 흔들리고... 백두산 평양을 다녀와서"

                강릉대학교 세미나실

2007.07   일본 재단법인 민족무용문화재단 초청, 2007년 아세아 민족무용 교류회,

                "한국의 전통 춤 보존과 현대화", 한국춤 기초훈련에 대하여 시범 및 설명

                일본 학습원대학극장(학습원 창립 100주년 기념회관)

2010.05	북한춤 연구의 성과
10.24~25	동아시아 무용 학술 심포지엄 – 동아시아 무용의 다원적 전망 –
	"한국 전통 춤 전승과 보존에 관한 현황과 과제"
	중국 상해 연극학원 무용학원 연화로 캠퍼스
2011.03.12	한국장애인무용현황과 미래 "장애인의 문화예술 참여와 그 가능성"
	이룸센터누리홀
10.15	장애인문화예술발전방안을 위한 토론회
	마포청소년수련관
2012..07.05	한중 교류를 통한 무용의 다각적 방안
	"한국춤 문화유산을 적용한 공연예술 활성화 연구 – 강릉단오제를 중심으로–
	중국북경수도 사범대학 전교류 3층 국제회의장
2013.10	장애인예술인재양성프로젝트 "장애인무용공연 활동 참여와 가능성"
	국립중앙박물관 교육관
10	장애인과 함께하는 융복합 무대예술 프로젝트 "나 다움과 너 다름의 소통"
	– 장애인을 위한 무용프로그램 워크숍
	도봉숲속마을 중강의실
2014.10.03~04	춤축제 세계 민요춤의 문화적 담론
	천안박물관 대강당
2015.04.02	한국무용연구학회 국내학술대회
	발제 : 한국창작춤의 성과와 전망 – 한국무용제전을 중심으로
12.17	필리핀 국제학술대회 "유네스코 무형문화유산을 적용한 한국창작무용 활성화연구" 필리핀여자대학 내
2016.10.01	국제학술대회 춤의 역사와 문화적 가치 주제발표 "한국춤 공연예술에 기여하는 문화유산" 천안 테딘 리조트 사파이어홀
12.06	창무회40주년 학술심포지엄 창무회의 춤사상

윤덕경 춤을 기록하다

기쁨도 슬픔도 넘치지 않고

초판 1쇄 인쇄 2017년 11월 20일
초판 1쇄 발행 2017년 11월 27일

지은이 윤덕경

펴낸이 홍석 | 전무 김명희 | 책임편집 이재호
마케팅 홍성우 · 이가은 · 김정혜 · 김정선 | 관리 최우리
펴낸 곳 도서출판 풀빛 등록 1979년 3월 6일 제8-24호
주소 03762 서울특별시 서대문구 북아현로 11가길 12 3층
전화 02-363-5995(영업) 02-362-8900(편집) 팩스 02-393-3858
홈페이지 www.pulbit.co.kr 전자우편 inmun@pulbit.co.kr

ISBN 979-11-6172-713-4 03680